Die deutschen Spezialeinheiten und ihre Waffensysteme

Tim Ripley

Die deutschen Spezialeinheiten und ihre Waffensysteme

1939–1945

VERLEGT BEI
KAISER

Titel des englischen Originals: »Tim Ripley/Elite Units of the Third Reich«
Einzig berechtigte Übertragung aus dem Englischen: Mag. Edith March
Fachlich redigiert: Hans Kaiser

Bildnachweis:
Alle Fotos: Robert Hunt Library außer:
Hulton Archive: 168
Tim Ripley: 50, 75, 80
TRH Pictures: 113

Deutsche Erstausgabe

Einbandgestaltung: Volkmar Reiter
Satz: Context Type & Sign Pink, St. Veit/Glan
Druck und Bindearbeit: Gorenjski Tisk, Kranj-Slowenien

Inhalt

Einführung

Adolf Hitlers Soldaten gehörten zu den gefürchtetsten Kämpfern des 20. Jahrhunderts. In den ersten drei Jahren des Zweiten Weltkriegs (1939 bis 1942) stürmten sie von Sieg zu Sieg. Und als sich das Blatt für das Dritte Reich gewendet hatte, kämpften sie verbissen weiter, um die unvermeidliche Niederlage hinauszuschieben. Oft wurden die besten Techniker, Generäle und Soldaten von Heer, Marine und Luftwaffe für den Einsatz in den Spezialeinheiten des Dritten Reichs herausgefiltert. Die Ausrüstung dieser erfahrenen Truppen entsprach dem neuesten Stand der Kriegsgerätetechnik.

Bis 1942 hatte Adolf Hitler Europa von der Atlantikküste bis zur russischen Steppe erobert. Er war aber von noch unbesiegten Gegnern umringt und fürchtete sich vor Illoyalität aus den eigenen Reihen, weshalb er sein Vertrauen immer mehr in die ideologische und technische Elite setzte.

Im Herbst 1942 war das Dritte Reich auf dem Höhepunkt seiner Macht. Adolf Hitlers Armeen standen am Wolga-Ufer, rückten auf Kairo vor, beherrschten den Balkan, besetzten Westeuropa von den Pyrenäen bis zur Arktis, und deutsche U-Boote versenkten zur gleichen Zeit Schiffe vor der amerikanischen Atlantikküste. Drei Jahre später lag das »Tausendjährige Reich« des Führers in Schutt und Asche. Über den Trümmern von Berlin hissten Stalins Truppen die sowjetische Fahne, bevor sie mit den vom Rhein heranrückenden alliierten Truppen zusammentrafen.

Nach dem gescheiterten Angriff auf Moskau im Winter 1941 musste die Wehrmacht eine Reihe von Niederlagen einstecken, worauf Hitler sofort mit der Bildung von ultraloyalen Spezialeinheiten zur Verstärkung seiner erschöpften Armeen reagierte. Überzeugt davon, es mangle seinen Generälen am nötigen Kampfgeist zur Durchführung des totalen Kriegs, wandte sich der Führer der Waffen-SS und einer kleinen Zahl auserwählter Armee-Einheiten zu, um den Kampf bis zum Letzten fortzusetzen. Diese waren absolut führertreu und kämpften fanatisch gegen einen weit überlegenen Gegner.

Hitler war außerdem davon überzeugt, dass Deutschlands Wissenschaftler und Techniker ihm die Antwort auf seine Probleme liefern und damit den Krieg gewinnen könnten. Eigens dafür aufgestellte Spezialeinheiten sollten die neuen Waffen in den Kampf tragen, wobei die besten Piloten, Raketenexperten, Panzerbesatzungen und U-Boot-Männer in Spezialeinheiten zusammengefasst wurden. Sie bildeten die technische Elite des Dritten Reichs und waren die ersten Kampfverbände der Militärgeschichte, die sich bei der Bezwingung des Gegners mehr auf die Wissenschaft als auf ihre rein kämpferischen Fähigkeiten verließen.

Immer wenn alliierte oder sowjetische Soldaten im Kampf auf deutsche Soldaten trafen, hatten sie es mit gut ausgebildeten und bis zum Letzten entschlossenen Gegnern zu tun. Ob in der nordafrikanischen Wüste, am Himmel über Europa, in der russischen Steppe, im offenen, stürmischen Atlantik, im italienischen Gebirge oder der Heckenlandschaft der Normandie – die Deutschen kämpften immer auf Teufel komm raus.

Viele Spezialeinheiten des Dritten Reichs wurden für ihre kämpferischen Fähigkeiten berühmt. Einheiten wie die SS-Panzerdivision »Leibstandarte Adolf Hitler«, die ausländischen Legionen der Waffen-SS oder Admiral Karl Dönitz' U-Boot-Flotte schlugen sich erstaunlich gut gegen eine gegnerische Übermacht.

Trotz fürchterlicher Verluste gingen sie immer wieder in den Kampf, selbst als schon klar war, dass der Krieg verloren war.

Einige von Hitlers Spezialeinheiten, wie die Division »Großdeutschland«, verdankten ihre Kampferfolge ausschließlich dem Professionalismus ihrer Soldaten und der effizienten Organisation und Führung durch ihre Offiziere. Diese Männer nahmen das Soldatenleben sehr ernst. Kurt Students Fallschirmjäger und Erwin Rommels 7. Panzerdivision waren nicht nur professionelle Truppen, sondern auch Wegbereiter für neue Formen der Kriegsführung – des Luftkriegs und des Panzerkriegs. Ihre bahnbrechenden Blitzkriegstaktiken, mit denen sie Europa für Hitler eroberten, revolutionierten den Krieg.

Andere Einheiten des Dritten Reichs erlangten wiederum den Status einer Elite, weil sie mit dem besten und fortschrittlichsten Kriegsgerät ausgerüstet waren, das zur Verfügung stand. Mit Tiger-Panzern oder 8,8-cm-Flak-Geschützen ausgerüstete Einheiten wurden als schlachtentscheidend erachtet und kamen immer als Angriffsspitze oder als Verteidigungsbollwerk zum Einsatz. Nur die besten Männer setzten diese Waffen im Kampf ein. Hitler war besessen

Gegenüber oben: General Erwin Rommel, Sieger in Frankreich 1940 und ein Experte in der Panzerkriegsführung. Berühmt wurde er, weil er Adolf Hitler das geben konnte, was dieser sich am meisten wünschte: Siege.

Gegenüber unten: General Kurt Student, Erneuerer der deutschen Luftlandetruppen und einer ihrer besten Kommandeure.

Rechts: Eine Kolonne von Panzergrenadieren auf dem Vormarsch durch Russland während des Unternehmens »Barbarossa«, 1941. Hitler wollte eine Elite aus führertreuen, ideologisch motivierten Soldaten, ausgestattet mit der besten Ausrüstung, die die Militärtechnologie hervorbringen konnte.

von der Idee, mit den so genannten »Wunderwaffen« den Krieg für Deutschland zu gewinnen. Diese Besessenheit gipfelte im »Vergeltungs-Waffen-Programm«, in das er Männer und Material pumpte. Damit schuf er eine neue Elite von Techno-Kriegern.

Als Hitlers Drittes Reich unter dem anhaltenden Druck alliierter Angriffe zerbröckelte, taten sich wieder neue Spezialeinheiten hervor, die um charismatische, energische und rücksichtslose Führer gebildet wurden. Männer wie Otto Skorzeny, Hans-Ulrich Rudel und Adolf Galland führten Einheiten, die für immer untrennbar mit ihrem Namen verbunden sind. Sie alle waren Günstlinge Hitlers. Von seinen Generälen, die ihm eine Niederlage nach der anderen bescherten, immer mehr enttäuscht, erhielt der Führer von diesen Männern nur gute Nachrichten. Als Gegenleistung überhäufte er sie mit Orden, Propaganda und ließ ihnen jede ihrer Launen durchgehen. Auf dem Schlachtfeld waren sie furchtlose, brutale und hervorragende Führer.

Die Erfolge der deutschen Streitkräfte lassen sich nicht durch einen einzigen Faktor erklären, sondern beruhen auf mehreren. Hitler hatte den Vorteil, bei seiner Machtergreifung im Jahr 1933 das äußerst professionelle deutsche Offizierskorps zu erben. Das deutsche Generalstabskorps stand in den 1930er-Jahren im Zentrum des Wiederaufrüstungsprogramms des Landes und machte die ausgebaute Wehrmacht zu einer hochprofessionellen Organisation. Der Ausbildungsstandard von Offizieren, Unteroffizieren und Mannschaften war hoch, deshalb waren die deutschen Einheiten auf jede Eventualität vorbereitet, als sie in den Kampf zogen. Das war von umso größerer Bedeutung, als sich der Krieg gegen Hitler wandte und die zahlenmäßig unterlegenen deutschen Einheiten entschlossene Rückzugsgefechte gegen einen übermächtigen Gegner führen mussten.

Hitlers Wehrmacht war für ihre Zeit sehr fortschrittlich. Man wollte stets auf dem neuesten Stand der Technik sein und die modernsten Führungsmethoden anwenden, wodurch man dem eher einfallslosen Gegner weit voraus war. Die Deutschen wandten zum Beispiel schon sehr früh die Blitzkriegstaktiken an, die auf dem aggressiven Einsatz von Panzern, Fallschirmjägern, Nahunterstützung aus der Luft und riesigen Flotten von Motorfahrzeugen beruhten. Gleichzeitig setzten sie auch schon früh Funkgeräte für die Führung und Leitung ihrer Operationen ein, sodass diese in einem Tempo durchgeführt werden konnten, wie man es bis dahin in der Militärgeschichte noch nicht gesehen hatte.

QUALITÄT STATT MASSE

Deutschlands fortschrittliche Industrie ermöglichte dem Führer die Ausrüstung seiner Streitkräfte mit Waffen, die im Allgemeinen jenen der gegnerischen Seite weit überlegen waren. Jede einzelne der von Messerschmitt, Henschel, Krupp und Heinkel hergestellten Waffen war viel besser als alles, was Briten, Franzosen, Russen oder Amerikaner produzieren konnten. Der Tiger-Panzer, die 8,8-cm-Flak und der Messerschmitt Me 262-Düsenjäger sind alle als »klassische« Waffen in die Militärgeschichte eingegangen. Die hohen Qualitätsstandards für diese Waffen entwickelten sich aber zu einer Schwachstelle des Dritten Reichs, denn für diese Waffen musste eine viel aufwändigere Herstellung in Kauf genommen werden als für jene der Sowjets oder der Alliierten. Am Ende gelang es dem Gegner, Deutschland in der Produktion zu überholen und auf den Schlachtfeldern Europas mit geballter Kraft aufzutreten.

Hitler hatte auch das Glück, über eines der Länder mit dem höchsten Bildungsniveau in Europa zu regieren. Die Generäle des Führers hatten Männer unter sich, die viel besser ausgebildet waren als jene der Gegner. Während jeder deutsche Soldat lesen und schreiben konnte und die meisten Offiziere einen Universitätsabschluss hatten, rekrutierte sich die sowjetische Rote Armee vorwiegend aus analphabetischen Bauern. Daher waren die deutschen Soldaten nicht von ihren vorgesetzten Offizieren abhängig und konnten den Kampf auch weiterführen, wenn sie plötzlich ohne Führung dastanden. Die Deutschen bildeten ihre Offiziere und Soldaten nach dem Auftragsprinzip aus. Fiel ein Kommandeur im Kampf, konnte der nächste in der Hierarchie das Kommando übernehmen und den Auftrag immer noch zu Ende führen. Den Kommandeuren wurden Ziele zugeteilt, wie sie diese erreichten, blieb aber ihnen überlassen; sie erhielten keine Anweisungen darüber, wie sie vorzugehen hatten.

Zahlenmäßig unterlegen und vom Gegner eingeschlossen, lag es oft nur am Kampfgeist der deutschen Soldaten und der Führung durch ein paar entschlossene Offiziere, dass die Armeen des Führers noch weiterkämpften. Es war aber nichts Mystisches am Kampfgeist der deutschen Soldaten.

Allen Handlungen von Hitlers Armeen lag die Indoktrinierung der deutschen Nation ab 1933 zugrunde, der ständig eingehämmert wurde, die deutsche Rasse wäre allen anderen Völkern, besonders den Slawen und Juden, überlegen. Nach Hitlers Überzeugung war es die Bestimmung der »Herrenmenschen«, über die minderwertigen »Untermenschen« zu herrschen. Joseph Goebbels, Reichsminister für Propaganda, überflutete das Land unaufhörlich mit Brandreden vom »totalen Krieg«, den die Deutschen führen sollten, um das Überleben ihrer Rasse zu sichern.

Als der Krieg immer wilder tobte und alliierte Bombenangriffe deutsche Städte in Schutt und Asche legten, wurde die Idee des totalen Kriegs zur Realität. An der Ostfront nahm der Krieg durch die deutsche Politik der Ausrottung der Juden, das wahllose Töten von Zivilisten und die systematische Aushungerung von Kriegsgefangenen grausige Dimensionen an. Den deutschen Soldaten wurde schnell bewusst, dass sie keine Gnade zu erwarten hatten, sollten sie den Sowjets in die Hände fallen, weshalb eine Kapitulation für sie nicht in Frage kam. An der Front waren sie mit dem Feind konfrontiert und daheim mit den Bombenangriffen, daher sahen die deutschen Soldaten im Sieg die einzige Chance zum Überleben für sich selbst und ihr Land.

Der Ju 87-Stuka demonstrierte sehr gut, wie durch permanente technische Weiterentwicklung eine Waffe über lange Zeit erfolgreich bleiben konnte. Der Stuka flog zum ersten Mal 1935 und war zehn Jahre später noch immer im Einsatz.

Dass es dem NS-Regime gelang, eine so gewaltige Zahl von Männern zu mobilisieren und für den Kampf mit technologisch fortschrittlichen Kriegswaffen – wie diesen U-Booten – auszubilden, versetzte die Welt in den 40er-Jahren in Staunen.

Für einen harten Kern von Nationalsozialisten in der Waffen-SS und in anderen Einheiten gab es jedoch andere Beweggründe, um den Krieg zu gewinnen. Viele verdankten ihre Position und ihr Vermögen dem Führer und dem NS-Regime. Sie waren während des Aufstiegs der Nationalsozialisten zu Reichtum und Macht gelangt. Als der deutsche Blitzkrieg über Europa hinwegfegte, gab es für hohe Parteifunktionäre und Armeeoffiziere eine reiche Ausbeute. Burgen, Kunstschätze und andere Insignien herrschaftlichen Glanzes befanden sich unter den Geschenken eines dankbaren Führers an seine treuen Untergebenen.

Die Wehrmacht konnte in Krisenzeiten auf eine über 200-jährige Tradition zurückgreifen. Das kaiserliche deutsche Heer war am Ende des Ersten Weltkriegs aufgelöst worden, doch die Führungstraditionen des deutschen Offizierskorps bestanden in den 1920er-Jahren in der Reichswehr und dann in der Wehrmacht weiter. Offiziere aristokratischer Abstammung mögen in der Armee des Führers in der Minderheit gewesen sein, aber jene, die es noch gab, hielten weiterhin an einem jahrhundertealten militärischen Ethos fest. Sie stellten das Wohl ihrer Männer vor das eigene und führten von der Front aus. Dafür standen die Mannschaften in Krisenzeiten loyal zu ihren Offizieren.

In der Wehrmacht hatte man die Erfahrung gemacht, dass der Gruppenzusammenhalt größer war, wenn die Männer möglichst lange zusammen in derselben Einheit blieben. Die Einheiten wurden in einer bestimmten

Stadt oder Region aufgestellt, gemeinsam ausgebildet und dann gemeinsam in den Kampf geschickt. So wurde sichergestellt, dass sie in gleichem Maße, wie sie für ihr Land kämpften, es auch für ihre Kameraden taten.

Vor dem unmittelbaren Zusammenbruch des Reichs wurde vielen deutschen Soldaten bewusst, dass ihr Land ein repressiver Polizeistaat war. Überall kursierten Gerüchte über Konzentrationslager, doch als im Juli 1944 das Bombenattentat auf Hitler scheiterte, ließ der Führer die Wehrmacht selbst den brutalen Griff seiner Schreckensherrschaft spüren. Tausende von Verdächtigen wurden verhaftet und Hunderte hingerichtet, als die Jagd nach Verrätern in den Reihen der Wehrmacht außer Kontrolle geriet. Schlüsselpositionen wurden mit Parteifunktionären und SS-Offizieren besetzt, und den anderen Offizieren war sehr wohl bewusst, dass sie beim geringsten Abweichen von den Führerbefehlen mit schlimmsten Konsequenzen rechnen mussten. Für die Mannschaften gab es Feldkriegsgerichte, die Tausende von Männern zum Tod durch Erschießen oder den Strang verurteilten, wenn sie unzureichenden Kampfgeist zeigten.

Diese Geschichte der Spezialeinheiten des Dritten Reichs befasst sich mit den Verbänden des deutschen Heeres, der Luftwaffe, Marine und der Waffen-SS, die an der Spitze von Hitlers mörderischem Eroberungskrieg standen. Dabei wird genau auf die Männer, ihre Waffen, Ausrüstung, Führer, Taktiken, Siege und Niederlagen eingegangen.

Bei den deutschen Militärwissenschaftlern herrschte die Tendenz zum Bau immer größerer und stärkerer Kampfwagen. Die deutschen Panzer steigerten sich in drei Jahren vom neun Tonnen schweren Panzer II im Jahr 1939 auf den 58 Tonnen schweren Panzer Tiger I.

KAPITEL 1

Die 7. Panzerdivision – die »Geisterdivision«

Die 7. Panzerdivision war den ganzen Zweiten Weltkrieg hindurch im Einsatz. Sie nahm an den Blitzkriegen in Polen und im Westen 1939/40 teil und kämpfte danach an der Ostfront. Unter der Führung von charismatischen Männern wie Rommel wurde sie bald zu einer der besten Panzertruppen des Dritten Reichs. Die »Geisterdivision«, so genannt wegen ihres raschen Vormarsches durch Frankreich im Jahr 1940, war bei Kriegsende nur mehr ein Schatten ihrer selbst. Nach ihrem Untergang wurden ihre Kampferfolge zur militärischen Legende.

Panzer II der 7. Panzerdivision während des Blitzkriegs in Frankreich. Der 1936 in Dienst gestellte Panzer II galt 1939 als zu schwach bewaffnet und wurde im Westfeldzug von 1940 nur mehr für Aufklärungsaufgaben eingesetzt.

Im Sommer 1940, als der deutsche Blitzkrieg über Frankreich fegte, wurde eine Gruppe entmutigter französischer Generäle Erwin Rommel vorgeführt. Die Generäle äußerten sich verblüfft gegenüber dem Kommandeur der 7. Panzerdivision, der später als »Wüstenfuchs« berühmt wurde, dass seine Panzer aus dem Nichts auftauchten und dann wie Geister wieder verschwanden. Der Name blieb, und Rommels Spezialeinheit war seither wegen ihrer wagemutigen und aggressiven Taktiken als »Geisterdivision« bekannt. Im Ostfeldzug, in dem sie im Jahr 1941 die Angriffsspitze beim Unternehmen »Barbarossa« bildete und ab Mitte 1943 dem sowjetischen Vorstoß nach Westen heftigen Widerstand leistete, erwarb sie sich den Ruf als beste Panzereinheit der Wehrmacht.

Als Hitler in den 1930er-Jahren die Wiederaufrüstung ankurbelte, förderte er instinktiv die Produktion von neuen oder revolutionären Waffen. Panzer, Flugzeuge und Fallschirmjäger erweckten die besondere Aufmerksamkeit des Führers als neue Möglichkeiten, einen festgefahrenen Stellungskrieg wie im Ersten Weltkrieg zu vermeiden.

Ein Kradaufklärertrupp der 7. Panzerdivision bereitet sich auf die Überquerung einer in aller Eile errichteten Pontonbrücke über die Mosel nach Frankreich vor, Mai 1940. Links im Bild der Divisionskommandeur General Rommel mit Schirmmütze.

Mit der Unterstützung des begeisterten Führers begann die Wehrmacht, ihre Panzer in Panzerdivisionen und dann in Korps zu organisieren, die an der Spitze der deutschen Angriffskriege stehen sollten. Im September 1939 konnte sich die Panzertruppe des Besitzes von 2000 Panzern rühmen, die in vier Panzerdivisionen und vier leichte Divisionen gegliedert waren. Erstere verfügten über eine volle Panzerbrigade sowie über eine Brigade motorisierter Infanteristen, während Letztere höchstens ein Panzerregiment besaßen.

Noch ganz berauscht vom Sieg über Polen im September 1939, befahl Hitler, rechtzeitig für den bevorstehenden Angriff auf den Westen im Frühjahr 1940, den Ausbau der leichten Divisionen zu vollen Panzerdivisionen.

Mitten in den hektischen Vorbereitungen im Februar 1940 ernannte Hitler einen seiner loyalsten Offiziere zum Befehlshaber über die neu gebildete 7. Panzerdivision, die als Angriffsspitze für die Invasion in Frankreich vorgesehen war. Erwin Rommel war ein dynamischer und impulsiver Infanterieoffizier, der im Ersten Weltkrieg in Italien als Führer einer Sturmtruppeneinheit mit dem *Pour le Mérite* ausgezeichnet worden war, der höchsten Auszeichnung des deutschen Kaiserreichs. Rommel hatte vorher noch nie in einer Panzereinheit gedient, war aber ein taktisches Genie und außerdem der Verfasser eines maßgeblichen Werks über Einsickerungsmethoden der Sturmtruppen. Diese Taktiken beabsichtigte Rommel im bevorstehenden Feldzug anzuwenden.

Im Mittelpunkt von Rommels Ideen stand der Einsatz von Panzern als Angriffswaffe, um weit hinter die feindlichen Linien zu stoßen und die Verteidigung des Gegners völlig aus dem Gleichgewicht zu bringen. Das rasche Vormarschtempo sollte den Gegner im Unklaren lassen und in seinen

Eine deutsche Transportkolonne rollt ins Innere Frankreichs, darüber fliegt ein Fieseler Storch Fi 156-Aufklärungsflugzeug. Die Kontrolle über die Straßen und die Luftüberlegenheit waren zwei wesentliche Faktoren für den Erfolg des Blitzkriegs im Westen.

Reihen Verwirrung stiften, damit Rommels Panzer vorstoßen konnten und sich um Bedrohungen von der Flanke nicht zu kümmern brauchten. Das hatte Zeit, bis der gegnerische Widerstand gebrochen war.

Um seine Männer auf die kommende Schlacht vorzubereiten, wurden sie darauf gedrillt, rasch übers Gelände vorzustoßen und den Schwung des Vormarsches beizubehalten. Die Schlachtpläne wurden durchgegangen, Übungen wurden durchgeführt und nicht entsprechende Offiziere entlassen. Rommel sorgte auch dafür, dass seine Männer mit der neuesten NS-Ideologie indoktriniert wurden. Das zeigte sich schon, als er zum ersten Mal bei seiner neuen Division ankam und seine Offiziere mit dem »Hitlergruß« empfing anstatt des sonst beim Heer üblichen Grußes.

Die 7. Panzerdivision wurde in eine straff geführte Kampfmaschine verwandelt. Die Mannschaften der Division entsprachen den Anforderungen, doch Rommel hatte Bedenken wegen der Qualität seiner Panzer. Er verfügte nur über ein Regiment mit rund 200 Panzern, und nicht über die offizielle Stärke von über 320 Panzern, noch dazu waren mehr als die Hälfte tschechische Beutepanzer 38(t). Diese hatten eine viel schwächere Panzerung als die Daimler-Benz-Panzer III und die Krupp-Panzer IV, die den Rest seiner Panzerstärke ausmachten. Die Panzer 38(t) sollten sich jedoch beim rasanten Vormarsch der Division über Frankreich als schneller und verlässlicher als Rommels deutsche Panzer erweisen.

Der vorher entwickelte Schlachtplan für die Invasion in Frankreich, der »Fall Gelb«, trat am 9. Mai in Kraft, und innerhalb von ein paar Stunden setzte sich die 7. Panzerdivision Richtung Ausgangsstellungen an der belgischen Grenze in Bewegung. Schwere Luftangriffe brachten die Grenzver-

General Rommel bei einer Lagebesprechung mit dem Divisionsstab, Frankreich im Mai/Juni 1940. In Frankreich stieß der General mit seiner 7. Panzerdivision in etwas mehr als sechs Wochen von der Mosel bis nach Cherbourg und zur Kanalküste vor.

teidigung der belgischen Armee zum Schweigen und öffneten den Weg für Rommels vorpreschende Panzer. An der Maas gab Rommel seinen Schützen den Befehl, in Schlauchbooten überzusetzen, doch sie stießen auf erbitterten Widerstand. Als sich nichts tat, setzte der General zu ihrem Brückenkopf über und beruhigte die Soldaten, bis eine Pontonbrücke fertig war und die ersten Panzer den Fluss überqueren konnten.

Als die Panzer die französische Grenze erreichten, gerieten sie in die Feldbefestigungen der Maginotlinie. Doch anstatt in Gefechten stecken zu bleiben, gab Rommel seinen Panzerbesatzungen den Befehl, von ihren Türmen weiße Flaggen zu schwenken. Dadurch verwirrt, ließen die französischen Verteidiger die Deutschen durchfahren. Sobald sie die glücklosen Franzosen sicher passiert hatten, befahl Rommel einfach weiterzufahren, und so blieb die Ausschaltung der Bunker den nachfolgenden Pionieren und Infanteristen überlassen.

Die 7. Panzerdivision setzte nun zu einem wilden Sturmlauf über Frankreich an. Panzerkolonnen rasten von Dorf zu Dorf. Die französischen Soldaten, die in ihren Lagern die Zeit totschlugen, wurden von den Maschinengewehren der vorbeirollenden Panzer unter Beschuss genommen. Eine französische Division fuhr eine Straße entlang und traf direkt auf Rommels Panzer, die in entgegengesetzter Richtung unterwegs waren. Die Panzer drehten ihre Türme auf die französischen Lastwagen und erwiderten das Feuer mit tödlicher Wirkung. Hunderte starben und Tausende ergaben sich. Anstatt zu halten und die feindlichen Kräfte zu vernichten, erteilte Rommel den Panzern den Befehl zur Weiterfahrt. Seine Panzer legten jetzt fast 60 km pro Tag zurück und stießen weit

hinter die feindlichen Linien vor. Wenn ihnen der Treibstoff ausging, fuhren sie einfach in eine französische Tankstelle und tankten nach.
Nicht weit hinter den Führungspanzern folgte Rommel in seinem gepanzerten Befehls-Halbkettenfahrzeug, trieb seine Truppen immer weiter voran oder forderte über Funk an, dass Nachschub nach vorne gebracht werden sollte. Hier war er in seinem Element. Einem seiner Offiziere gegenüber bemerkte er einmal, dass in diesem Krieg der Platz des Kommandeurs direkt vorne an der Front wäre. Von Salonstrategie hielt er nichts, das sollte man den Herren des Generalstabs überlassen.
Die höchsten Offiziere im Oberkommando der Wehrmacht waren noch lange nicht beeindruckt von Rommel, dessen Vorgehensweise sie als zu gewagt ansahen. Aber den Kommandeur der 7. Panzerdivision berührte das nicht. Am 18. Mai gab er an seine Division Befehle aus, bei Le Havre bis zum Kanal vorzustoßen. Zwei Tage später kam es zum ersten Zusammenstoß zwischen den Vorauseinheiten der 7. Panzerdivision und britischen Truppen südlich von Arras.
Rommel war immer noch zuversichtlich, dass ihn kaum etwas auf seinem Vorstoß aufhalten konnte und verstärkte seine Panzer für einen weiteren Angriff am 21. Mai. Er wusste wohl kaum, dass die Briten ihre Panzer und Truppen für einen Gegenangriff auf seine verstreuten Truppen zusammenzogen. Zwei britische Kolonnen stießen nach Süden in die ungeschützte Flanke der 7. Panzerdivision. Schützenvorposten wurden schnell zerstreut und Rommel eilte nach vorne, um seine Soldaten zu beruhigen.
Das Artillerieregiment der Division war indes schwer gefährdet. Britische »Matilda«-Panzer waren dabei, die Geschütze zu überrennen, als Rommel eintraf. Er ließ seine Batterien in einer Geschützlinie Aufstellung beziehen und konzentrierte ihr Feuer auf die britischen Angriffstruppen. Rommel rannte von Geschütz zu Geschütz und gab persönlich die Feuerbefehle.

Panzer II preschen über ein offenes Feld in Frankreich Richtung Kanalküste, Mai/Juni 1940. Im Vordergrund sieht man einen abgeschossenen französischen leichten Renault-Panzer.

Obwohl er schwerem britischem Feuer ausgesetzt war, kam er ohne einen Kratzer davon. Der Adjutant des Generals hatte weniger Glück und wurde tödlich verwundet, als er versuchte, mit seinem Befehlshaber mitzuhalten. Unter einem pausenlosen Trommelfeuer wurden 28 Panzer außer Gefecht gesetzt und die britischen Kolonnen kamen zum Stehen.
Weiter östlich näherte sich eine zweite britische Kolonne dem Flak-Regiment der 7. Panzerdivision. Eine Front aus deutschen 3,7-cm-Panzerabwehrkanonen wurde zerstreut, als ihre Geschosse vom Panzerstahl der »Matildas« abprallten. Zum Glück für Rommel trafen die britischen Panzer nun auf eine Batterie von 8,8-cm-Flak-Geschützen. Diese Waffen mit hoher Mündungsgeschwindigkeit richteten bald große Verwüstung unter den »Matildas« an, von denen acht abgeschossen wurden.
Nachdem die britischen Kolonnen zum Stehen gekommen waren, gruppierte Rommel sein 25. Panzerregiment um und setzte zum Gegenangriff an. Er trieb die Briten in ihre Ausgangsstellungen zurück und rettete den Tag für die 7. Panzerdivision.
Die Briten befanden sich auf schnellem Rückzug nach Norden Richtung Dünkirchen, wo eine Armada von Schiffen darauf wartete, die Truppen über den Kanal zu evakuieren. Rommels Panzer waren ihnen hart auf den Fersen. Das erste Ziel seiner Division war Lille, das von einer starken französischen Besatzung gehalten wurde. Anstatt den Tagesanbruch abzuwarten, gab Rommel den Befehl zu einem Nachtangriff ins Stadtzentrum und stach damit in ein Hornissennest. Scharfschützen schossen die Kommandanten von ihren Panzertürmen, Rommel selbst war einmal von französischen Soldaten umzingelt. Der Fahrer legte schnell den Rückwärtsgang ein und befreite damit den General aus der misslichen Lage. Der deutsche Schlag hob die alliierte Verteidigung völlig aus den Angeln, und es dauerte nicht lange und die französische Armee trat den ungeordneten Rückzug an.
Dann erhielten andere Panzereinheiten den Auftrag, die Briten in Dünkirchen zu vernichten, während die 7. Panzerdivision sich auf den Vorstoß

Unten: Männer der britischen Expeditionstruppen warten auf die Evakuierung von den Dünkirchner Stränden, 27. Mai 1940. Der deutsche Blitzkrieg vertrieb die britische Armee in weniger als drei Wochen vom europäischen Festland.

Oben: Leichte Panzer 38(t) in Nordfrankreich, Sommer 1940. Dieser tschechische Panzer wurde nach dem Anschluss der Tschechoslowakei im März 1939 von der Wehrmacht in Dienst gestellt.

nach Süden vorbereitete, um zum letzten Schlag gegen die Franzosen auszuholen. Bis zu dieser Phase des Feldzugs hatte die Division fast 7000 Gefangene gemacht und 48 Panzer erbeutet, darüber hinaus hatte sie über 300 französische und britische Panzer zerstört. Voller Dankbarkeit belohnte der Führer Rommel mit dem Ritterkreuz – damit war er der erste Divisionskommandeur, der diese Auszeichnung während des Frankreichfeldzugs erhielt.

Rommel führte seine Division nun in vollem Tempo nach Süden und durchbrach die französische Verteidigung: Die 7. Panzerdivision erreichte als erste deutsche Einheit die Seine. Überstürzt hatten die Briten und Franzosen den Rückzug angetreten. Auf ihrem schnellen Vormarsch zum Meer fiel Rommels Truppen eine reiche Kriegsbeute in die Hände. Französische Dorfbewohner kamen angerannt, um die Kolonnen der 7. Panzerdivision zu verpflegen, in der Annahme, es seien Briten, schreckten aber zurück, als sie merkten, dass es Deutsche waren. Mit Wein und Lebensmitteln versehene Chateaus wurden in Besitz genommen und wieder aufgegeben, denn Rommels Männer hatten nie die Zeit, sich länger als ein paar Stunden an einem Ort aufzuhalten.

Am 10. Juni stießen sie bei Dieppe zum Kanal. Als man feststellte, dass weiter unten an der Küste die britischen und französischen Kräfte im Begriff waren, von bereitliegenden Schiffen evakuiert zu werden, raste Rommel mit seinen Panzern südwärts, um sie einzuschließen. Doch der Gegner wollte sich nicht ergeben, und so wurde der Brückenkopf von der Artillerie unter Beschuss genommen und die Strände wurden von Stukas bombardiert. Bis zum Morgen gab es kaum noch Widerstand von den sich unter den Klippen zusammenkauernden Soldaten, und das französische IX. Korps sowie die britische 51. (Highland) Division kapitulierten. Unter Rommels Gefangenen befanden sich neun Generäle.

Eine Kolonne von Panzern 38(t) rückt in den ersten Wochen des Unternehmens »Barbarossa« auf brennende sowjetische Stellungen vor, Juli 1941. Auf ihrem rasanten Vormarsch schlossen die Deutschen eine gewaltige Zahl sowjetischer Soldaten ein.

Wieder preschte Rommel mit seinen Panzern vorwärts. Gegen immer schwächeren Widerstand legte die 7. Panzerdivision über 160 km pro Tag zurück. Das Finale des Feldzugs war die Einnahme des Tiefseehafens von Cherbourg. Wie nicht anders zu erwarten, rollten Rommels Panzer in schnellem Tempo vor den Augen der völlig überrumpelten Verteidiger durch die Straßen der Stadt. Bis zum Abend des 18. Juni hatte die Zahl der Gefangenen, die die 7. Panzerdivision seit Beginn des Feldzugs gemacht hatte, fast 97.000 erreicht. Ihre eigenen Verluste beliefen sich auf 200 Gefallene und Verwundete sowie 42 Panzer. Der brutale Vorstoß der »Geisterdivision« verkörperte die neue Art der deutschen Kriegsführung. Offiziere und Soldaten erwiesen sich in der Umsetzung der Blitzkriegstaktiken als Experten. Die langsameren belgischen, britischen und französischen Armeen gerieten durch diese Art der Kriegsführung in ärgste Bedrängnis.

Die 7. Panzerdivision verbrachte den Sommer und Herbst 1940 mit Vorbereitungen für das Unternehmen »Seelöwe«, Hitlers geplante Landung in England. Doch bis Jahresende hatte der Führer die Idee, über den Kanal nach Großbritannien zu stürmen, wieder fallen gelassen und richtete seine Aufmerksamkeit auf seine Rassenfeinde – die Russen. Für den Überfall auf die Sowjetunion wurde die 7. Panzerdivision der 3. Panzergruppe von General Hermann Hoth zugeteilt. Rommel begleitete seine Männer jedoch nicht in den Osten. Er wurde im Februar 1941 nach Libyen beordert, wo er den Befehl über das Afrikakorps übernahm.

Das Unternehmen »Barbarossa« begann in den frühen Morgenstunden des 22. Juni 1941, und die 7. Panzerdivision war ganz vorne dabei. Das war etwas ganz anderes als in Frankreich. Die Sowjetunion war ein weites Land mit nur wenigen Schotterstraßen, Brücken und überhaupt unzureichender Verkehrsinfrastruktur. Mit den Blitzkriegstaktiken wurde die sowjetische Frontlinie schnell durchbrochen und damit der 7. Panzerdivision der Weg in das Innere von Stalins Reich geöffnet. Kleine Gruppen von Sowjets lieferten stellenweise Widerstand, aber ihre Führungsstruktur brach zusammen, als die deutschen Kolonnen ihre Hauptquartiere überrannten und die Telefonleitungen durchtrennten. Bald waren Tausende führerlose Russen in großen Kesseln eingeschlossen. Die 7. Panzerdivision stand an der Spitze des nördlichen Zangenarms, der 300.000 Sowjets Mitte Juli im Smolensk-Kessel einschloss.

Die Zerschlagung dieses Kessels und eines noch größeren bei Kiew in der Ukraine dauerte mehrere Monate. Dann rollte die 7. Panzerdivision wieder, um ihren Vorstoß auf Moskau fortzusetzen, und schloss die Zange um einen weiteren Kessel bei Wjasma, in dem rund 600.000 sowjetische Soldaten lagen. Doch die Sowjets gaben nicht auf, sondern leisteten heftigen Widerstand und stürmten in mehreren Angriffswellen die deutschen Linien. Es brauchte einen Monat harter Kämpfe, um den Widerstand zu brechen, doch inzwischen hatte sich das Wetter gegen die Deutschen gewandt. Schwere Regenfälle verwandelten Russland im Herbst in einen einzigen Morast. Der Blitzkrieg kam zum Stehen.

DIE 7. PANZERDIVISION HÄLT GEGEN DIE ROTE ARMEE STAND

Bis zum 19. November 1941 war die Temperatur gesunken und der Boden war so weit gefroren, dass die Panzer wieder weiterrollen konnten. Das Unternehmen »Taifun« hatte die Eroberung Moskaus zum Ziel. Die 7. Panzerdivision kam bis 48 km vor Moskau, bevor sie vom russischen Widerstand zum Stehen gebracht wurde. Schwere Schneeverwehungen und klirrende Kälte hüllten nun die Ostfront ein. Abgeschnittene Gruppen deutscher Soldaten wurden nun selbst Opfer der sowjetischen Angriffe, und die Deutschen begannen allmählich zurückzuweichen. Um den Ansturm zu überstehen, bildeten Einheiten wie die 7. Panzerdivision »Igelstellungen« zur Verteidigung. Nur durch eine entschlossene Führung wurde verhindert, dass der Rückzug zur ungeordneten Flucht ausartete. Die Sowjets hatten zwar der deutschen Offensive standgehalten, ein Durchbruch durch die deutsche Front war ihnen aber nicht gelungen.

In den nächsten fünf Monaten wurde die erschöpfte 7. Panzerdivision, die unter der Führung von General Hans Freiherr von Funck stand, in eine Reihe blutiger Abwehrschlachten verwickelt. In fast einem Jahr von Kämpfen in Russland beliefen sich die Verluste der Division auf rund 2000 Gefallene, 5600 Verwundete, 300 Gefangene und über 1000 Kranke.

Die Reste der Division waren erleichtert, als sie zur Wiederaufrüstung nach Frankreich zurückgerufen wurden, was nicht überraschend war. Die Division erhielt neue Panzer IV mit stärkerer Bewaffnung und Panzerung, SdKfz 251 gepanzerte Halbkettenfahrzeuge, StuG III (Sturmgeschütze), Marder III (Selbstfahrlafetten mit Pak) und 10,5-cm-Feldhaubitzen auf Selbstfahrlafetten »Wespe«. Mit dieser neuen Ausrüstung hatten sie eine viel größere Schlagkraft gegen die neuesten sowjetischen T-34-Panzer, die Ende 1941 in Erscheinung getreten waren.

Nach der Einkesselung der deutschen 6. Armee im November 1942 in Stalingrad beorderte Hitler seine Panzerreserven an die Ostfront, um die 230.000 Mann aus dem Kessel zu befreien. Diesmal war die 7. Panzerdivision auf den russischen Winter vorbereitet; es wurden Winterstiefel und wattierte Uniformen ausgegeben; es gab Schmiermittel, mit denen die Panzer und Fahrzeuge auch bei Minusgraden noch fahren konnten. Es dauerte einige Wochen, bis die Züge mit der 7. Panzerdivision die Front im Donezbecken erreichten. Kaum stand sie im Gefecht, wurde die Division vom sowjetischen Vorstoß nach Westen Richtung Ukraine abgedrängt. Den Befehl über die Heeresgruppe Süd hatte einer der besten Generäle der Wehrmacht, Feldmarschall Erich von Manstein, der entschlossen war, im Kampf gegen die Sowjets den Spieß umzudrehen. Er konnte seine Panzerdivisionen für einen massiven Gegenschlag gegen die Sowjets, deren Nachschublinien bereits überdehnt waren, zurückbehalten. Kampferprobten Einheiten wie der 7. Panzerdivision gelang es durch eine Reihe von Rückzugsgefechten, sich von den Sowjets zu lösen, ohne dabei an Kampfstärke zu verlieren.

MANSTEINS GEGENANGRIFF

Bis Mitte Februar 1943 war der sowjetische Vormarsch weitgehend zum Stillstand gekommen, und Manstein setzte seine Panzerreserven in Marsch. Die 7. Panzerdivision durchstreifte die gefrorene russische Steppe und griff isolierte sowjetische Stellungen aus dem Hinterhalt an, für die es nun ums Überleben ging. Über den Panzern flogen die Sturzkampfbomber (Stukas), die in den Reihen der Roten Armee weitere Verwirrung stifteten. Für die Truppen der 7. Panzerdivision war es wie in alten Zeiten: In schnellem Tempo stießen sie vorwärts und umgingen jeden Widerstand, um den Schwung des Vormarsches beizubehalten. Die Sowjets setzten dann südlich von Isjum zur Offensive an, und die Panzer der 7. Division wurden in wilde und umfassende Gefechte mit eingegrabenen russischen Panzern und Panzerabwehrkanonen verwickelt, bis die Panzer IV mit ihrer 7,5-cm-Hauptbewaffnung jeden Widerstand zum Schweigen brachten. Diese Schlacht brach den sowjetischen Widerstand südlich des Flusses Donez und bestätigte Mansteins Strategie der beweglichen Verteidigung.

Im Sommer 1943 sammelte Hitler seine Kräfte für eine weitere Offensive an der Ostfront, doch die 7. Panzerdivision sollte bei diesem Angriff nur eine zweitrangige Rolle als Teil des III. Panzerkorps spielen. Auf dem Vormarsch diente die 7. Panzerdivision am Südflügel der deutschen Offensive als Flankenschutz für das II. SS-Panzerkorps bei der Schlacht von Prochorowka. Im August wurde die Division von der gewaltigen sowjetischen Offensive verschlungen, die die Deutschen aus Charkow vertrieb. Die deutsche Frontlinie brach zusammen und Tausende sowjetische Panzer strömten nach Westen. Manstein holte seine inzwischen ernsthaft geschwächten Panzerdivisionen zu Hilfe, um dieser Flutwelle Einhalt zu gebieten. Generalmajor Hasso von Manteuffel wurde auf dem Höhepunkt der Kämpfe zum Divisionskommandeur ernannt und sollte bald zum berühmtesten Führer der 7. Panzerdivision nach Rommel werden.

Eine Kompanie Panzer III Ausf. M der 7. Panzerdivision in Russland, Sommer 1942 oder 1943. Die Ausführung M wurde Anfang 1942 in Dienst gestellt und war mit einer 5-cm-KwK 39 L/60 (lang) bestückt. Diese war gegen die sowjetischen T-34-Panzer zu schwach, was vermutlich auch der Grund ist, weshalb diese Panzer III zusätzliche Ketten und Schürzen tragen.

Mit weniger als 40 einsatzfähigen Panzern rollte die 7. Panzerdivision in den Kampf bei Achtyrka, konnte aber nach einem heftigen Gefecht Verbindung mit den von Süden vorrückenden SS-Panzern aufnehmen und damit die Front abriegeln. Doch es handelte sich nur um eine vorübergehende Atempause, denn bald wurde der Rückzug auf den Dnjepr angeordnet.

Der dynamische Manteuffel führte seine 7. Panzerdivision als Teil der deutschen Gegenoffensive zur Rückeroberung von Schitomir im November 1943 in ihren letzten großen Erfolg auf dem Schlachtfeld. Vier Panzerdivisionen überrumpelten sowjetische Truppen westlich von Kiew und drängten sie unter schweren Verlusten zurück. Die 7. Panzerdivision setzte zu einem gewagten Angriff an, bei dem Schitomir erst eingeschlossen und dann jeder Widerstand gebrochen wurde, bevor mit einer Abteilung von schweren Tiger I-Panzern rasch erneut zum Angriff angesetzt wurde.

In der nächsten Phase der Offensive hatte die 7. Panzerdivision den Auftrag, in der Nacht auf Waldwegen vorzurücken und die Sowjets zu umfassen. Mit Manteuffel an der Spitze arbeitete sich die Division erfolgreich auf den gefrorenen Waldwegen voran, ohne dass irgendwelche Fahrzeuge verloren gingen. Seine Division kam dann bei Malini aus dem Waldgebiet heraus, tief im rückwärtigen Gebiet der Russen, und löste in den sowjetischen Reihen große Panik aus. Dann schlugen die drei anderen Panzerdivisionen zu und Tausende Sowjets rannten um ihr Leben.

Nach einer Umgruppierung und Wiederaufrüstung bildete die 7. Panzerdivision einen Flügel einer Zangenbewegung, mit der drei an der deutschen Flanke liegende sowjetische Panzerkorps eingeschlossen werden sollten. Es gelang der 7. Panzerdivision und der SS-Panzerdivision »Leibstandarte«, den Ring um die Sowjets zu schließen, doch es fehlte ihnen an der nötigen Stärke, um den Widerstand ganz zu brechen.

Der Erfolg bei Schitomir war nur von kurzer Dauer. Kurz vor Weihnachten 1943 setzten die Sowjets erneut zur Offensive südlich von Kiew an, und Mansteins gesamte Heeresgruppe wurde in die Defensive gedrängt. Die 7. Panzerdivision war gezwungen, eine Reihe erbitterter Gefechte unter extremen winterlichen Bedingungen zu führen. Manteuffels kurze Führung endete im Januar 1944, als ihn der Führer voller Dankbarkeit zum Generalleutnant beförderte und ihm auch den Befehl über die Elitedivision »Großdeutschland« übertrug. In den ersten drei Monaten des Jahres 1944 hämmerten die Sowjets in schneller Folge auf Mansteins Truppen ein, bis es ihnen gelang, die gesamte 1. Panzerarmee, darunter auch die Reste der 7. Panzerdivision, bei Kamenez-Podolsk einzuschließen. Die Deutschen brauchten zwei Wochen, um sich als »wandernder Kessel« aus der Umklammerung der Sowjets zu befreien.

Nach einem ruhigen Sommer, in dem die 7. Panzerdivision neu ausgerüstet wurde, wurde sie zur Schließung einer 320 km breiten Lücke abkommandiert, die die letzte sowjetische Offensive in die Front gerissen hatte. Die Division wurde im August in aller Eile ins Kurland überführt, wo sie in einem Zeitraum von nur drei Monaten in Teile zersplittert wurde. Bis Dezember wurden die Reste der Division im ausgebombten Memel an der Ostsee eingeschlossen. In einer verzweifelten Evakuierungsaktion wurden die erschöpften Überlebenden mit Schiffen der deutschen Marine nach Ostpreußen in Sicherheit gebracht.

Die 7. Panzerdivision schien die besten Divisionskommandeure anzuziehen, die die Armee anzubieten hatte. 1940 hatte Rommel sie durch Frankreich geführt, 1943 sollte sie General Hasso von Manteuffel (Mitte) während ihrer letzten großen Panzerschlachten an der Ostfront befehligen.

Im Januar 1944 durchbrachen die 1. und 2. ukrainische Front in der sowjetischen Winteroffensive einen deutschen Frontvorsprung und schlossen die 7. Panzerdivision sowie den Großteil der 1. Panzerarmee ein. Nur durch General Mansteins Anstrengungen entgingen sie der Vernichtung. Hier sind sowjetische T-34 mit aufgesessener Infanterie zu sehen.

Bis Januar 1945 kämpfte die Division, um die Front südlich von Königsberg zu halten, dann befreite eine massive sowjetische Offensive Polen von deutschen Truppen und schloss Hunderttausende in Ostpreußen ein. Die deutschen Soldaten kämpften hartnäckig in erbitterten Gefechten, wurden aber von einer gewaltigen Übermacht aufgerieben.

Anfang April 1945 war die 7. Panzerdivision auf der Halbinsel Hela nördlich von Danzig isoliert und wurde von einem höllischen Artilleriefeuer bestrichen, als deutsche Schiffe versuchten, die immer verzweifelteren Soldaten von den offenen und schutzlosen Stränden zu evakuieren.

Die paar tausend Überlebenden der Division gingen an der deutschen Ostseeküste an Land, gerade als die sowjetische Offensive zur Eroberung Berlins losbrach. Da sie zur letzten Schlacht zur Verteidigung des Dritten Reichs nicht mehr viel beitragen konnte, preschte die 7. Panzerdivision Richtung Westen, in der Hoffnung, sich den Briten oder Amerikanern anstatt den rachsüchtigen Sowjets ergeben zu können. Den überlebenden Soldaten der Division gelang es, sich am 3. Mai 1945 bei Schwerin den Briten zu ergeben.

In den fünfeinhalb Jahren ihrer Existenz verkörperte die 7. Panzerdivision Hitlers Elitepanzertruppe. Auf ihrem Vormarsch über Frankreich demonstrierte sie, wie der deutsche Blitzkrieg alles vor sich wegfegte. Die 7. Panzerdivision stand an der Spitze und gab ein Tempo vor, mit dem nur wenige andere Wehrmachtseinheiten mithalten konnten. Den Rest des Krieges war die Division im Einsatz an der Ostfront, wo sie verbissen kämpfte, um den alles überrollenden Vormarsch der Roten Armee aufzuhalten. Charismatische Führer wie Rommel oder Manteuffel führten die 7. Panzerdivision in einige ihrer größten Siege, während der hochprofessionelle Führungsstab der Division, ihre Regiments- und Bataillonskommandeure das Beste aus ihr herausholten. Divisionen wie die 7. Panzerdivision bildeten das Rückgrat von Hitlers Wehrmacht in Angriff und Verteidigung. Die 7. Panzerdivision ist seither als eine der ersten Panzereinheiten der Welt in die Militärgeschichte eingegangen.

KAPITEL 2

Die 7. Fliegerdivision – Students Fallschirmjäger

Hitler war gleich für die Idee zu haben, Soldaten mit Fallschirmen im Kampfgebiet abzusetzen, denn das entsprach seiner Vorstellung einer modernen und innovativen Streitkraft, zu der er die Wehrmacht machen wollte. Außerdem bot dies eine Möglichkeit, einen festgefahrenen Stellungskrieg wie im Ersten Weltkrieg zu vermeiden. Mitte der 1930er-Jahre wurden in der Flugzeugentwicklung große Fortschritte gemacht, und naturgemäß herrschte in militärischen Kreisen starkes Interesse daran, diese Maschinen für den Transport von Elitekampftruppen ins feindliche Hinterland zu nutzen.

Ein Fallschirmjäger bei einer Sprungübung in der Seitenluke einer Ju 52-Attrappe, um 1939. Er trägt die im Training verwendeten Gummiknieschützer und ein frühes Modell der Sprungjacke. Beim Helm handelt es sich um einen adaptierten Helm M1935 mit höher ausgeschnittenem Rand und einem Y-förmigen Kinnriemen.

Der allererste militärische Fallschirmabsprung wurde 1927 von einer Hand voll italienischer Soldaten unternommen; die erste Nation, die das volle Potenzial dieser neuen Art der Kriegsführung ausschöpfte, war aber die Sowjetunion. 1934 führten die Sowjets ihre ersten Luftlandeübungen durch und setzten dabei sogar einen Panzer mit Fallschirm ab. Es dauerte nicht lange und die Rote Armee führte in der Nähe von Moskau ausländischen Militärattachés Manöver vor, bei denen unter anderem über 5000 Fallschirmjäger absprangen. Die Sowjets begannen auch mit dem Bau von Segelflugzeugen, um Soldaten, Fahrzeuge und schwere Ausrüstung lautlos hinter die feindlichen Linien zu bringen.

Als Hermann Göring, der Oberbefehlshaber der neu gebildeten deutschen Luftwaffe, von den Entwicklungen der Sowjets erfuhr, forderte er für das Deutsche Reich ebenfalls Fallschirmjäger, um nicht im Nachteil gegenüber

General Kurt Student (links mit Schirmmütze) stellte gegen Ende der 1930er-Jahre die erste deutsche Fallschirmdivision auf und hatte während ihrer anfänglichen großen Siege beim Fort Eben Emael und auf Kreta persönlich den Befehl darüber. 1942 musste er sich jedoch Hitlers Befehlen fügen und seine Fallschirmjäger als normale Infanterie an der Front einsetzen.

der Roten Armee zu sein. Für Göring war es außerdem eine Gelegenheit, sich beim Führer einzuschmeicheln und dem Oberkommando des Heeres einen Schritt voraus zu sein. Göring wollte Hitler überzeugen, dass die Luftwaffe der NSDAP auf ihrem revolutionären Weg folgen würde.

Aus dem Luftwaffenregiment »General Göring«, einer Flugfeldwacheinheit, entstanden nun die neuen Fallschirmjäger. Das einzige Problem bestand darin, dass niemand in der Einheit im Umgang mit einem Fallschirm ausgebildet war. Ausbilder wurden in die Luftwaffe einberufen, um die Männer im Fallschirmspringen zu unterrichten. Bereits nach kurzer Zeit hatte die Einheit Erfahrungen gesammelt und sich den Ruf einer zähen Truppe erworben, die Unterstützung von höheren Stellen des NS-Regimes erhielt. Scharenweise meldeten sich Freiwillige zu den neuen Fallschirmjägern und wurden einer intensiven Sprung- und Gefechtsausbildung unterzogen.

Generalmajor Kurt Student, im Ersten Weltkrieg Jagdflieger, wurde das Kommando über die neu gebildete 7. Fliegerdivision übertragen. Student gilt als Begründer der deutschen Luftlandetruppen. Er war ein zielstrebiger und hervorragender Befehlshaber sowie ein fähiger Administrator und Stratege. Von Anfang an flößte er seinen Männern einen aggressiven »Fallschirmjägergeist« ein. An der Tapferkeit des 48-jährigen Generals bestand wohl kein Zweifel, als Fallschirmjäger war Student selbst aber nie ausgebildet worden.

Erst einmal gelang es Student, sich in einer bürokratischen Schlacht mit dem Oberkommando des Heeres über die Führung aller Fallschirmeinheiten des Landes durchzusetzen, mit dem Ergebnis, dass das Fallschirmbataillon des Heeres der Luftwaffe unterstellt wurde. Die volle

Kontrolle über die 22. Luftlandedivision des Heeres erhielt er jedoch nicht. Die Spezialeinheit von Infanteristen, die dazu ausgebildet war, mit Junkers Ju 52-Transportflugzeugen ins Kampfgebiet zu fliegen, sollte aber in Zukunft eng mit Students Fallschirmjägern zusammenarbeiten. Deutschlands erster Fliegergeneral konnte außerdem das Oberkommando davon überzeugen, dass seine Division nur in großer Zahl zur Einnahme strategischer Ziele vor dem Eintreffen der Panzerkolonnen wirkungsvoll zum Einsatz kommen würde und nicht in kleinen Sabotageakten hinter den feindlichen Linien verzettelt werden sollte. Students Division wurde zu einer schlagkräftigen strategischen Angriffstruppe.

Deutschlands Luftlandetruppen hatten gegenüber den Luftlandetruppen anderer Länder einen Vorteil: Sie waren Teil der Luftwaffe. Das bedeutete, dass Fallschirmjäger, Transportflugzeuge und Sturzkampfbomber gemeinsam zum Einsatz kamen, ohne dass es zu Streitereien zwischen den einzelnen Waffen kam, wie es der Fall bei der Planung kombinierter Luftlandeoperationen in den britischen und amerikanischen Streitkräften war.

Im ganzen Zweiten Weltkrieg diente die Junkers Ju 52 bei den deutschen Fallschirmeinsätzen als »Arbeitspferd«. Ursprünglich als ein ziviles Transportflugzeug für die Lufthansa entwickelt, machte die dreimotorige Ju 52 ihren Jungfernflug 1932 und wurde bald darauf von der neu gebildeten Luftwaffe Mitte der 1930er-Jahre sowohl als Transportflugzeug als auch als behelfsmäßiger Bomber in Dienst gestellt. Zwar wirkte sie durch ihre Wellblechbauweise und Sternmotoren etwas antiquiert, tatsächlich war die Ju 52 aber ein robustes und zuverlässiges Flugzeug. Bei einem Fallschirmjägereinsatz konnte sie 18 Mann über eine Strecke

Die Junkers Ju 52 war das Haupttransportflugzeug der Fallschirmjäger während ihrer Luftlandeangriffe von 1940/41. Allein bei der Invasion auf Kreta waren über 490 im Einsatz. Die Ju 52 war jedoch langsam und erlitt mit Fortgang des Krieges immer höhere Verluste. Bis April 1945 waren nur mehr acht Maschinen einsatzfähig.

von 1280 km bei einer Geschwindigkeit von 264 km/h zu den Landeplätzen fliegen.
Das Fahrgestell der Maschine war besonders robust, deshalb eignete sie sich für die Landung von Truppen auf verschmutzten Landebahnen, Straßen oder jedem Stück flachen Bodens. 1936 wurden Ju 52-Maschinen in den Spanischen Bürgerkrieg zur Unterstützung von General Francos Faschisten entsandt, wo einer ihrer wichtigsten Einsätze im Transport von 10.000 Soldaten des Generals bei Ausbruch des Konflikts von Afrika nach Spanien bestand. Bis Ende des Zweiten Weltkriegs sollten fast 5000 Ju 52 in Deutschland gebaut werden, wobei die Ju 52/3m die Hauptversion darstellte.
Wie bei den Transportflugzeugen erkannte die Luftwaffenführung auch das militärische Potenzial von Segelflugzeugen und genehmigte 1937 die Serienproduktion der Segler vom Typ DFS 230. Diese konnten acht voll bewaffnete Soldaten lautlos mitten ins feindliche Gebiet befördern und dazu noch eine beträchtliche Menge an Ausrüstung. Ein DFS 230-Lastensegler wurde von einer Ju 52 geschleppt – an deren Bord sich ebenfalls Fallschirmjäger befanden – und dann nahe am Ziel ausgeklinkt. Von da an übernahm dann der Pilot im Segler. Man gedachte, die Segelflugzeuge für den Erstangriff einzusetzen, also noch vor der Landung der Fallschirmjäger. Die lautlose Annäherung erlaubt den Deutschen die Ausnutzung des Überraschungsmoments, was für ihre aggressive Luftlandestrategie von wesentlichem Vorteil war. Sobald ein Brückenkopf von den mit Seglern und Fallschirmen abgesetzten Sturmtruppen eingenommen war, folgten Lastensegler mit Munition und schwerer Ausrüstung.
Diese Versorgungssegler befanden sich 1940 und 1941 noch in der Entwicklungsphase, gingen aber schließlich als die berühmte Gotha Go 242 sowie als die starke Messerschmitt Me 321 in Produktion. Erstere konnte ein Aufklärungsfahrzeug oder eine leichte Haubitze befördern, Letztere einen Panzer transportieren. Beide Segler wurden später mit Motoren ausgerüstet und zu angetriebenen Transportflugzeugen umfunktioniert.
In ihrer Anfangszeit war die neue deutsche Fallschirmtruppe auf die Waffen und Ausrüstung des Heeres angewiesen, forderte aber bald eine Spezialausrüstung für Luftlandetruppen. Wesentlich dabei war, hinter den

Der Lastensegler Gotha Go 242 wurde 1942 in Dienst gestellt und anfangs in sechs Staffeln im Mittelmeerraum und Nordafrika eingesetzt. Diese Lastensegler wurden gewöhnlich von He 111-Bombern geschleppt.

Anfang 1941 wurde der Lastensegler Me 321 mit Motoren ausgerüstet und damit zur Transportmaschine Me 323 *Gigant.* Sie wurde im November 1942 in Dienst gestellt und versorgte das Afrikakorps von Sizilien aus. Bis zur Einstellung der Produktion im April 1944 waren nur 198 gebaut worden.

feindlichen Linien mit maximaler Feuerkraft und minimaler logistischer Unterstützung kämpfen und überleben zu können. Sprungjacken im Tarndruckmuster und Springerstiefel wurden ausgegeben. Der deutsche Einheitsstahlhelm wurde zu einem gepolsterten Fallschirmspringerhelm mit einem speziellen Kinnriemen umfunktioniert, damit er guten Halt bot. Außerdem war der hintere Rand höher ausgeschnitten, da es sonst bei einer harten Landung zu fatalen Unfällen kommen konnte. Es wurden auch spezielle Schulterpatronengürtel für zusätzliche Munition entwickelt.
Es wurde mit der Serienproduktion von Abwurfbehältern begonnen, die unter der Ju 52 getragen und gleichzeitig mit den abspringenden Fallschirmjägern abgeworfen wurden, damit diesen Maschinengewehre (MG 34) und Munition in der Landezone sofort zur Verfügung standen.
Darüber hinaus wurde ein Programm zur Entwicklung des ersten Sturmgewehrs der Welt gestartet. Dieses sollte dieselbe Schussgeschwindigkeit wie beim MG-Dauerfeuer aufweisen, aber nicht viel mehr wiegen als ein konventionelles Gewehr. Das Ergebnis war das Fallschirmjägergewehr FG 42, das 1942 eingesetzt wurde. Das FG 42 zeichnete sich durch einen revolutionären Gasdruckmechanismus aus, mit dem bei geschlossenem Verschluss Einzelfeuer und bei offenem Verschluss Dauerfeuer möglich war. Es sollte für alle Sturmgewehre der Nachkriegszeit als Vorbild dienen, wie zum Beispiel für die berühmte Kalaschnikow AK-47.
Die neu aufgestellte 7. Fliegerdivision saß die Invasion in Polen im Herbst 1939 aus, denn Hitler wollte sie für seinen Angriff auf den Westen aufsparen. Es war von wesentlicher Bedeutung, dass die einzigartigen Fähigkeiten dieser neuen Truppe solange wie möglich geheim gehalten wurden. Inzwischen nutzte General Student die Zeit für die Ausbildung und den Ausbau seiner Division für den »Fall Gelb«, den Angriff auf Frankreich und die Niederlande. Ein speziell ausgebildeter Pioniertrupp war für den Angriff auf die belgischen Grenzbefestigungen vorgesehen.
Im April 1940 holte Hitler erst zum Schlag gegen das neutrale Dänemark aus, dann gegen Norwegen. Drei Fallschirmjägereinheiten in Kompaniestärke sprangen ab, um strategisch wichtige Flugfelder in Norwegen einzunehmen. Dann landeten in mehreren Wellen mit Infanterie voll

Der Erfolg des deutschen Luftlandeangriffs auf die belgische Festung Eben Emael am 10. Mai 1940 trug wesentlich zur Sicherung der Übergänge über die Maas und den Albertkanal bei. Students Plan bestand darin, diese »uneinnehmbare« Festung in einem revolutionären Handstreich einzunehmen, bei dem Infanterie von Seglern direkt auf dem Plateau des Forts abgesetzt wurde.

beladene Ju 52. Als der Feldzug Anfang Mai seinen Höhepunkt erreichte, gab Hitler grünes Licht für den »Fall Gelb«.

Im Mittelpunkt des deutschen Plans stand die Invasion in Belgien und den Niederlanden. Man hoffte, die Briten und Franzosen würden das Gros ihrer Kräfte in diese Staaten schicken, um die deutschen Invasoren zurückzuschlagen. Auf dem Schlachtfeld wären die Alliierten verwundbar für einen Panzervorstoß durch das schwach verteidigte Ardennengebiet in Südbelgien. Students neue Fallschirmjäger und die Luftlandedivision des Heeres sollten beim Angriff auf die Niederlande die Spitze bilden. Obwohl die Niederlande neutral waren, hatten sie eine eindrucksvolle Grenzverteidigung gegen eine etwaige deutsche Invasion aufgebaut. Diese beruhte im Wesentlichen auf der Sicherung oder Sprengung einer Reihe wichtiger Brücken über Kanäle und Flüsse, die für jeden Eindringling von größter Bedeutung waren. Aus diesem Grund nannten die Deutschen ihr Ziel auch »Festung Holland«, weil die zahlreichen Wasserhindernisse die »Festung« wie Gräben schützten.

Das erste Ziel war die Ausschaltung des belgischen Forts Eben Emael bei Lüttich, das auf einer Höhe lag und die strategisch wichtigen Brücken über den Albertkanal im Blickfeld hatte. Die Einnahme der Brücken sollte den Weg für die Panzer frei machen, damit diese über die deutsche Grenze rollen konnten. Sechs Monate lang hatte eine 85 Mann starke »Sturmgruppe« aus Angehörigen des 1. Fallschirmjägerregiments und des Pionierbataillons der 7. Fliegerdivision für diesen Einsatz geübt. Laut Plan sollten bei Tagesanbruch am 10. Mai 1940 elf Segelflugzeuge DFS 230 auf dem Plateau des Forts landen und seine massiven Geschütztürme mit Hohlladungen außer Gefecht setzen, bevor die Verteidiger überhaupt merkten, was da geschah. Die Ausbildung und Vorbereitung der Gruppe für den Einsatz erfolgte unter strenger Geheimhaltung. Auf ein vereinbartes Codewort hin wurden die Segler in zivilen Möbelwagen zu den vorderen Flugfeldern gebracht, um die Sicherheit der Operation nicht zu gefährden.

Im leichten Morgennebel kamen die Segler auf ihr Angriffsziel herunter und landeten praktisch ungehindert. Einige Fliegerabwehrkanonen eröffneten das Feuer, aber im Prinzip hatten die belgischen Verteidiger keine Ahnung, was da gerade passierte. In einem Zeitraum von nur zehn Minuten gelang den Sturmgruppen die handstreichartige Einnahme oder Zerstörung von neun MG-Bunkern. Dann stürmten die Pioniere vor und schalteten mit Hohlladungen die riesigen drehbaren Panzerkuppeln mit Geschützen aus. Die Hohlladungen durchschlugen den Panzerstahl mit Leichtigkeit. Als Nächstes wurden die 12-cm-Geschützrohre außer Gefecht gesetzt, indem Ladungen in ihren Mündungen zur Explosion gebracht wurden.

Der belgische Widerstand war zögerlich und schlecht koordiniert. Die Verteidiger kauerten in den Tunnels unter dem Fort und wagten sich nicht hinaus, um die leicht bewaffneten Deutschen auf dem Plateau, das ihnen wenig Schutz bot, anzugreifen. Bis die belgische Artillerie das Feuer eröffnete und mit der Erkundung der Pionierstellungen begonnen wurde, war es bereits zu spät.

Am Nachmittag gingen die Pioniere zum Angriff über und warfen Sprengladungen in die unterirdischen Tunnel und Räume, um die Verteidiger weiter zu dezimieren. In den frühen Morgenstunden des 11. Mai stieß eine deutsche Entsatzkolonne über den Albertkanal. Die Reste der 750 Mann starken Fortbesatzung ergaben sich. Auf deutscher Seite waren sechs Pioniere gefallen und 15 verwundet. Die Alliierten hatten kaum eine Ahnung, was da geschehen war, und jahrelang kursierten Gerüchte, die Deutschen hätten sich einen Tunnel zum Fort gegraben. Die Überraschung war also gelungen. Das Tor zu Belgien stand nun für die 9. Panzerdivision offen.

Die deutsche Invasion in den Niederlanden begann bei Tagesanbruch am 10. Mai 1940 mit einer Reihe von Fallschirmeinsätzen, die auf die Sicherung der Übergänge über Rhein, Maas und Lek abzielten. Weitere Fallschirmjäger landeten in der Nähe von Rotterdams Flughafen Waalhaven und Den Haag.

Links: Die Einnahme der Insel Kreta, angeführt von Students Fallschirmjägern, war eine der ehrgeizigsten Luftlandeoperationen, die jemals unternommen wurden, wäre aber beinahe gescheitert. Bis zur britischen Evakuierung vom 28. Mai bis 1. Juni hatte Student über 7000 Gefallene oder Verwundete verloren.

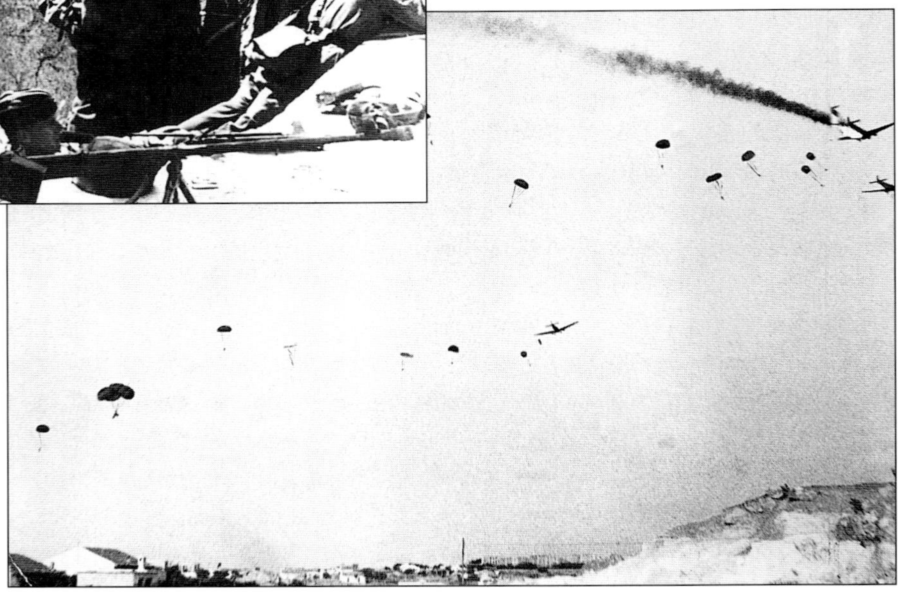

Rechts: Luftlandeinvasion auf Kreta. Das Unternehmen »Merkur« wurde vom XI. Fliegerkorps unter General Student durchgeführt. Die ersten Landungen von Teilen der 7. Fliegerdivision fanden am 20. Mai 1941 auf vier Städten an der Nordküste statt.

Parallel zum Einsatz der Fallschirmjäger bei Eben Emael setzten andere Einheiten der 7. Fliegerdivision Students ihren ehrgeizigen Plan um, die Tore zur »Festung Holland« aufzubrechen. Drei starke Fallschirmjägereinheiten landeten in der Umgebung von Den Haag, um die niederländische Regierung und die königliche Familie auszuschalten. Vor dem Eintreffen der Fallschirmjäger hatten Stukas versucht, die niederländische Verteidigung aufzuweichen. Wellen von Ju 52-Transportflugzeugen setzten ihre Truppen ab und kehrten wieder zu ihren Heimatstützpunkten zurück, wo sie die Männer der 22. Luftlandedivision an Bord nehmen sollten, um die Brückenköpfe der Fallschirmjäger zu verstärken.

Bei Rotterdam verlief Students Angriff nach Plan. Die Fallschirmjäger überraschten den Gegner und konnten die wichtigen Brücken in kurzer Zeit einnehmen. Doch die Niederländer hatten sich bald wieder gefangen und setzten zu heftigen Gegenangriffen an. Sogar ein niederländischer Marinekreuzer nahm an den Kämpfen teil und beschoss die deutschen Brückenköpfe, bis er von Stukas vertrieben wurde. Es kam zu verzweifelten Gefechten, dann traf Verstärkung durch die Panzer ein. Umstritten ist jedoch ein von Student angeforderter Luftangriff auf Rotterdam. Der niederländische Kommandeur hatte einem Waffenstillstand zugestimmt und der Bombenangriff wurde abgesagt, doch die Meldung erreichte die Maschinen nicht. Die Folge waren enorme Verluste unter der Zivilbevölkerung der Stadt. In der anschließenden Verwirrung wurde

Student versehentlich von einem Scharfschützen der Waffen-SS angeschossen und schwer verwundet.

Weiter im Norden verlief die Schlacht nicht planmäßig. Die ersten Landungen trafen auf heftigen Widerstand der Niederländer. Der Königsfamilie und der Regierung gelang die Flucht. Viele Fallschirmjäger wurden am falschen Ort abgesetzt, und so waren die Verteidiger bereits vorgewarnt, als die Ju 52 mit den Luftlandetruppen an Bord im Anflug auf die drei Flugfelder bei Den Haag waren. Dutzende Ju 52 wurden abgeschossen und Hunderte deutsche Soldaten fielen. Ein Gegenangriff von drei niederländischen Divisionen vertrieb die Fallschirmjäger und Luftlandetruppen aus ihren Absprungzonen im Gebiet um die Flugfelder, wodurch Verstärkung und Nachschub nicht mehr möglich waren. Der Kommandeur der Luftlandedivision, General Hans von Sponeck, wurde bei den Kämpfen schwer verwundet, als seine Truppen »Igelstellungen« bildeten, um bis zum Eintreffen der Verstärkung in ein paar Tagen durchzuhalten.

Nach dem erfolgreichen Angriff auf die »Festung Holland« erhielt General Student für die geplante Invasion in England, das Unternehmen »Seelöwe«, den Befehl über das neue XI. Fliegerkorps, das sowohl die 7. Fliegerdivision als auch die 22. Luftlandedivision umfasste. Als Hitler diese Operation absagte, richtete er seine Aufmerksamkeit auf den Osten, musste seine Truppen aber auf den Balkan umleiten, um nach einem pro-britischen Coup in Jugoslawien im April 1941 seine Südflanke zu schützen. Ein Panzerblitzkrieg fegte erst über Jugoslawien und drängte dann die britischen Expeditionstruppen nach Griechenland zurück.

Students Fallschirmjäger erhielten die Aufgabe, die Brücke von Korinth einzunehmen und Tausenden britischen und griechischen Soldaten auf ihrem Rückzug den Weg abzuschneiden. Zwei Fallschirmjägerbataillonen glückte die Landung zu beiden Enden der Brücke, dann stürmten sie die

Nach Kreta und einer Zeit an der Ostfront wurden Teile des Fallschirmkorps in die 1. Fallschirmdivision umorganisiert und als strategische Reserve in den Mittelmeerraum verlegt. Am 9. November 1942 wurde sie von Sizilien nach Tunesien geflogen und dort als Spezial-Infanterieeinheit eingesetzt (unten).

Bis Ende 1942 hatten die Fallschirmjäger ihre Bedeutung als Luftlandetruppe verloren und kamen immer öfter als Frontinfanterie zum Einsatz. Das konnte ihren Kampfgeist jedoch nicht schmälern – was auch die Verteidigung von Monte Cassino durch die 1. Fallschirmdivision Anfang 1944 demonstrierte.

Bunker, in denen sich die Zündung für die Sprengladungen befand. In der Verwirrung wurden die Sprengladungen durch Scharfschützenfeuer zur Detonation gebracht. Die Brücke wurde in die Luft gejagt und viele Deutsche getötet und verwundet.

Bis Ende April hatten die Briten ihre Truppen auf die Insel Kreta zurückgenommen, 192 km südlich von Athen. Hitler befürchtete, die Briten könnten die Insel in einen Bomberstützpunkt verwandeln und damit zu einer Bedrohung für seine strategisch wichtigen Ölquellen in Rumänien werden. Er wollte daher auf alle Fälle die Einnahme der Insel vor Beginn des Unternehmens »Barbarossa«, des Überfalls auf die Sowjetunion, und übertrug diese Aufgabe Students XI. Fliegerkorps. Das Unternehmen »Merkur« war die allererste Invasion, die vorwiegend aus der Luft erfolgte. Für diese Operation standen Student die 7. Division und die 5. Gebirgsdivision zur Verfügung, die anstelle der 22. Division die Luftlandeeinsätze durchführten. Sein Plan sah die Landung von 10.000 Mann mit Fallschirmen vor und von 5000 mit Transportflugzeugen, gleichzeitig sollten 7000 Mann von See her an Land gehen. Über 500 Ju 52 und 80 Segler wurden für den Angriff aufgeboten.

Die Insel wurde von rund 30.000 britischen, australischen und neuseeländischen Soldaten gehalten sowie von 11.000 griechischen Soldaten und Zehntausenden bewaffneten kretischen Zivilisten. Den Truppen des neuseeländischen Generals B. C. Freyberg fehlte es an Panzern, Artillerie und Munition, und die wenigen ihm zur Verfügung stehenden Jagdflugzeuge waren jenen der Luftwaffe völlig unterlegen, die 280 Bomber, 150 Sturzkampfbomber, 180 Jagdflugzeuge und 40 Luftaufklärer einsetzte.

Nach einem Großeinsatz der Luftwaffe zur Aufweichung der Verteidigung fanden am Morgen des 20. Mai die ersten deutschen Fallschirmabsprünge von rund 3000 Mann statt. Obwohl sie mangelhaft ausgerüstet waren, leisteten Freybergs Truppen fanatischen Widerstand. Sie hatten

Es brauchte fünf Monate und vier Großangriffe, bis die alliierten Divisionen die Fallschirmjäger schließlich am 17. Mai 1944 aus Monte Cassino vertreiben konnten. Bei der hier abgebildeten Waffe handelt es sich um das FG 42 (erstes Modell), ein Sturmgewehr für Einzel- und Dauerfeuer, das eigens für die Luftlandetruppen entwickelt, aber nur in begrenzter Zahl hergestellt wurde.

die Fallschirmlandungen schon erwartet, und die Kommandeure in den Landezonen gaben den Befehl zu konzentrierten Gegenangriffen, damit die deutschen Fallschirmjäger nicht Fuß fassen konnten. Hunderte von Fallschirmjägern gerieten noch während sie zur Erde hinunterschwebten in einen Kugelhagel aus Maschinengewehren. Die dortigen Zivilisten schlossen sich dem Gemetzel an und machten sich mit Beilen und Schaufeln zu den Fallschirmjägern auf, die sich in den Olivenbäumen verheddert hatten. Wer dieses Martyrium überlebte, fand sich bald festgenagelt in kleinen Kesseln am Rand der vier kretischen Flugfelder Maleme, Chania, Rethymnon und Heraklion wieder.

Die Verbindungen waren unterbrochen, daher wurden die nachfolgenden Wellen von Fallschirmjägern in denselben Landezonen abgesetzt und erlitten ebenso schwere Verluste. Bis zu Tagesende blieben Chania, Rethymnon und Heraklion fest in britischer Hand und die deutschen Angreifer wurden vertrieben. Nur in Maleme hatten Students Kräfte eine gewisse Aussicht auf die Erreichung ihres Zieles. Die Briten wurden durch Patrouillenflüge der Luftwaffe während der Tagesstunden festgenagelt, was Freyberg an der Ausschaltung der deutschen Widerstandsnester hinderte.

In der Nacht vom 20./21. Mai entbrannte auf einer wichtigen Höhe über dem Flugplatz von Maleme ein Nahkampf zwischen Fallschirmjägern und neuseeländischen Infanteristen. In den Wirren des Gefechts gab der neuseeländische Befehlshaber seinen Männern den Befehl zum Rückzug. Die Deutschen schlugen gleich Kapital aus diesem Fehler, und in den frühen Morgenstunden des nächsten Tages setzten Ju 52 zu einer äußerst riskanten Landung bei Maleme an, um die ersten Verstärkungen abzusetzen. Bis der Pilot wieder sicher zurückgekommen war, war der Stützpunkt bereits in deutscher Hand.

Die Fallschirmjäger spielten in Abwehrschlachten gegen die alliierten Landungen in Europa 1944 eine führende Rolle. Die Verteidigung durch das II. Fallschirmkorps bei St. Lô, Normandie, im Juli und der Einsatz in der Ardennenoffensive im darauf folgenden Dezember – hier zu sehen – brachte den Fallschirmjägern den Ruf ein, zu Deutschlands besten Soldaten zu gehören.

Nun erteilte Student den Befehl, sich voll auf die Ausweitung dieses dünnen von den Deutschen gehaltenen Streifens auf Kreta zu konzentrieren. Während des Tages landeten Hunderte Ju 52 und Segler voll gepackt mit Fallschirmjägern und Gebirgsjägern bei Maleme. Viele Ju 52 wurden beschädigt oder abgeschossen, doch Students Rechnung war aufgegangen. Als Freyberg schließlich in der Nacht zu einem Gegenangriff in Brigadestärke ansetzte, war es schon zu spät. Die deutsche Linie hielt. Eine deutsche Marineflottille, die schweren Nachschub, Artillerie und Verstärkung bringen sollte, wurde von der Royal Navy abgefangen und zerstreut. Students Männer waren nun bei der Einnahme der restlichen Insel ausschließlich auf Unterstützung aus der Luft angewiesen.

In drei hektischen Tagen flogen Ju 52 nach Maleme und wieder zurück, bis Student für den Start seiner Offensive bereit war. Nach vier Tagen harter Kämpfe hatten sich die Fallschirmjäger und Gebirgstruppen die Nordküste Kretas hinaufgearbeitet und den Marinestützpunkt in der Suda-Bucht eingenommen, unterwegs hatten sie sich mit zahlreichen verstreuten Kesseln von Fallschirmjägern vereint. Ohne Artillerie waren die Deutschen bei der Sprengung der alliierten Linie auf die Stukas angewiesen.

Unter anhaltendem Druck und ohne Möglichkeit, den Aufbau der deutschen Kräfte zu stoppen, gab Freyberg am 28. Mai den Befehl, Kreta aufzugeben. Verzweifelt traten seine Truppen den Rückzug durch das Hochgebirge der Insel zur Südküste an. Der Royal Navy gelang es, knapp über 15.000 Mann von den Stränden zu evakuieren, doch rund 2000 Matrosen kamen um, als die Luftwaffe neun Schiffe versenkte und 15 beschädigte.

Dieser bedeutende Waffengang von Student und seinen Männern war der erste dieser Art in der Militärgeschichte: die Einnahme einer vom Gegner gehaltenen Insel aus der Luft. Doch der Preis für diesen Sieg an Menschenleben und Materialverlusten war hoch. Knapp über 3250 deutsche Soldaten fielen und ungefähr ebenso viele wurden verwundet. Rund 200 Ju 52 wurden abgeschossen oder schwer beschädigt. Die 7. Fliegerdivision wurde empfindlich dezimiert und sollte einige Monate außer Gefecht bleiben.

Wegen der hohen Kosten des Unternehmens »Merkur« zögerte Hitler, Luftlandeangriffe auf Malta oder Gibraltar zu genehmigen. In den nächsten 18 Monaten wurden fast alle Teile von Students Korps als Infanteristen in den

Kämpfen an der Ostfront eingesetzt, wo sie riesige Verluste erlitten. Erst Ende 1942 gab es neue Befehle, in Südfrankreich wieder eine fallschirmtaugliche Division zu bilden als eine strategische Reserve für den Kriegsschauplatz Mittelmeer. Diese wurde als 1. Fallschirmdivision bezeichnet. Teile der Division wurden auf dem Luftweg nach Tunesien gebracht, um den Aufbau einer deutschen Verteidigungslinie gegen die von Westen von Marokko und Algerien vorrückenden Alliierten zu unterstützen.

Als im Juli 1943 alliierte Truppen in Italien landeten, hatten die deutschen Fallschirmjäger die Gelegenheit, gegen das Fallschirmjägerregiment der britischen Armee in den Kampf zu gehen. Die »Red Berets« nahmen in den ersten Stunden der Invasion eine wichtige Brücke südlich von Catania ein. Daraufhin erhielt das 3. deutsche Fallschirmregiment den Befehl, die Brücke im Handstreich zurückzuerobern. Nach einer Reihe von Luftangriffen landeten die Deutschen zu beiden Seiten der Brücke und überwältigten in kurzer Zeit die 200 Mann starke britische Besatzung. Sie hielten die Brücke nur ein paar Stunden, dann wurde eine britische Panzerbrigade auf die Deutschen angesetzt. In wilden Nahkämpfen wurden die deutschen Fallschirmjäger zurückgedrängt, aber erst nachdem sie den Briten Verluste von 500 Mann zugefügt hatten. Rund 300 Deutsche fielen und 160 wanderten in Gefangenschaft.

DIE LETZTEN EINSÄTZE

Ein weiterer Fallschirmeinsatz fand im Rahmen der Rückeroberung der griechischen Insel Leros im November 1943 statt, zu dieser Zeit war die deutsche Luftlandetruppe aber nur mehr ein Schatten ihrer selbst. Wegen der Luftüberlegenheit der Alliierten waren groß angelegte Sprungeinsätze bei Tag inzwischen unmöglich. SS-Fallschirmjäger kamen in einem Überraschungsangriff auf das Hauptquartier des jugoslawischen Partisanenführers Tito im Jahr 1944 mit einigem Erfolg zum Einsatz. Die verbliebenen Fallschirmjäger der Luftwaffe verbrachten den Rest des Krieges als normale Infanteristen an der Front. Göring stellte schließlich zehn weitere Fallschirmdivisionen auf, bei denen es sich jedoch nur um Infanteriedivisionen ohne Sprungausbildung handelte, die aber immer noch eine gehörige Portion vom alten »Fallschirmjägergeist« besaßen.

Die hartnäckige Verteidigung der Stellungen bei Monte Cassino in Italien im Jahr 1944 durch die 1. Fallschirmdivision ist in die Militärgeschichte eingegangen. Im Vorfeld der deutschen Ardennenoffensive im Dezember 1944 erhielt die Luftwaffe den Befehl zur Bildung eines Fallschirmbataillons, für das Männer mit Sprungerfahrung aus allen Winkeln des inzwischen zusammengeschrumpften Reichs zusammengezogen werden sollten. Die Operation war ein Fiasko. Die Ju 52 flogen in der Nacht in einen Schneesturm, und die Fallschirmjäger wurden über ein weites Gebiet verstreut abgesetzt, nur rund 100 Mann schafften es in die Landezone. Es blieb ihnen daher nichts anderes übrig, als sich in kleinen Gruppen zu den deutschen Linien zu retten.

In sechs Kriegjahren hatten Hitlers Fallschirmjäger den Weg für eine neue Art der Kriegsführung vorgegeben. Nach den schweren Verlusten auf Kreta stand Hitler weiteren Luftlandeoperationen jedoch vorsichtig gegenüber.

KAPITEL 3

Leibstandarte Adolf Hitler

Hervorgegangen aus einer Schlägertruppe der 1920er-Jahre, deren Aufgabe darin bestand, wichtige NS-Parteigänger vor politischer Gewalt zu schützen, entwickelte sich Adolf Hitlers persönliche Leibwache zu einer der besten Panzerdivisionen des Zweiten Weltkriegs. Unter der dynamischen Führung von Josef (»Sepp«) Dietrich trug sie 1943 und 1944 dazu bei, den Zusammenbruch der Ostfront zu verhindern. Von ihrem Führer als unbesiegbar erachtet, beendeten ihre Angehörigen den Krieg verbittert und enttäuscht, als sich Hitler schließlich gegen sie wandte.

Die erste Einheit der Waffen-SS, die den Namen des Führers des Dritten Reichs trug, war die »Leibstandarte-SS Adolf Hitler«. Im Zeitraum von acht Jahren wuchs sie von einer kleinen Gruppe von Leibwächtern und einer politischen Kampftruppe zu einer kampferprobten motorisierten Infanteriedivision heran. In den nächsten vier Jahren gab die »Leibstandarte« in Westeuropa, auf dem Balkan und in Russland das Tempo vor. Sie wurde zur NS-Eliteeinheit schlechthin, die mit fanatischem Kampfgeist, politischer Loyalität und ausgezeichneten taktischen Fähigkeiten gegen eine gewaltige gegnerische Übermacht antrat.

Hitlers paranoide politische Weltanschauung entwickelte sich in den Tagen der Straßenkämpfe in den 1920er-Jahren. Deutschland stand am Rande einer Revolution. Regelmäßig kam es zu Putschversuchen, als die noch junge Demokratie des Landes mit den Folgen des Ersten Weltkriegs fertig zu werden versuchte. Die Braunhemden oder die Sturmabteilung (SA) standen bei den Zusammenstößen mit den Kommunisten und der Polizei der Weimarer Republik an vorderster Front. Als der so ge-

Eine Ehrengarde der »Leibstandarte Adolf Hitler«, 1933. Die »Leibstandarte« entwickelte sich 1933 aus einer handverlesenen Gruppe von 120 SS-Männern, die als Hitlers persönliche Leibwächter dienen sollten. Die Bezeichnung »Leibstandarte-SS Adolf Hitler« gab ihnen Hitler persönlich am 9. November 1933.

nannte »Hitlerputsch« im Bräuhofkeller im November 1923 scheiterte, gelangte der zukünftige Diktator zu der Überzeugung, dass er eine verlässliche paramilitärische Eliteeinheit zur Verfügung haben musste, wenn er jemals in Deutschland die Macht ergreifen und halten wollte.

Als Deutschland in eine Wirtschaftsdepression stürzte und es nach der Weltwirtschaftskrise von 1929 zu einer Massenarbeitslosigkeit kam, sah Hitler seine Chance gekommen. Wahlen brachten ihn in die Nähe der Macht, gleichzeitig begann er mit der Mobilisierung paramilitärischer Kräfte. Im Mittelpunkt seiner Strategie stand eine kleine geheimnisvolle Gruppe von knapp über 100 jungen Männern, die als Schutzstaffel oder SS bekannt war. Mit ihren düsteren schwarzen Uniformen schienen sie für den Uneingeweihten nicht viel mehr als Hitlers Leibgarde zu sein. Tatsächlich waren sie aber die bewaffnete Elite der NSDAP, die nur Hitler gegenüber loyal war.

Angeführt wurde sie von einem gewissen Josef (»Sepp«) Dietrich, der das Kommando über die »Leibstandarte-SS Adolf Hitler« und schließlich auch über die 6. SS-Panzerarmee übernahm, die in ihren letzten Tagen im April 1945 sechs SS-Panzerdivisionen umfasste. Viele der berühmten Divisions- und Regimentskommandeure der Waffen-SS aus dem Krieg gehörten bereits dieser ersten Gruppe an, und diese Verbindung sollte ihnen nicht nur den ganzen Krieg hindurch, sondern auch noch danach gute Dienste leisten.

DIE ENTSTEHUNG DER WAFFEN-SS

Als Hitler im Januar 1933 das deutsche Kanzleramt übernahm, unternahm er schnell alles, um seine gerade errungene Machtposition zu konsolidieren. Eine seiner ersten Handlungen war die gewaltsame Eliminierung der SA-Führung in der berühmten »Nacht der langen Messer«. Die SS spielte bei diesem Massaker eine zentrale Rolle. Sie nahm zahlreiche SA-Führer fest und exekutierte sie. Dietrich hatte bei der Säuberung eine führende Rolle, denn er war es, der die ersten unter dem NS-Regime durchgeführten außergerichtlichen Hinrichtungen beaufsichtigte. Von diesem Zeitpunkt an wandelte sich das Gesicht Deutschlands. Es war jetzt keine parlamentarische Demokratie mehr, in der das Gesetz herrschte. In den nächsten zwölf Jahren war Deutschland eine faschistische Diktatur, in der die SS als Hitlers brutale Tötungsmaschine agierte. Innerhalb von ein paar Monaten entwickelte sich die SS zu einer Art Parallelregierung, um sicherzustellen, dass die NSDAP nie von innen gestürzt werden konnte. Die Polizei, die Gefängnisdienste, Nachrichtenstellen und die Richterschaft wurden von ihren SS-Pendants streng kontrolliert. Es dauerte nicht lange und die SS zählte an die Zehntausenden Mitglieder, die absolut führertreu waren.

Dass Hitler der Wehrmacht äußerst misstrauisch gegenüberstand, war nicht überraschend, denn sie allein schien die Mittel zu besitzen, das NS-Regime von der Macht zu entfernen. Der frühere »böhmische Gefreite« hatte für das aristokratische Offizierskorps der Wehrmacht wenig übrig, dem er die Schuld an Deutschlands Niederlage im Ersten Weltkrieg zuschrieb. Hitler machte sich sofort daran, die politische Macht

Der erste Kommandeur der Leibstandarte, Josef »Sepp« Dietrich, hier nach dem Frankreichfeldzug 1940. Dietrichs persönliche Freundschaft mit Hitler garantierte den Ausbau und die Unabhängigkeit der »Leibstandarte«. Die Einheit wurde 1934 motorisiert, Jahre vor den meisten Wehrmachtseinheiten.

des Generalstabs auszulöschen. Jeder deutsche Soldat musste einen persönlichen Treueid auf Hitler schwören, lästige höherrangige Kommandeure wurden (wie zum Beispiel Feldmarschall Werner von Blomberg nach einem erfundenen Sexskandal) entfernt und andere wurden mit riesigen Ländereien bestochen.

Doch das genügte Hitler noch immer nicht. Deshalb beschloss er, seine Leibwache zur Kleinarmee der NSDAP auszuweiten. Sie sollte die einzige offiziell bewaffnete Streitkraft in Deutschland sein, die das Mandat zu bewaffneten Einsätzen innerhalb der Grenzen des neuen Dritten Reichs hatte. Die Wehrmacht musste sich auf die Kriege im Ausland beschränken. Damit war die Waffen-SS geboren.

Gerade in diesen frühen Tagen entwickelte sich die ideologische Ausrichtung der Waffen-SS. Die Rekruten wurden nach strengen rassischen Gesichtspunkten ausgewählt. Sie mussten ihre Abstammung mehrere Generationen zurückverfolgen können, um zu beweisen, dass sie keine jüdischen Verwandten hatten. Körperliche Unvollkommenheiten, wie Zahnplomben oder schwache Sehkraft, sprachen ebenfalls gegen eine Mitgliedschaft bei der Waffen-SS.

Ihre erste öffentliche Aufgabe, die Bewachung von Hitler und der öffentlichen Gebäude in Berlin, trug der ersten Waffen-SS-Einheit, der »Leibstandarte«, bei der Wehrmacht bald den Namen »Asphaltsoldaten« ein. Sie taugten nur für Paraden, behaupteten zynische Stimmen. Hinter der Fassade setzten Hitler und der Reichsführer-SS, Heinrich Himmler, alle nötigen Hebel in Bewegung, um die Waffen-SS zu einem militärischen Eliteverband zu machen.

Einige professionelle Stabsoffiziere, wie Paul Hausser und Willi Bittrich, wurden angeworben, um Schulen für Jungoffiziere und Unteroffiziere aufzubauen, Stabsoffizierslehrgänge abzuhalten und die Logistik zu organisieren. Diese Männer sorgten dafür, dass in den Reihen der Waffen-SS professionelle militärische Disziplin und Standards herrschten und nicht die politische Vetternwirtschaft, die in anderen Bereichen von Hitlers NS-Staat wucherte.

Die ersten Einheiten der Waffen-SS wurden als Standarten bezeichnet und waren lediglich leicht bewaffnete Infanterieeinheiten. Hitler wollte seine Waffen-SS jedoch um jeden Preis mit den besten Waffen und der besten Ausrüstung ausstatten. Bald wurden schwere Maschinengewehre, Granatwerfer, leichte Artillerie und Panzerwagen in die Depots der Waffen-SS geliefert.

Ende der 1930er-Jahre hatten sich die Waffen-SS-Standarten zu hervorragend ausgestatteten motorisierten Infanterieregimentern entwickelt. Ihre Namen, wie »Leibstandarte« und »Totenkopf«, waren im Zweiten Weltkrieg bald allgemein bekannt.

Als der Krieg immer näher rückte, befahl Hitler die Zusammenfassung seiner Waffen-SS-Standarten zu einer einzigen Division, der SS-Verfügungstruppe (SS-VT). Sie wurde in die Kriegsplanung für die Invasion in Polen mit einbezogen, wo sie, so hoffte Hitler, als glorreiche Siegerin über eine Nation von »Untermenschen«, wie er sie sah, hervorgehen würde.

Zum ersten Kampfeinsatz der Waffen-SS kam es im September 1939 während des Überfalls auf Polen, bei dem die SS-VT der Heeresgruppe Süd der Wehrmacht zugeteilt war. Die Polen leisteten nur stellenweise Widerstand und die SS-VT wurde kaum strapaziert, was Hitler nicht davon abhielt, über die Leistungen seiner Eliteeinheit ins Schwärmen zu geraten.

Im folgenden Frühjahr wurden die Standarten der Waffen-SS zu kompletten, motorisierten Infanterieregimentern erweitert, die nun Sturmgeschützbataillone mit StuG III besaßen. Hitlers Lieblingsregiment, die »Leibstandarte Adolf Hitler«, erhielt den Auftrag, den Panzervorstoß durch die Niederlande und Belgien zu unterstützen. Dabei kam es bei Wormhoudt zum Zusammenstoß mit britischen Soldaten, und eine Abteilung unter dem Befehl von SS-Hauptsturmführer Wilhelm Mohnke metzelte eine Gruppe von 65 gefangenen britischen Soldaten nieder. 15 der

Ein MG 34-Trupp der Waffen-SS an der Ostfront, August 1941. SS-Einheiten wie die »Leibstandarte« waren die ersten, die während des Frankreichfeldzugs 1940 Tarnuniformen und Helmtarnüberzüge trugen.

ursprünglich 80 Gefangenen überlebten und konnten Mohnke dafür verantwortlich machen.

Wieder war Hitler überglücklich über die hervorragende Kampfleistung, die seine SS-Truppen seiner Meinung nach erbracht hatten, und gab den Befehl zu einem weiteren Ausbau der Truppe. Diesmal sollten es vier motorisierte SS-Divisionen sein: »Leibstandarte«, »Das Reich«, »Totenkopf« und »Wiking«. Diese vier Einheiten bildeten für die gesamte Dauer des Krieges den Mittelpunkt der Waffen-SS. Als Hitler seine Elitetruppe als Konkurrenz zur Wehrmacht zu einer voll funktionierenden Privatarmee von rund 35 Divisionen ausbaute, waren die Offiziere dieser Einheiten sehr gefragt.

Die Kampferfolge der »Leibstandarte« während der Invasion in Jugoslawien und Griechenland sorgten im Oberkommando des Heeres für einige Aufregung. Das taktische Gespür und die Effizienz dieser Truppe beeindruckte hochrangige Heereskommandeure, die sich nun allmählich eingestehen mussten, dass die Waffen-SS nicht nur für den Exerzierplatz taugte.

Seitenwagenmaschinen wie diese hier von der »Leibstandarte« waren Teil der Aufklärungseinheiten der Panzerdivisionen und wurden neben Panzerwagen und Halbkettenfahrzeugen eingesetzt. Bis 1944 gab es in einem Panzerbataillon gewöhnlich 40 einsatzfähige Seitenwagenmaschinen.

Beim Überfall auf die Sowjetunion im Juni 1941 zählte die »Leibstandarte« 10.796 Mann. Die vier Waffen-SS-Divisionen standen im dichtesten Kampfgetümmel und stießen im Blitzkrieg weit hinter die sowjetischen Linien vor. Hitlers Erklärung, der Ostfeldzug sei ein rassenideologischer Krieg zur Eroberung von Lebensraum für das deutsche Volk, wurde von den Truppen der Waffen-SS mit Begeisterung aufgenommen. Sie exekutierten eine große Zahl sowjetischer Kriegsgefangener und halfen den mörderischen SS-Einsatzgruppen bei der Jagd nach Juden und ihrer Ermordung.

Die »Leibstandarte« wurde für das Unternehmen »Barbarossa« der Heeresgruppe Süd unterstellt und stand an der Spitze des deutschen Vorstoßes durch die Ukraine. Obwohl Hunderttausende Russen in großen Kesseln bei Kiew eingeschlossen waren, verstärkte sich der sowjetische Widerstand, je näher der Winter kam. Im tiefsten russischen Winter lieferten Dietrichs Männer einen zähen Kampf, um die Front um Rostow am Don zu halten.

In der für das NS-Regime typischen Arroganz glaubte Hitler, seine Armeen könnten die Russen bis zum Herbst besiegen, deshalb stand für die deutschen Truppen auch keine Winterbekleidung oder -ausrüstung zur Verfügung. Nur der hartnäckige Widerstand von Einheiten wie den

Ein Tiger Ausf. E der SS-Division »Leibstandarte« an der Normandiefront 1944. Die »Leibstandarte« wurde 1942 in eine Panzergrenadierdivision umgeformt, hatte aber weiterhin ein Panzerregiment in voller Stärke, darunter auch eine schwere Panzerabteilung mit Tigern.

drei Waffen-SS-Divisionen »Leibstandarte«, »Das Reich« und »Totenkopf« hielt die deutsche Front zusammen und verhinderte eine wilde Flucht. Bis zum Frühjahr waren die Einheiten der Waffen-SS spürbar dezimiert, hatten sich aber im Kampf einen Namen gemacht.

Die Waffen-SS war mit 160.405 Mann nach Russland gekommen. Bis Mitte November zählte sie 36.517 Gefallene, Verwundete oder Vermisste.

Hitlers Misstrauen gegenüber seinen Generälen verstärkte sich nach dem Rückzug von Moskau im Dezember 1941, deshalb gab er seinen drei Waffen-SS-Divisionen den Befehl zum Abzug aus Russland und zur Verlegung nach Frankreich. Dort wurden sie als so genannte Panzergrenadierdivisionen wieder aufgebaut, erhielten aber ein Panzerregiment in voller Stärke und entsprachen damit eigentlich einer Panzerdivision des Heeres.

Die Divisionen verbrachten den Sommer und Herbst 1942 mit der Wiederaufrüstung und Ausbildung für ihre neue Rolle unter dem Befehl des neuen SS-Panzerkorps von Paul Hausser. Die Einkesselung der 6. Armee in Stalingrad im November 1942 zwang Hitler, Haussers neuen Verband nach Südrussland zu beordern, um die eingeschlossenen 230.000 Mann zu befreien. Man braucht wohl nicht hinzuzufügen, dass diese Aufgabe weit über die Fähigkeiten des Waffen-SS-Korps hinausging. Am Ende war das Korps selbst in der ukrainischen Stadt Charkow eingeschlossen und entkam nur, weil Hausser sich Hitlers Befehlen, bis zum letzten Mann zu kämpfen, widersetzte.

Dietrich befand sich wie üblich mitten in den Kämpfen. Als der Befehlshaber der Heeresgruppe Süd, Feldmarschall Erich von Manstein, einen vernichtenden Gegenangriff gegen die zu schwach unterstützten sowjetischen Panzerkolonnen startete, stand die »Leibstandarte« beim Angriff in vorderster Linie. Ihre Panzer IV und Tiger durchstießen die sowjetischen Linien, zerstörten Hunderte T-34-Panzer, wobei Tausende russische Soldaten fielen.

Hausser und seine Truppen konnten ihr Ansehen in den Augen ihres Führers wieder herstellen, indem sie eine Gegenoffensive führten und Charkow im März 1943 wieder einnahmen – die »Leibstandarte« führte dabei den Angriff in die Stadt.

Vier Monate später stand Haussers Korps an der Spitze der deutschen Offensive bei Kursk und war bald in die größte Panzerschlacht in der Militärgeschichte verwickelt. Nach über einer Woche schwerer Kämpfe hielten die sowjetischen Verteidigungen immer noch stand, und die Deutschen wurden fast über die gesamte Ostfront in die Defensive gedrängt. Wieder führte die »Leibstandarte« den deutschen Vorstoß an und fing die volle Wucht des Angriffs der sowjetischen 5. Garde-Panzerarmee bei Prochorowka am 12. Juli ab. Die SS-Division hielt diesen ganzen schicksalhaften Tag lang mit nur 70 Panzern und Sturmgeschützen 800 sowjetische Panzer zurück und zerstörte laut eigenen Angaben über 200.

Für kurze Zeit wurde die »Leibstandarte« im Juli 1943 nach Italien beordert, um die alliierten Landungen zu verhindern. Dann wurde sie aber im November zur Unterstützung wieder an die Ostfront gerufen, wo sich die Lage zusehends verschlimmerte. Die Division blieb in den nächsten Monaten im Osten und erlitt furchtbare Verluste bei dem Versuch, die Heeresgruppe Süd zusammenzuhalten. Im November führte die »Leibstandarte« eine Gegenoffensive gegen Kiew, wurde aber im Dezember durch eine gewaltige sowjetische Panzeroffensive in die Defensive gedrängt.

Als im Februar 1944 50.000 deutsche Soldaten im Kessel von Korsun-Tscherkassy eingeschlossen wurden, führte die »Leibstandarte« den zum Scheitern verurteilten Entsatzversuch an. Ein paar Wochen später wurde die Division selbst im Kessel von Kamenez-Podolsk eingeschlossen und konnte nur entkommen, weil Manstein sich Hitlers Befehlen, bis zum letzten Mann zu kämpfen, widersetzte und den Befehl zur Bildung eines »wandernden Kessels« gab.

AUSBAU DER SS-PANZERTRUPPE

Der Erfolg der SS bei Charkow und das Scheitern der Panzerdivisionen des Heeres beim Entsatz von Stalingrad hatten Hitler wieder neuen Auftrieb gegeben, und so entschied er sich für eine umfassende Erweiterung der Waffen-SS-Panzertruppe im Frühjahr 1943. »Sepp« Dietrich, der schon lange in der Gunst des Führers stand, erhielt den Befehl über das so genannte I. SS-Panzerkorps »Leibstandarte Adolf Hitler«, das nominell aus der SS-Division »Leibstandarte« und einer neuen aus der Hitlerjugend gebildeten Division bestehen sollte. Die »Leibstandarte« sollte einen Kader erfahrener Offiziere und Soldaten für den neuen Stab und die neue Division stellen. Bis zum Herbst 1943 erfolgte die Aufstellung der neuen Einheiten in Ausbildungslagern in Belgien, die Division »Leibstandarte« selbst schloss sich ihnen erst im folgenden Frühjahr an, als sie aus der Ostfront genommen wurde.

Im Herbst 1943 wurde ein neues Bezeichnungssystem eingeführt, das die Panzergrenadierdivisionen offiziell in Panzerdivisionen umbenannte. Die erste Waffen-SS-Einheit wurde jetzt also zur 1. SS-Panzerdivision »Leibstandarte-SS Adolf Hitler« oder kurz LSSAH.

Die neuen SS-Panzereinheiten nahmen nur langsam Gestalt an, weil die Rekruten und die Ausrüstung nur schubweise eintrafen. Als der Winter immer näher rückte und sich eine Landung der Briten und Amerikaner in Frankreich immer deutlicher abzeichnete, wurden Ausbildung und Ausrüstung schneller vorangetrieben. Bald wurden neue Panzer, gepanzerte Halbkettenfahrzeuge und andere Waffen nach Frankreich geflogen.

Die von den Kämpfen an der Ostfront erschöpfte »Leibstandarte« wurde im Frühjahr 1944 nach Frankreich zurückgerufen, um dort als Angriffsspitze in Hitlers geplanter Verteidigung gegen die Invasion aufgebaut zu werden. Die halb verhungerten und verlausten Reste der Division waren aber in einer derart schlechten Verfassung, dass sie nur mehr zum Putzen und Reparieren des armseligen Waffen- und Fahrzeugbestands herangezogen werden konnten.

Bald lief das Verstärkungs- und Nachschubsystem der Waffen-SS an. Neue Soldaten und Ausrüstung begannen in Mengen einzutreffen. Es blieb jedoch nicht viel Zeit, und die Qualität der Neuzugänge ließ sehr zu wünschen übrig. Die meisten waren gerade eingezogene junge Burschen oder frühere Luftwaffen- oder Marineangehörige. Mit den Freiwilligen, die sich früher im Krieg der Eliteeinheit der Waffen-SS angeschlossen hatten, waren sie nicht zu vergleichen. Der Kader von »Leibstandarte-Veteranen« musste bei der Grundausbildung dieser neuen Waffen-SS fast bei Null beginnen, außerdem mussten die Neuzugänge erst für das Leben in ihrer »Divisionsfamilie« indoktriniert werden.

Bis Ende Frühjahr 1944 besaßen die fünf Divisionen und die Panzergrenadierdivision der Waffen-SS, die für die Abwehr der bevorstehenden alliier-

Ein SdKfz 250 Halbkettenfahrzeug der Panzergrenadierdivision »Leibstandarte« an der Ostfront. Hierbei handelt es sich um den 250/3-Funk-Panzerwagen mit großer Rahmenantenne.

ten Landungen in Frankreich bestimmt waren, einige der stärksten Waffen des deutschen Arsenals. Ihre Panzer waren meist Panzer V oder Panther. Mit seiner abgeschrägten Panzerung, breiten Ketten und starken 7,5-cm-Kanone war er fast jedem alliierten Panzer in Feuerkraft, Manövrierfähigkeit und Panzerung überlegen. Der Panther konnte den am häufigsten eingesetzten alliierten Panzer, den »Sherman«, auf eine Entfernung von 2000 m ausschalten, wohingegen ein »Sherman«-Panzer auf 500 m herankommen musste, um überhaupt eine Chance zu haben, die abgeschrägte Seitenpanzerung des deutschen Kolosses zu durchschlagen.
Da war der leichtere Panzer IV dem »Sherman«-Panzer schon eher ebenbürtig, hatte aber durch seine 7,5-cm-Kanone immer noch einen beträchtlichen Vorteil in der Reichweite. Außerdem wurde er mit Metallblenden versehen, um ihn gegen die alliierten Hohlladungsraketenwerfer Bazooka oder PIAT zu schützen. Sowohl Panther als auch Panzer IV standen bei den Panzerbataillonen der Waffen-SS-Divisionen im Dienst.
Der gefürchtetste deutsche Panzer war der Tiger I mit seiner berühmten 8,8-cm-KwK. Seine 10 cm starke Frontpanzerung war für die meisten alliierten Panzerkanonen nicht zu durchschlagen. Als einzige hatte die britische 17-Pfünder-Kanone eine Chance, die Frontpanzerung eines Tigers mit ihren revolutionären Geschossen mit Wolfram-Hartkern zu durchschlagen. Der Tiger war bei den schweren Panzerkompanien im Einsatz, die im Jahr 1943 den Panzergrenadierdivisionen der Waffen-SS unterstellt, später aber zu unabhängigen Bataillonen umorganisiert wurden. Im Herbst 1944 wurde der Tiger II oder »Königstiger« eingeführt.
Die Einheiten der Waffen-SS verfügten aber auch über eine große Anzahl von Jagdpanzern IV, StuG III und Selbstfahrlafetten »Marder«. Diese beruh-

Aus dem Nebel des russischen Winters taucht ein Panzer IV der »Leibstandarte« auf. Besonders Tiger und Panther wurden hochgejubelt, doch das Rückgrat der Panzereinheiten bildete der Panzer IV, auch bei der Waffen-SS. Bei diesem handelt es sich um Ausf. G oder H.

Der Kommandeur des SS-Panzerkorps, General Paul Hausser. Das Ende 1942 aufgestellte Korps war bis dahin einer der größten Waffen-SS-Verbände und bestand aus den Divisionen »Leibstandarte«, »Das Reich« und »Totenkopf«.

ten auf einem umgebauten Panzerfahrgestell, hatten aber keinen Drehturm. Ihre schweren Kanonen wurden tief in der Wanne montiert, wodurch sie sich leicht tarnen ließen und ideale Abwehrwaffen darstellten. Der Jagdpanzer IV beruhte auf dem Fahrgestell des Panzers IV. Er war mit derselben 7,5-cm-KwK (lang) wie der Panther ausgerüstet und hatte eine starke, abgeschrägte Panzerung. Das auf dem veralteten Panzer III beruhende StuG III war kleiner, hatte aber eine effektive 7,5-cm-Kanone. Der Marder war ein leichter Panzerjäger auf einem tschechischen Fahrgestell mit einer starken von den Russen erbeuteten 7,62-cm-Panzerabwehrkanone.

Im Zentrum jeder Waffen-SS-Panzerdivision standen zwei Panzergrenadierregimenter oder mechanisierte Infanterie. Jede hatte eine Panzerjägerkompanie, die entweder mit Mardern oder gezogenen Pak 40 ausgerüstet war. Panzergrenadierkompanien wurden mit Raketenpanzerbüchsen ausgerüstet, dem so genannten »Panzerschreck«, einer Schulterwaffe, oder der »Wegwerfwaffe« »Panzerfaust«. Diese Waffen machten jeden Infanterietrupp zu Panzerjägern.

Ein Panzergrenadierbataillon pro Division wurde mit Schützenpanzerwagen (SPW) SdKfz 251 ausgerüstet, um die Panzerbataillone bis nahe an den Feind eskortieren zu können. Die anderen fünf Panzergrenadierbataillone wurden in Lastwagen befördert. Das Aufklärungsbataillon der Division besaß ebenfalls gepanzerte Halbkettenfahrzeuge und Marder.

TAKTIKEN

Durch ihre Erfahrungen in Russland zählten die Panzerdivisionen der Waffen-SS zu den wohl professionellsten Panzerverbänden, die die Welt je gesehen hatte. Unter erfahrenen Kommandeuren wie Hausser, Dietrich, Kurt »Panzer« Meyer und Joachim Peiper wurden die SS-Panzerdivisionen zu Profis auf ihrem Gebiet.

Im Mittelpunkt der deutschen Panzerdoktrin stand die Idee der so genannten »Kampfgruppe«. Anders als bei den alliierten Armeen, gehörte es zur Routine der Waffen-SS-Verbände, in kurzer Zeit Kampfgruppen aus Einheiten der Panzer, Panzergrenadiere, Panzerabwehr, Aufklärung und Artillerie unter einem einzigen Kommandeur zu bilden. Größe oder Form einer Kampfgruppe waren nicht von vornherein festgelegt, sondern richteten sich nach dem Einsatz und dem Gegner, mit dem man es zu tun hatte.

Durch die enge Bindung der SS-Verbände untereinander ging das Formieren und Funktionieren von Kampfgruppen sogar noch effektiver vor sich als bei den Panzereinheiten der Wehrmacht. Die Offiziere der Waffen-SS hatten alle mehrere Jahre miteinander gedient, deshalb wussten sie auch, wie ihre Kameraden vorgingen und konnten daher leicht in den Führungsstab aufgenommen werden. Mit der Durchführung komplexer taktischer Manöver durch kurze mündliche Funkbefehle retteten die in aller Eile gebildeten Kampfgruppen der Waffen-SS immer wieder die Lage für die Deutschen. Auf alliierter Seite waren so genannte »Orders Groups« die Regel, die aber durch ihre formelle und schwerfällige Form ein schnelles Improvisieren bei Operationen erschwerten.

Das Auftragsprinzip stand im Zentrum deutscher Taktiken. Den Kommandeuren wurde ein Ziel zugeteilt, es blieb aber ihnen überlassen, einen Plan

KAPITEL 4

Dönitz' U-Boot-Waffe

Im sechs Jahre dauernden Konflikt hätten die deutschen Unterseeboote beinahe die Schlacht im Atlantik gewonnen und Großbritannien in die Knie gezwungen. Die U-Boot-Besatzungen gaben in dieser Schlacht ihr Bestes, die U-Boot-Kapitäne waren ausgepichte und fanatische Gegner, und die »Asse« unter den U-Boot-Kommandanten schickten Millionen Tonnen alliierten Schiffsraums auf den Grund des Atlantiks. Doch nur wenige Kapitäne und Mannschaften konnten sich in ihrem Ruhm sonnen, die meisten kamen nicht mehr zurück.

Ein U-Boot vom Typ VIIC kehrt von einer Feindfahrt in seinen französischen Stützpunkt zurück und wird mit einer Ehrengarde der Besatzung eines Schwesterboots empfangen, Februar 1944.

Von allen Spezialeinheiten Hitlers erlitt die deutsche U-Boot-Waffe die höchsten Verluste. Rund 39.000 deutsche U-Boot-Männer stachen im Zweiten Weltkrieg in See, über 27.000 kamen nicht mehr zurück. Weitere 5000 endeten in alliierten Kriegsgefangenenlagern. Insgesamt gingen 754 U-Boote von 863 auf Feindfahrten verloren. Im Vergleich dazu gingen im Ersten Weltkrieg von 800 gebauten U-Booten 343 auf Feindfahrten verloren und 199 durch Unfälle. Sie nahmen 5249 Männer mit sich in die Tiefe.

Doch in diesem Gemetzel war die U-Boot-Waffe nicht ein Lamm, das zur Schlachtbank geführt wurde: Sie jagte in Flotten, den so genannten »Rudeln«, und versenkte knapp 2800 alliierte Schiffe, das waren 63 Prozent aller alliierten Marineverluste im Krieg. In den sechs Kriegsjahren war niemand so nahe daran, den Verlauf des Krieges zu Deutschlands Gunsten zu ändern, wie die U-Boot-Waffe. Bis Anfang 1943 lag die Versenkungsrate alliierter Schiffe durch die deutsche U-Boot-Waffe über der Neubaukapazität der Alliierten.

Angesichts dieser gewaltigen Verluste bedurfte es wohl eines speziellen Schlags von Männern, die in Hitlers U-Booten in den Krieg fuhren. Vorgeblich waren sie alle »Freiwillige«, die sich mit beispiellosem Eifer in die Atlantikschlacht warfen.

Admiral Karl Dönitz, im Ersten Weltkrieg U-Boot-Kommandant, übernahm 1935 Hitlers neue U-Boot-Waffe. Er war die treibende Kraft hinter dem U-Boot-Krieg im Atlantik. 1943 wurde er zum Oberbefehlshaber der Kriegsmarine ernannt. Bis zum Ende Hitler treu ergeben, ernannte ihn der Führer im April 1945 zu seinem Nachfolger.

Der Vorschrift nach sollten U-Boot-Besatzungen das Privileg erhalten, nach zwölf Feindfahrten an Land versetzt zu werden – doch zwölf schaffte keine. Als Gegenleistung für ihren Einsatz überhäufte der dankbare Führer die U-Boot-Waffe mit Orden, Lob, Beförderungen und Ruhm. Alle Besatzungsmitglieder wurden routinemäßig für ihre Feindfahrten mit dem Eisernen Kreuz ausgezeichnet.

Die Belohnung für U-Boot-Kommandanten fiel sogar noch großzügiger aus. Obwohl die Offiziere der U-Boot-Waffe nur fünf Prozent der deutschen Marineoffiziere ausmachten, erhielten sie 50 Prozent der an die Kriegsmarine verliehenen Ritterkreuze, Deutschlands höchste Auszeichnung.

U-Boot-Kommandanten waren äußerst ehrgeizig, und es herrschte ein heftiger Konkurrenzkampf beim Versenken feindlicher Schiffe. Bedingt durch die Natur des U-Boot-Kriegs war der U-Boot-Kommandant ein ganz eigener Kämpfer. In den letzten Phasen eines Torpedoangriffs konnte nur er allein sein Ziel durch das Periskop des U-Boots sehen. Der Erfolg oder das Scheitern des Angriffs hing allein vom Können und der Erfahrung des U-Boot-Kommandanten ab. Die NS-Propagandamaschine nährte diesen Heldenkult um die »Ritter der Tiefe« oder »grauen Wölfe«, die in ihren »Stahlhaien« in den Krieg zogen.

Die Rivalität zwischen den U-Boot-Kommandanten wurde durch die Auszeichnung mit Orden je nach versenktem Schiffsraum geschürt: 100.000 Tonnen versenkter Schiffsraum brachten einem Kommandanten das Ritterkreuz, weitere 50.000 Tonnen wurden mit dem Eichenlaub zum Ritterkreuz belohnt. Mehrere U-Boot-Asse erhielten das Ritterkreuz mit Eichenlaub und Schwertern, und zwei wurden sogar mit den begehrten Brillanten zum Ritterkreuz ausgezeichnet.

Dr. Joseph Goebbels wollte den Erfolg der U-Boot-Waffe propagandistisch ausnutzen, weil es sich hier um eine besonders deutsche Methode der Kriegsführung handelte. Im Ersten Weltkrieg hatte die kaiserliche Marine schon den Weg für den »uneingeschränkten U-Boot-Krieg« gegen Handelsschiffe bereitet, und der Aufstieg der U-Boot-Waffe war der Beweis für die führende Stellung der Deutschen in der Militärtechnologie. Die Alliierten hatten Deutschland im Versailler Vertrag von 1919 ausdrücklich den Besitz von U-Booten untersagt, deshalb betrachtete es Hitler als eine Sache der nationalen Ehre, für das Dritte Reich die U-Boot-Waffe wieder aufzubauen. 1934 gab er den Befehl zum geheimen Bau, und 1935 wurde die Existenz von sechs U-Booten öffentlich zugegeben. Damit wurde Hitler als Sieger über die Demütigungen von Versailles erachtet.

KARL DÖNITZ – U-BOOT-EXPERTE

Der Mann, der die U-Boot-Waffe zu der gefürchteten Spezialeinheit machte, die sie während des Zweiten Weltkriegs war, hieß Karl Dönitz und wurde 1936 im Alter von 45 Jahren zu ihrem Befehlshaber ernannt. Dönitz, als Befehlshaber der U-Boote (BdU), war ein fanatischer Befürworter der Unterwasser-Kriegsführung. Er hatte im Ersten Weltkrieg den Befehl über *U-68* vor seiner Versenkung durch die Royal Navy vor Sizilien im Oktober 1918. Nachdem er in einem schottischen Kriegsgefangenenlager vorübergehend »geisteskrank« war, wurde er nach Deutschland zurückgeschickt. Diese Erfahrung hinterließ in ihm einen brennenden Hass gegen die Briten und das Bedürfnis, zu beweisen, dass mit einer ausreichenden Zahl von U-Booten ihre Inselnation in die Knie gezwungen werden konnte.

Im Ersten Weltkrieg jagten die U-Boote einzeln und wurden durch die Einführung des britischen Geleitzugsystems besiegt, bei dem die Geleitsicherungsfahrzeuge gemeinsam gegen einen einzelnen Angreifer vorgehen konnten. Dönitz brachte die Idee der Rudeltaktik auf, bei der die U-Boot-Angriffe über Funk von zentraler Stelle geführt wurden. Mit einer Stärke von 300 U-Booten wollte er die Isolierung Großbritanniens erreichen, indem er seine Kräfte über den Atlantik verteilte und die Geleitzüge mit Handelsschiffen abfing. Sobald ein Geleitzug von einem U-Boot oder Aufklärungsflugzeug gesichtet wurde, näherte sich das »Rudel« dem Ziel an. Gleichzeitige Angriffe aus mehreren Richtungen sollte keine Verteidigung ermöglichen.

Für seinen Krieg fehlten Dönitz aber noch die richtigen »Waffen«. Bei den U-Booten Baujahr 1930 handelte es sich um kleine Küsten-U-Boote, die für weite Fahrten in den Atlantik nicht konzipiert waren. Sie waren mehr ein Symbol als eine potente Kriegswaffe. Deutschlands erstes Unterseeboot war 1906 in Auftrag gegeben worden, und während der nächsten zwölf Jahre erwarben Konzerne wie Krupp Germaniawerft und Blohm &

Ein U-Boot-Kommandant vor dem Angriff, Oktober 1943. Bis zu dieser Kriegsphase standen rund 400 U-Boote in Dienst – eine beachtliche Leistung, wenn man bedenkt, dass Dönitz den Krieg mit kaum 60 einsatzfähigen Booten begonnen hatte.

Voss im Bau von U-Booten für den Kaiser beträchtliche Fachkenntnisse. Unter Dönitz' Führung wurde ein Programm gestartet, das schließlich zum Bau von 1099 U-Booten führte.

Dönitz wollte U-Boote, die über mehrere Wochen und über weite Strecken Feindfahrten im Nordatlantik durchführen konnten. Die Hauptlast im U-Boot-Krieg trug das Boot vom Typ VIIC. Dieses war 66 m lang, hatte einen Tiefgang von 4,5 m und eine Breite von 6 m. Mit einem Gewicht von 765 Tonnen konnte der Typ VIIC in 20 Sekunden auf 100 bis 125 m abtauchen. An der Oberfläche hatte er eine Geschwindigkeit von 18 Knoten, aber unter Wasser schaffte er nur 7,7 Knoten. Für die Fahrt unter Wasser versorgte das U-Boot seine Motoren über elektrische Batterien mit kurzer Lebensdauer. Die Batterien des Typs VIIC lieferten Strom für eine Strecke von 288 km unter Wasser bei einer Geschwindigkeit von zwei Knoten.

Die 44-köpfige Besatzung eines Boots vom Typ VIIC lebte während der Fahrt unter entsetzlichen Bedingungen. In jeden freien Winkel des U-Boots waren Lebensmittel hineingestopft. Frischwasser war streng rationiert, und für Körperhygiene war keines übrig. Viel wichtiger als für das Essen war der Platz für die 14 Torpedos des U-Boots. Vier Torpedos konnten aus dem vorderen Torpedorohr abgefeuert werden, daneben gab es auch ein Hecktorpedorohr. 8,8-cm- und 3,7-cm-Deckgeschütze wurden für die Versenkung von Handelsschiffen ohne Geleitsicherung eingesetzt, um nicht wertvolle Torpedos verschwenden zu müssen.

Obwohl der Typ VIIC der häufigste U-Boot-Typ war, von dem über 700 gebaut wurden, wurde eine größere Version, der Typ IXC, als bestes deutsches Langstrecken-U-Boot des Kriegs betrachtet. Es hatte eine Wasserverdrängung von etwa 1102 Tonnen, eine Besatzung von 54 Mann und konnte 22 Torpedos mitführen. Dieses U-Boot wurde in erster Linie für die langen Feindfahrten vor der amerikanischen Ostküste und für noch größere Entfernungen eingesetzt; es wurden 150 davon gebaut. Einige wurden in Versorgungs-U-Boote umgebaut, um andere U-Boote auf dem offenen Meer zu versorgen. Diese so

Ein U-Boot vom Typ VIIC auf Patrouille in arktischen Gewässern nördlich von Norwegen. Diese U-Boote wurden nach Norwegen verlegt, um in der Arktis die alliierten Geleitzüge auf ihrem Weg zum russischen Hafen Murmansk abzufangen.

Ein alliiertes Handelsschiff explodiert auf der Fahrt eines Geleitzugs durch die Barentssee. Die Deutschen griffen die alliierten Arktisrouten nach Russland bevorzugt aus der Luft an, weil man die U-Boote lieber von Frankreich aus gegen die Geleitzüge im Atlantik einsetzte.

genannten »Milchkühe« waren auf ihren Versorgungsfahrten äußerst verwundbar für Angriffe und wurden beinahe alle versenkt.

Die Schwachstelle der U-Boote waren ihre Batterien, die nur an der Oberfläche aufgeladen werden konnten, damit die Kohlenmonoxidabgase der Dieselmotoren in die Atmosphäre geblasen werden konnten. Sobald die U-Boote auftauchten, wurden sie leicht vom Radar der alliierten Geleitsicherungsfahrzeuge oder Seeraum-Aufklärungsflugzeuge entdeckt. Als 1940 deutsche Truppen niederländische Schiffswerften überrannten, erbeuteten sie Versuchsmodelle eines Geräts, das als Schnorchel bekannt ist. Dabei handelte es sich um einen wie ein Periskop ausfahrbaren Belüftungsmast, über den die U-Boot-Motoren in untergetauchter Fahrt »atmen« konnten. Ab 1944 begannen die Deutschen mit dem Einbau von Schnorcheln in ihre U-Boote.

Nicht weniger wichtig als seine neuen Unterseeboote war für Dönitz die Auswahl und Ausbildung seiner U-Boot-Kapitäne, für die er viel Zeit und Mühe aufwendete. Hauptsächlich waren es junge Marineoffiziere Ende 20 oder Anfang 30, die schon zu einem frühen Zeitpunkt in ihrer Laufbahn für Dönitz' berühmte U-Boot-Schule in Kiel ausgewählt wurden. Hier lernten sie ihr Handwerk und erarbeiteten sich das Recht, den typischen weißen Mützenbezug des U-Boot-Kapitäns zu tragen. Dem *Herrn Kaleu*, vom deutschen Rang eines Kapitänleutnants abgeleitet, wurde von der Mannschaft großer Respekt entgegengebracht. Die Besatzungen wünschten sich vor allem einen *Kaleu*, der Glück hatte und ihnen Ruhm brachte, indem er feindliche Schiffe versenkte und sie dann sicher wieder heimbrachte.

Letztendlich hing die Versenkung eines feindlichen Schiffes vom Können und der Erfahrung des *Herrn Kaleu* ab. Entscheidend war, wie gut ein U-Boot-Kapitän über sein Hauptwaffensystem Bescheid wusste – den Torpedos. Die bei den Deutschen als »Aal« bezeichnete 5 m lange Waffe hatte eine Reichweite von etwa 750 bis 1500 m. Der 360 kg schwere Gefechtskopf reichte aus, um große Transportschiffe zu versenken, wenn

er sein Ziel genau traf. Die deutschen Torpedos hatten ein automatisches Zielsuchsystem, deshalb war es nicht nötig, das U-Boot auf das Ziel zu drehen, der Kapitän musste der Waffe aber grundlegende Zielinformationen wie Position und Entfernung eingeben.

Während des gesamten Krieges hatten die Deutschen permanent Schwierigkeiten mit ihren Torpedozündern. Sie versuchten es sowohl mit Aufschlags- als auch magnetischen Abstandszündern mit unterschiedlichen Resultaten. Folglich wurde es zur empfohlenen Taktik, ein Ziel mit einem Fächer von drei oder vier Torpedos anzugreifen. Aufzeichnungen zufolge wurden 40 Prozent der alliierten Schiffe nach einem Treffer versenkt, 38 Prozent durch zwei oder mehrere Treffer, aber 22 Prozent fuhren weiter, nachdem sie von bis zu vier Torpedos getroffen wurden.

Eine Verbesserung war die Einführung batteriebetriebener Torpedos, die an die Stelle der mit Druckluft betriebenen Modelle traten. Letztere zogen eine verräterische Spur von Luftblasen und warnten dadurch oft die alliierten Matrosen vor dem bevorstehenden Schicksal und gaben ihnen Gelegenheit zur Einleitung von Gegenmaßnahmen. Gegen Ende des Krieges experimentierten die Deutschen mit akustisch zielsuchenden Torpedos, die den Motorengeräuschen eines Schiffs folgen. Sie erwiesen sich als effektiv, obwohl die Zerstörung von zwei U-Booten auf Treffer der eigenen akustischen Waffen zurückging.

***U-67*, ein U-Boot vom Typ IXC, im Trockendock in Lorient, Frankreich. Dieser Typ löste den Typ VIIC ab, konnte ihn jedoch nicht ersetzen. Mit Booten vom Typ IXC wurde die erfolgreiche U-Boot-Offensive gegen die amerikanische Ostküste Anfang 1942 durchgeführt.**

Als Hitler im September 1939 in Polen einmarschierte, war Dönitz noch lange nicht bereit für seinen uneingeschränkten U-Boot-Krieg gegen Großbritannien. Er besaß nur 56 U-Boote. Viele waren unbrauchbare Küsten-U-Boote, und nur 46 konnten als einsatzfähig betrachtet werden. Der größte Coup der U-Boot-Flotte in der Zeit des so genannten »Sitzkriegs« war die Versenkung des britischen Schlachtschiffs *Royal Oak* im Oktober 1939 im Ankerplatz der Royal Navy in Scapa Flow durch das deutsche U-Boot *U-47,* das unter dem Befehl von Günther Prien stand. Er gelangte unbemerkt durch die umfassenden Verteidigungen, um auf den Stolz der britischen »Home Fleet« zu feuern. Priens erste Salve von vier Torpedos schaffte es nicht, das Schlachtschiff zu versenken, also entfernte er sich erst einmal, lud seine Torpedorohre und kehrte zurück, um eine weitere Salve abzufeuern. Diesmal trafen zwei Torpedos ihr Ziel, bevor Prien sich absetzen konnte.

Hitler war begeistert, als er die Nachricht erhielt, und lud Prien und seine Besatzung nach Berlin ein, wo sie ausgezeichnet wurden. Der Kommandant von *U-47* erhielt als erster *Herr Kaleu* das Ritterkreuz.

DIE ZEIT IM MITTELMEER

Abgesehen von kleineren Einsätzen zur Unterstützung der deutschen Invasion in Norwegen und Dänemark im April 1940 leistete die U-Boot-Waffe keinen Beitrag zum Blitzkrieg in Westeuropa. Dönitz war jedoch sehr froh darüber, dass er nun in den Besitz von Häfen an der französischen Atlantikküste kam. Seine U-Boote hatten nun einen direkten Zugang zu ihren Jagdgründen im Atlantik. Dönitz startete ein Intensivprogramm, um seine Flotte in einer Reihe eigens dafür gebauter Stützpunkte in französischen Häfen zu stationieren, wo sie in Schutzbauten aus Beton, so genannten U-Boot-Bunkern, vor alliierten Bombern sicher waren. Der Kommandoposten des BdU wurde in Kerneval Chateau aufgeschlagen, außerhalb des Hafens von Lorient in der Bretagne. Dann begann Dönitz, seine U-Boote auf die britischen Geleitzüge loszulassen.

Die deutschen Armeen lagen an der Kanalküste in Bereitschaft und die Luftwaffe stand in der Schlacht um England im Kampf gegen die Royal Air Force, daher war die Royal Navy vorwiegend mit der Verteidigung der Heimatinsel beschäftigt. Für den Schutz der Geleitzugrouten im Atlantik blieben nicht mehr viele Ressourcen übrig, und Dönitz' U-Boote konnten einen Gang zulegen. Für die U-Boot-Fahrer war der Zeitraum von Juni bis Oktober 1940 die so genannte »große Zeit«, in der ihnen die Versenkung von 275 Schiffen gelang, was rund 1,255 Millionen Tonnen entsprach. Es wurden jetzt schneller Schiffe versenkt als die alliierten Werften neuen Schiffsraum bauen konnten, und wenn es noch viel länger so weiterging, stand die Aushungerung Großbritanniens bevor, das dann zur Kapitulation gezwungen wäre.

Die »Rudeltaktik« erwies sich als viel wirkungsvoller, als sich das Dönitz jemals hätte vorstellen können. Unter dem Befehl einer Elite von U-Boot-Kommandanten wie Otto Kretschmer, Joachim Schepke und Günther Prien mussten die britischen Geleitzüge schwere Verluste hinnehmen.

Auf See bezogen die U-Boote auf den britischen Schiffsrouten Aufstellung, um die Schiffe abzufangen, sie wurden dabei von Focke-Wulf Condor-Auf-

Ein Typ VIIC wird in den massiven U-Boot-Bunkern an der französischen Atlantikküste mit Torpedos beladen. Einzelheiten der Waffenpropeller und Steuervorrichtung wurden von der Zensur jedoch eliminiert.

klärungsflugzeugen der Luftwaffe unterstützt, wenn diese innerhalb der Reichweite waren. Sobald ein Geleitzug gesichtet wurde, wurde seine Position über Funk an Dönitz in seinem Hauptquartier in Lorient durchgegeben. Auf ein Signal hin mussten sich bis zu 20 U-Boote der Position nähern, das erste U-Boot verfolgte das Ziel und hielt ständig Funkverbindung, um sicher zu gehen, dass das »Rudel« dem Ziel auf der Fährte blieb.

Die Angriffe wurden aus allen Richtungen geführt und die Ziele sowohl mit Deckgeschützen als auch Torpedos gewöhnlich bei Nacht angegriffen. Die U-Boot-Kapitäne kamen gerne möglichst nahe an ihre Beute heran, die wagemutigsten unter ihnen tauchten oft unter dem Geleitzug durch, um ihn von innen anzugreifen. Da die Sicherungsschiffe normalerweise am Rand des Geleitzugs im Einsatz waren, kamen solche Angriffe für die Briten völlig überraschend und fügten ihnen schwere Verluste zu. Einige Kapitäne kamen sogar an die Oberfläche und eröffneten kühn das Feuer aus ihren Geschützen, um kostbare Torpedos zu sparen. Bei dieser Taktik blieb den U-Booten außerdem viel Zeit zum Absetzen, bis der Gegner reagieren konnte.

Im Herbst 1940 erreichten die Verluste alliierter Schiffe allmählich eine alarmierende Höhe. Es ging nicht nur um ein oder zwei Schiffe, die da verloren gingen. Ganze Geleitzüge erlitten gewaltige Verluste, wie der Convoy SC7 im Oktober 1940, der 30 von 45 Schiffen verlor, als er von acht U-Booten angegriffen wurde. Das »Rudel« hatte kaum Zeit, sich neu zu gruppieren, bevor ein weiterer Geleitzug von 50 Schiffen in Sicht kam, der auch wieder 13 Schiffe verlor.

Während der nächsten drei Jahre konnte Dönitz seine Flotte massiv ausweiten. Von einem Anfangsstand von 91 U-Booten Ende 1941 verdoppelten sich die U-Boote bis 1942 auf über 200, und als die Schlacht im Atlantik im Frühjahr 1943 ihren Höhepunkt erreichte, standen 240 U-Boote unter dem Befehl von Dönitz. Rund acht Flottillen operierten von den massiven U-Boot-Bunkern aus Stahlbeton, die von der Organisation Todt in Lorient, La Pallice, Brest, Saint Nazaire und Bordeaux errichtet wurden.

Der Krieg im Atlantik war aber nicht völlig einseitig, denn die Royal Navy schlug hart zurück, wann immer die U-Boot-Waffe einen Fehler machte. Prien, der Held von Scapa Flow, starb im März 1941 bei einem Wasserbombenangriff, bei dem sein untergetauchtes U-Boot zerstört wurde. Zehn Tage später starb Schepke, als er an die Oberfläche kommen musste und sein U-Boot von einem Zerstörer gerammt wurde; er selbst stand dabei auf der Brücke. Am selben Tag wurde Otto Kretschmer gefangen genommen. Als sein U-Boot unter ihm in die Tiefe sank, rauchte Kretschmer in aller Ruhe auf der Brücke eine Zigarre und signalisierte einem Schiff der Royal Navy mit einer Lampe, seine Besatzung aufzunehmen. Er wanderte als erstes U-Boot-Ass in die Gefangenschaft und erhielt das Ritterkreuz mit Eichenlaub während seiner Haft in einem britischen Gefangenenlager.

Die Früchte des Sieges. Frisch gewaschen und rasiert und mit neuen Uniformen (selbst wenn es britische Kampfanzüge sind) erhalten Kapitän Otto Kretschmer und die Besatzung von *U-99* von Admiral Raeder auf dem U-Boot-Stützpunkt in Lorient Auszeichnungen.

Weitere U-Boote gingen in See, und die so genannte »große Zeit« im Mittelmeer dauerte an: 432 alliierte Schiffe – 2,03 Millionen Tonnen – wurden 1941 auf den Grund des Atlantiks geschickt. Mit dem Kriegseintritt der Vereinigten Staaten von Amerika im Dezember 1941 konnte die U-Boot-Waffe ungesicherten Schiffen entlang der amerikanischen Ostküste und in der Karibik auflauern. Dönitz nannte diese Offensive Operation »Paukenschlag«.

Im Juni 1942 brachen U-Boote in den Arktisgeleitzug PQ17 ein, nur elf von 36 Schiffen schafften es bis zu ihrem Ziel in Russland. Insgesamt wurden in den ersten sechs Monaten von 1942 rund 300 Schiffe versenkt, damit erhöhte sich die gesamte versenkte Tonnage in diesem Jahr auf über sechs Millionen Tonnen.

Dieser Erfolg bewog Hitler, Dönitz im Januar 1943 zum Oberbefehlshaber der Kriegsmarine zu ernennen, nachdem er Großadmiral Erich Raeder entlassen hatte. Dönitz' treuer Leutnant, Konteradmiral Eberhardt Godt, übernahm die Führung der U-Boot-Waffe, obwohl mit Dönitz' Aufstieg zum obersten Befehlshaber schon dafür gesorgt war, dass die U-Boot-Offensive jetzt im Mittelpunkt der Anstrengungen der Kriegsmarine stand.

Angesichts der unverminderten U-Boot-Angriffe setzten die britische und amerikanische Marine alles in die Entwicklung von Ausrüstung und Taktiken, um die Schlacht im Atlantik zu gewinnen. Neben neuen Geleitsicherungsfahrzeugen, Sonarsystemen zur Ortung untergetauchter U-Boote und in Massen produzierten Liberty-Frachtschiffen zielten die Briten auf die zwei wichtigsten Schwachstellen von Dönitz' Rudeln ab – ihre Funkcodes und die Notwendigkeit, zum Aufladen der Batterien an die Oberfläche zu kommen.

Durch die Entschlüsselung des deutschen Enigma-Codes waren die Briten in der Lage, den Standort aller U-Boote auf See genau zu bestimmen und die Befehle zu entschlüsseln, die sie von Dönitz erhielten. Dadurch war es möglich, die Geleitzüge aus der Gefahrenzone zu bringen und Gegenmaßnahmen zu ergreifen.

Die entscheidenden Waffen gegen die U-Boote waren Langstrecken-Seeraum-Aufklärungsflugzeuge, wie die britische »Sunderland« und die amerikanischen Flugboote »Catalina«, und umgewandelte Bomber B-24 »Liberator«. Mit diesen ab 1943 verfügbaren Flugzeugen wurde das »Loch im Atlantik« geschlossen, und als die Alliierten im August 1943 Zugang zu den Azoren gewannen, wurde der Einsatz von Seeraum-Aufklärern noch verstärkt. Es war nun nirgends mehr sicher für die U-Boote, an die Oberfläche zu kommen und ihre Batterien aufzuladen. Der Einbau von Radar in die Seeraum-Aufklärer brachte weitere Probleme für die U-Boot-Waffe. Das Küstenkommando der Royal Air Force versenkte nun fast 200 U-Boote, knapp über ein Viertel aller Kriegsverluste.

DIE WENDE IN DER ATLANTIKSCHLACHT

Anfang 1943 hatte Dönitz über 400 U-Boote in Dienst gestellt, was den Anforderungen für die Umsetzung seines Plans aus der Zwischenkriegszeit mehr als genügte: Großbritannien zu besiegen. Die Wende kam im April dieses Jahres, als die U-Boot-Verluste allmählich so hoch wurden, dass Dönitz mit dem Bau neuer U-Boote und der Ausbildung neuer Besatzungen nicht mehr nachkam. Letzteres war wichtiger als der Bau neuer U-Boote, denn wenn die Alliierten eines von Dönitz' U-Booten versenkten, starb die gesamte Besatzung oder wurde gefangen genommen. Die Besatzungen verloren gegangener U-Boote kamen nie nach Hause.

Die Verlustraten von April 1943, zwölf alliierte Handelsschiffe bei einem Verlust von sieben U-Booten, waren für Dönitz schon alarmierend, aber die Zahlen vom Mai waren eine Katastrophe. Er verlor 41 U-Boote, darunter jenes, an dessen Bord sich sein eigener Sohn befand. Über 60 Prozent davon gingen auf das Konto alliierter Flugzeuge. Am 24. Mai erkannte Dönitz, dass diese Verlustrate unhaltbar war und gab dem Rudel den Befehl, sich in den Südwesten der Azoren zurückzuziehen. Die U-Boote waren jetzt nicht mehr die Jäger – sie waren die Gejagten.

Da es jetzt nicht mehr die Möglichkeit gab, in Überwasserfahrt in die Patrouillengebiete zu gelangen und die Batterien nach den Angriffen wieder

Höhere Offiziere an Deck ihres Bootes auf der Heimfahrt zum französischen Stützpunkt nach einer erfolgreichen Feindfahrt. Aus ihrer entspannten Haltung und der Tatsache, dass es heller Tag ist, kann man schließen, dass dieses Foto zu einem frühen Zeitpunkt des Krieges aufgenommen wurde. Später machten alliierte Luftpatrouillen solche Szenen nahezu unmöglich.

Die Luftherrschaft über den Geleitzugrouten durch die Alliierten bedeutete das Ende des U-Boot-Kriegs. Hier gerät *U-243* durch Wasserbomben eines Flugboots »Short Sunderland« im Golf von Biskaya in ärgste Bedrängnis, 8. Juli 1944. Das Boot sank und nahm den Kapitän und zwölf Besatzungsmitglieder mit in die Tiefe.

aufzuladen, wurde die U-Boot-Waffe in zunehmendem Maße daran gehindert, Operationen in großer Entfernung von den Stützpunkten durchzuführen. Selbst die Einführung des Schnorchels stellte das Gleichgewicht nicht wieder her, weil die Boote immer noch vom feindlichen Radar an Bord von Flugzeugen entdeckt werden konnten.

U-Boot-Besatzungen mussten sich damit abfinden, dass sie, sobald ein alliiertes Flugzeug gesichtet oder gehört wurde, alarmtauchen mussten. Eine Zeit lang befahl Dönitz seinen U-Boot-Kapitänen, an der Oberfläche zu bleiben und mit ihren Geschützen und Maschinengewehren das Feuer zu eröffnen, aber das war meist ein sinnloses Unterfangen. Selbst wenn die deutschen Schützen in der Lage wären, das angreifende Flugzeug abzuschießen, würden in Kürze alliierte Kriegsschiffe heranrauschen und Wasserbombenangriffe auf die U-Boote starten.

Wenn das U-Boot unter Wasser war, versuchte der U-Boot-Kapitän schnell auf Tiefe zu gehen, um seinen Verfolgern zu entkommen. Die geringe Unterwassergeschwindigkeit der U-Boote bedeutete, dass den alliierten U-Jagd-Schiffen genügend Zeit blieb, um einen Schirm aus Wasserbomben vor die möglichen Fluchtrouten zu legen. U-Boot-Besatzungen mussten stundenlange qualvolle Angriffe ertragen, wenn ihre Boote von den Druckwellen geschüttelt wurden und die Rumpfplatten sich bogen. Die Männer drehten beinahe durch. Wenn sie überlebten und in den Hafen zurückkamen, dann konnten sie sich wirklich glücklich schätzen.

Die schweren Verluste und eingeschränkten Operationsräume stürzten die U-Boot-Waffe in eine Krise, denn ihre erfahrenen Kommandanten und Besatzungen starben der Reihe nach in den Fluten des Atlantiks. Gleichzeitig wurde der jüngeren Generation von U-Boot-Fahrern die Chance verwehrt, Erfahrungen zu sammeln, und da ihnen einfach die erforderlichen Fähigkeiten fürs Überleben fehlten, kamen sie meist um. Dönitz' U-Boot-Waffe befand sich auf dem absteigenden Ast. Ritterkreuze waren nun rar, und die U-Boot-Besatzungen sahen sich als »Kinder in Eisensärgen«.

Der letzte Beutezug der U-Boote fand im Juni 1944 statt, als Hitler den Befehl zur Zerstörung der alliierten Invasionsflotte vor der Normandie erteilte. Jedes verfügbare U-Boot in französischen Häfen erhielt den Befehl, in See zu stechen, um sich mit den 800 Schiffen und 4000 Landefahrzeugen anzulegen, die die alliierten Invasionstruppen an Land brachten. In seinem übersteigerten Selbstbewusstsein gab er sogar den Befehl, alliierte Schiffe zu rammen. Das Resultat war eine Katastrophe. Nur fünf Schiffe wurden versenkt, bei einem Verlust von 22 U-Booten.

Als die alliierten Armeen im Sommer 1944 nach Frankreich ausschwärmten, dauerte es nicht lange, bis sie in die U-Boot-Häfen stürmten, die so vielen Luftangriffen standgehalten hatten. Ohne ihre Atlantikstützpunkte war die U-Boot-Waffe gezwungen, auf Stützpunkte in Norwegen und Deutschland zurückzuweichen, wodurch es ihr fast unmöglich wurde, die alliierten Geleitzugrouten im Atlantischen Ozean zu erreichen.

In den verbleibenden Kriegsmonaten half die U-Boot-Waffe bei der Sicherung von Evakuierungsflotten in der Ostsee, die deutsche Truppen und Zivilisten vor der heranrückenden Roten Armee retteten, die Atlantikschlacht war für sie im Grunde aber vorbei.

In einer merkwürdigen Wende des Schicksals ernannte Hitler vor seinem Selbstmord im Berliner Bunker im April 1945 Dönitz zu seinem Nachfolger. Dieser setzte schnell alle Hebel in Bewegung, um den Krieg zu beenden, und nahm Verhandlungen über eine Kapitulation aller deutschen Streitkräfte auf. Am 7. Mai wurde Deutschlands Kapitulation von den Alliierten angenommen und Dönitz erteilte der U-Boot-Waffe den Befehl, ihre 350 Boote dem Gegner zu übergeben. Nur 156 ergaben sich tatsächlich. Die restlichen versenkten ihre U-Boote entgegen den Befehlen von Dönitz. Zwei U-Boot-Kapitäne schafften es sogar bis nach Argentinien, um der alliierten Gefangenschaft zu entgehen. Bis zum *U-2336* kam der Kapitulationsbefehl nicht durch und es versenkte vor der schottischen Küste zwei britische Schiffe. Das waren die letzten Versenkungen durch U-Boote im Krieg.

Das Flugboot »Short Sunderland« konnte durch seine große Reichweite und ausreichende Bewaffnung ein U-Boot in einem einzigen Angriff versenken. Ab 1943 sorgten permanente Patrouillenflüge der »Sunderland« und des Bombers B-24 »Liberator« dafür, dass die alliierten Geleitzüge im Atlantik von Küste zu Küste Deckung aus der Luft hatten.

KAPITEL 5

Die »Acht-Acht« als Panzerabwehrwaffe

Die deutschen 8,8-cm-Flak-Trupps waren besonders gefürchtete Gegner. Immer wieder konnten mit der Acht-Acht die deutschen Verteidigungsstellungen zusammengehalten werden. Die Präsenz dieser gefürchteten Waffe und ihrer zu allem entschlossenen Geschütztrupps trug wesentlich zur Steigerung der Moral der sich auf den Angriff sowjetischer oder alliierter Panzerverbände vorbereitenden deutschen Truppen bei. Denn oft kam der gegnerische Angriff unter schweren Verlusten zum Stehen, sobald die 8,8-cm-Flak-Geschütze das Feuer auf die herannahenden Panzer eröffneten.

In der flimmernden Morgenhitze des 15. Juni 1941 wurden die langsam vorrückenden britischen »Infanteriepanzer Matilda« zum Halfaya-Pass weiter gewunken, der die libysche Grenze vor britischen Angriffen schützte. Soldaten der 11. indischen Brigade marschierten hinter den »Matilda«-Panzern im Vertrauen darauf, von den schwer bewaffneten Panzern gegen alles geschützt zu sein, das die Deutschen gegen sie einsetzen konnten. Die britische Operation »Battleaxe« schien planmäßig zu verlaufen.

Doch die 11. indische Brigade und die »Matilda«-Panzer wurden schon erwartet: von 23 8,8-cm-Flak-Geschützen, die in das hügelige Wüstengebiet eingegraben und mit Netzen getarnt waren. Als die ersten britischen Panzer auf ein Minenfeld trafen und ihnen die Ketten weggesprengt wurden, war die Zeit für die deutschen Artilleristen gekommen, das Feuer zu eröffnen. Ein Bataillon des 5. Royal Tank Regiment wurde mit der ersten Salve vernichtet, und der Rest des Regiments befand sich bald auf dem Rückzug.

Weiteren Angriffen durch die 4. britische Panzerbrigade erging es kaum besser. Die 2-Pfünder-Kanonen der »Matilda«-Panzer kamen mit ihrer geringen Reichweite nicht an die deutschen Geschütze heran, die ihre Ziele mit Leich-

Die »Abschussliste« auf dem Panzerschild dieser 8,8-cm-Flak zeigt, dass diese ursprünglich als Flugabwehrkanone konzipierte Waffe mit tödlicher Wirkung sowohl gegen feindliche Panzer als auch befestigte Bunker eingesetzt wurde.

tigkeit auf eine Entfernung von über 1500 m abschossen. Selbst wenn sie sich den deutschen Stellungen hätten nähern können, fehlte es den britischen Panzern an Sprenggeschossen, denn ihre Hauptaufgabe bestand in der Ausschaltung feindlicher Panzerjäger mit ihren Maschinengewehren.

In einem Zeitraum von vier Tagen verloren die Briten 123 ihrer 238 Panzer, und ihr Versuch, die Deutschen vom Halfaya-Pass zu vertreiben, war gescheitert. Die Schlacht zerstörte für alle Zeiten den Ruf der Unverwundbarkeit, der die »Matilda«-Panzer umgab, und verbreitete allmählich unter den alliierten Panzerbesatzungen Angst vor dieser Waffe, die sie »Eighty Eight« nannten. Bei den deutschen Besatzungen hieß sie »Acht-Acht«, und ihre Präsenz auf dem Schlachtfeld trug wesentlich zur Steigerung ihrer Moral bei.

Mit dieser Waffe wurden nicht nur alliierte Flugzeuge in Schach gehalten, sondern sie vermittelte dem deutschen Soldaten ein Gefühl der Sicherheit, weil er mit ihr eine Waffe hatte, die sogar jeden alliierten Panzer abschießen konnte. Dass dieses eigentlich als Flugabwehrkanone konzipierte Geschütz unter dem Namen »Acht-Acht« als Panzerabwehrkanone berühmt wurde, war für seine Konstrukteure keine Überraschung.

Nach den Bedingungen des Versailler Vertrags von 1919 war Deutschland der Besitz von Flugabwehrgeschützen verboten. Die Armee der neuen Weimarer Republik, die Reichswehr, ließ sich durch solche vertraglichen Feinheiten aber nicht von ihren Plänen zur Entwicklung neuer Waffen abhalten. Sie begann den berühmten Rüstungskonzern Krupp beim Aufbau einer geheimen Forschungsbasis in Schweden zu unterstützen, in Zusammenarbeit mit dem Bofors-Unternehmen. Dafür wurde Bofors eingeladen, eine Niederlassung in Berlin zu gründen, die in allen Bereichen ausschließlich von Deutschen besetzt wurde.

Die 8,8-cm-Flak 37 in ihrer ursprünglichen Rolle als Flugabwehrkanone, irgendwo an der Küste Nordeuropas, September 1943. Interessant ist, wie viele Ladeschützen nötig waren, um die Feuergeschwindigkeit aufrechtzuerhalten (nur ein Mann war mit dem eigentlichen Laden beschäftigt).

In den 1920er-Jahren gingen die deutschen Konstrukteure ihrer Arbeit nach und bereiteten sich auf den Tag vor, an dem offen wieder alles seinen gewohnten Gang gehen konnte. Krupp und Rheinmetall erhielten gegen Ende des Jahrzehnts den Auftrag zum Entwurf einer neuen Flugabwehrkanone, aber erst 1931 stand ein zufrieden stellendes Produkt zur Verfügung.

Diese ursprüngliche 8,8-cm-Flak besaß viele Charakteristika jener Waffe, die im Zweiten Weltkrieg berühmt wurde: Sie hatte eine Kreuzlafette und eine Rohrerhöhung von 85° für den Beschuss von Flugzeugen. Die Kreuzlafette wurde in Feuerstellung zum Boden abgesenkt und bildete mit zwei seitlichen Stützen eine solide Plattform. Das Geschütz hatte außerdem einen Schwenkbereich von 360°.

Nach Hitlers Machtergreifung im Jahr 1933 brach Deutschland die im Versailler Vertrag festgelegten Rüstungsbeschränkungen und erteilte Krupp den Auftrag, mit der Produktion seiner Waffe zu beginnen, die die Bezeichnung 8,8-cm-Flak 18 erhielt. Dann wurde Rheinmetall vom Waffenamt der Wehrmacht beauftragt, eine Lösung für die schnelle Abnutzung des Rohres durch die hohe Schussgeschwindigkeit zu finden. Nach 900 Schuss musste das Geschützrohr ausgewechselt werden, und das hieß, dass die Waffe vorübergehend nicht im Einsatz war und in die Werkstatt zur Reparatur musste. Die Antwort war ein dreiteiliges Rohr, das im Feld ausgewechselt werden konnte. 1937 ging diese Waffe als 8,8-cm-Flak 36 in Produktion. Zwei Jahre später wurde eine neue Version, die 8,8-cm-Flak 37, mit einem verbesserten elektrischen Feuerleitsystem eingeführt und wurde zur klassischen Version der »Acht-Acht«.

Als Flugabwehrkanone feuerte die Acht-Acht Sprenggranaten mit Zeit- und Luftdruckzündung. Ihre Treffgenauigkeit hing von den von Beobachtern der Batterie durchgegebenen Daten über Höhe, Geschwindigkeit und Richtung des feindlichen Flugzeugs ab.

DIE FLAK 18

Die ursprüngliche 8,8-cm-Flak 18 hatte ein Gewicht von 7,1 Tonnen und war daher für die Mannschaft kaum mehr zu bewegen, wenn sie einmal aufgestellt war. Ebenso berühmt wie die Waffe selbst war ihr Halbketten-Zugkraftwagen Kraus-Maffei SdKfz 7, der Platz für die Geschützmannschaft und die Grundmunition bot.

Die Bedienung der Waffe war ein sehr arbeitsaufwändiger Prozess. Ein einziges Geschütz wurde von einer neunköpfigen Mannschaft bedient, zu der ein Truppkommandant, ein Richtschütze für die Einstellung der Erhöhung, ein Richtschütze für die Einstellung des Schwenkbereichs, ein Ladeschütze, vier Ladeschützen für die Vorbereitung der Munition und zwei Zündereinsteller sowie ein Zugkraftwagenfahrer gehörten.

Einige der ersten Geschütze gelangten mit der deutschen »Legion Condor« nach Spanien, wo sie von General Francos faschistischen Kräften zur Sicherung von Flugfeldern zum Einsatz kamen. Als sie schließlich gegen Erdziele eingesetzt wurden, erkannte das Oberkommando der Luftwaffe, dass für die Waffe panzerbrechende Geschosse und Panzerschilde zum Schutz der Bedienung vor Granatfeuer in Auftrag gegeben werden mussten. Diese Verbesserungen wurden vorgenommen, als der Krieg 1939 ausbrach.

Die hohe Mündungsgeschwindigkeit der Waffe – 820 m/s – war der Schlüssel zu ihrem Erfolg, sowohl in der Rolle als Flugabwehr- als auch als Panzerabwehrkanone, vorausgesetzt, sie wurde mit der richtigen Munition versorgt. Für die Flugabwehr wurde sie mit Sprenggranaten mit

Während Jagdflieger und Fallschirmjäger allgemein als Kriegshelden der Luftwaffe verehrt wurden, waren die Flak-Artilleristen die nicht fliegenden Spezialeinheiten der deutschen Luftwaffe. Die Bedienung von Waffen wie der Acht-Acht in der Flugabwehr war eine große Herausforderung, weil die Geschütztrupps die komplexe Feuerleitung verstehen mussten, um die Zünder in großen Höhen zum Explodieren zu bringen. Sie mussten auch als Teil einer komplexen Luftverteidigung funktionieren, damit nicht versehentlich eigene Flugzeuge unter Beschuss genommen wurden. Die Geschütztrupps mussten in besonders guter körperlicher Verfassung sein, um ihre Geschütze in die richtige Position zu bringen, Feuerstellungen auszuheben und für den Nachschub von Granaten für das Geschütz zu sorgen. Jede Granate brachte über 9 kg auf die Waage, also war das eine ganz schöne Leistung.

Geschütz- und Batteriekommandant waren extrem gut ausgebildet, um in der Panzerabwehr das Beste aus ihren Waffen herauszuholen. Sobald sie einmal in Einsatzstellung war, war die Acht-Acht praktisch unbeweglich, deshalb hingen Erfolg und Scheitern von der Aufstellung des Geschützes und seiner Deckung ab, bis die Zeit gekommen war, sie gegen den Feind einzusetzen. Sobald die gegnerischen Panzer in die Schlacht eingriffen, brauchten die Flak-Kommandanten starke Nerven und Vertrauen in die Fähigkeiten ihrer Geschütze und Mannschaften. Neben den Jagdfliegern und den Fallschirmjägern war die Funktion eines Flak-Kommandanten in der Luftwaffe der schnellste Weg, für den Führer zu sterben.

In den ersten beiden Kriegsjahren beherrschten die Jagdflugzeuge der Luftwaffe den Himmel über den Schlachtfeldern Europas, womit die Flak-Artilleristen zu relativ unkomplizierten Punktverteidigungsaufgaben herangezogen wurden. Die meisten dieser Aufgaben fielen den Flak-Bataillonen oder Flak-Regimentern der Division oder des Korps zu, die gleich hinter den Panzerspitzen folgten. Während des Blitzkriegs in Frankreich, auf dem Balkan und in Russland wurden oft Acht-Acht-Batterien zur Zerschlagung von Kesseln feindlicher Panzer zugezogen, mit denen die Panzerregimenter nicht fertig wurden. Dabei handelte es sich um Gefechte in kleinem Ausmaß, an denen ein oder zwei Flak-Geschütze beteiligt waren, die einige britische, französische oder sowjetische schwere Panzer außer Gefecht setzen sollten, nachdem diese die deutsche Front durchbrochen hatten.

MASSIERTE FLAK-BATTERIEN

Als die Alliierten und Sowjets den Ausbau ihrer Luftstreitkräfte forcierten und zu einer Gefahr für die deutsche Luftwaffe wurden, nahmen die Deutschen die Luftverteidigung viel ernster und steckten große Mittel in den Ausbau der Flak-Batterien. Bei den sowjetischen Offensiven im Winter 1942/43 wurden Hunderte T-34 auf engem Raum schwerpunktmäßig eingesetzt. Aus diesem Grund brauchten die Deutschen eine Panzerabwehr im Feld, die mit dieser Bedrohung fertig wurde. Massierte Flak-Geschütze waren eine Antwort auf die wachsende Bedrohung durch Panzer und Fliegerkräfte. Rommel zeigte, was mit seinem Einsatz konzentrierter 8,8-cm-Batterien in der nordafrikanischen Wüste möglich war, und diesen Erfolg wollten die Deutschen in Russland wiederholen.

Wesentlich für die Mobilität des 8,8-cm-Geschützes und seiner Mannschaft war der Zugkraftwagen SdKfz 7, eines der schwersten Halbkettenfahrzeuge im Dienst der Wehrmacht.

Bis zum Sommer 1942 war das Gros der 8,8-cm-Geschütze im Frontgebiet in zehn motorisierten Flak-Divisionen der Luftwaffe konzentriert worden, die zur Luftverteidigung für die Heeresgruppen aufgestellt wurden. Der Flak-Kommandant der Division war verantwortlich für die Organisation der gesamten Luftverteidigungseinsätze im Bereich der Heeresgruppe: Flak-Geschütze, Radar, Suchscheinwerfer und Jagdflieger. Die Feuerkraft einer Flak-Division war gewaltig: Sie umfasste gewöhnlich zwischen 12 und 30 schwere Flak-Batterien mit je vier 8,8-cm-Geschützen sowie eine ähnlich große Zahl mittlerer und leichter Batterien, mit jeweils einem Dutzend 2-cm-Flak-Vierling oder 3,7-cm-Flak.

Der Flak-Kommandant ließ wiederum zur Unterstützung der jeweiligen Armee oder eines Korps seine motorisierten Flak-Regimenter oder -Bataillone in Schlüsselabschnitten der Front Aufstellung beziehen. In Krisenzeiten konnten sie zusammengefasst werden und entweder als umfassender Schutz gegen feindliche Fliegerkräfte oder im Notfall bei einem Panzerdurchbruch als starke Panzerabwehrreserve dienen. Wenn erforderlich, ergänzten sie auch die Artilleriebataillone des Heeres bei allgemeinen Feuerunterstützungsaufgaben. Im Gegensatz zur Mehrheit der Heeresartillerieeinheiten, die immer noch von Pferden gezogen wurden, sorgte die Luftwaffe großzügig für die volle Motorisierung ihrer Flak-Bataillone. Ein typisches motorisiertes Flak-Regiment mit über 20 Acht-Acht war eine äußerst mobile Panzerabwehrtruppe, mit der man schnell konzentrierte Feuerkraft an einen wichtigen Punkt auf dem Schlachtfeld brachte, wenn die Lage wirklich kritisch wurde.

Flak-Regimenter wurden aber nicht ohne vorherige Planung und Aufklärung in der Panzerabwehrrolle eingesetzt. Die übliche Vorgehensweise sah so aus, dass der Flak-Kommandant seinen Frontabschnitt nach möglichen Feuerstellungen für den Fall eines feindlichen Panzerdurch-

bruchs absuchte. Die Geschütze sollten unter maximaler Ausnutzung ihrer großen Reichweite aufgestellt werden, daher waren freie Schussfelder ein Muss. Sich überlappende Schussfelder wurden ebenfalls einzelnen Geschützen und Batterien zugeteilt, damit die gesamte Front mit vernichtender Wirkung unter Beschuss genommen werden konnte.
Wegen ihrer hohen Silhouette mussten die 8,8-cm-Flak-Geschütze entweder eingegraben oder in Wäldern oder Gebäuden versteckt werden, um nicht entdeckt zu werden. Gute Tarnung war von wesentlicher Bedeutung, damit die Angreifer die Flak-Geschütze nicht entdeckten, bis sie weit innerhalb des Vernichtungsbereichs waren. Entdeckte der Gegner die Flak-Geschütze zu früh, eröffnete seine Artillerie das Feuer auf die Flak-Batterien mit tödlicher Wirkung.
Sehr wichtig war auch, dass panzerbrechende Munition schon vorher in die Nähe der Geschützlinie gebracht wurde, um sicherzustellen, dass die schnelle Feuergeschwindigkeit so lange wie nötig aufrechterhalten werden konnte. Flak-Kommandanten hatten auch gerne die eigene Infanterie in der Nähe, um ihre Geschütze vor gegnerischen Bodentruppen abzusichern, die einsickern und sie zerstören könnten.
Die Flak-Kommandanten bestimmten die Schlüsselpunkte der Verteidigung und konzentrierten dort ihre Geschütze, um sicherzugehen, dass die Verteidigungslinie in jedem Fall hielt. Bei ihrem Einsatz mussten sie die Verteidigung des Luftraums mit der Abwehr von Durchbrüchen feindlicher Panzer kombinieren. Oft überschnitten sich diese beiden Aufgaben – zum Beispiel bei der Verteidigung strategischer Brücken, Bahnstrecken oder Höhen. Die Verlegung in andere wichtige Sektoren des Schlachtfelds wurde regelmäßig geübt, deshalb konnten die Flak-Einheiten auf ein vereinbartes Codewort hin schnell eine neue Stellung beziehen.
In Notsituationen war ein Flak-Kommandant gewöhnlich der erste Offizier vor Ort mit schlachtentscheidender Ausrüstung, deshalb übernahm er das Kommando im Gefecht gegen die einbrechenden feindlichen Panzer. Die dortigen Infanteristen und Truppen fügten sich dem Befehl des Flak-Kommandanten in den ad hoc gebildeten Kampfgruppen. Ganz gleich, wie viel Vorausplanung es gegeben hatte, jetzt musste der Flak-Kommandant zeigen, was in ihm steckte. Oft musste er Ordnung in eine chaotische Situation bringen und zusehen, dass die Geschütze in Stellung waren und die Feuerdisziplin bis zum entscheidenden Moment gewahrt wurde. Da brauchte man Nerven aus Stahl.

DIE SCHLACHT AN DER MAAS

Zum ersten entscheidenden Einsatz von Acht-Acht kam es im Mai 1940. Heinz Guderians Panzerkorps rollte in rasantem Tempo bei Sedan zur Maas vor, um einen Brückenkopf zu errichten. Von dort sollte eine Bresche in die französischen Linien geschlagen werden, um den Panzern einen schnellen Vorstoß zum Ärmelkanal zu ermöglichen. Guderian, der Begründer der deutschen Panzertruppe, hatte für diese Operation das Flak-Regiment 102 der Luftwaffe in einer Schlüsselrolle eingesetzt. Oberst Hippels Regiment war für seinen Teil an dieser Operation, die die

Schlacht um Frankreich zu Deutschlands Gunsten wenden sollte, eigens verstärkt und speziell ausgebildet worden.

Sobald die Panzer den Fluss erreicht hatten, musste die Infanterie in Sturmbooten übersetzen und einen Brückenkopf errichten. Französische Truppen und Geschütze, die in Betonbunkern auf dem anderen Ufer oben lauerten, bestrichen die deutschen Bereitstellungsräume mit Feuer. Guderian hatte sich bereits seine Gedanken über die französischen Verteidigungsstellungen gemacht und seine Flak-Artilleristen nach Polen geschickt, wo sie üben sollten, wie man Granaten direkt durch die Schießscharten verlassener polnischer Bunker bringt.

Unter der Deckung von Panzern rollten die 8,8-cm-Trupps ihre Geschütze in die Feuerstellungen am gegenüberliegenden Flussufer des Brückenkopfs und begannen französische Bunker unter Beschuss zu nehmen. An einigen Stellen waren die Flak-Artilleristen weniger als 100 m von ihren Zielen entfernt, und die Acht-Acht zeichnete sich durch hervorragende Treffgenauigkeit aus.

Diese beeindruckende Zurschaustellung von Feuerkraft war von entscheidender Bedeutung für die Kampfmoral der Sturmtruppen, die ihre Boote am 13. Mai in die Maas ließen. Am Ende des Nachmittags hatte Guderian seinen Brückenkopf, und im Laufe der Nacht hatten die Pioniere die erste von mehreren Pontonbrücken errichtet. Die Flak-Artilleristen brachten gleich hinter den Panzern zwei 8,8-cm-Geschütze über den Fluss, die nach kurzer Zeit im Einsatz waren und in der Nacht zum Gegenangriff ansetzende französische Panzer außer Gefecht setzten.

Bei Tagesanbruch erkannten die Franzosen und Briten, welche Gefahr vom deutschen Brückenkopf ausging. Innerhalb von Stunden waren Bomber unterwegs, um ihn auszuschalten. Oberst Hippels Artilleristen waren die einzige verfügbare Verteidigung zum Schutz wichtiger Brücken. Jagdflugzeuge der Luftwaffe legten sich mit den Spitfires der Royal Air Force an, aber die Bomber führten ihre Angriffe auf die Brücken mit fanatischem Heldenmut weiter. Die Flak-Artilleristen erhöhten die Rohre ihrer Acht-Acht und begannen sie abzuschießen. Eine Welle von Bombern nach der anderen traf auf eine Wand explodierender Granaten. Nicht getroffe-

Die Pak 43 war eine Version der 8,8-cm-Flak 37 und wurde eigens als Panzerabwehrwaffe konstruiert. Sie wurde für den Einsatz gegen die stärker gepanzerten sowjetischen Panzer von 1943/44 entwickelt und war leichter zu tarnen als ihre berühmte Vorläuferin, war aber aufgrund ihres großen Gewichts und ihrer Größe schwer zu bewegen.

Diese 8,8-cm-Kanone, an der gerade ein Sturmgeschütz, entweder StuG III oder ein Jagdpanzer IV, vorbeifährt, dient zur Deckung eines ungesicherten Straßenabschnitts an der Flanke, Frankreich 1944.

ne Flugzeuge waren gezwungen, ihre Bombenangriffe abzubrechen. Bei Tagesende waren Guderians Brücken immer noch unversehrt und 112 alliierte Bomber waren vom Himmel geschossen worden. Der Panzergeneral war äußerst zufrieden mit den Fliegerabwehrtrupps. Aus Dankbarkeit zeichnete der Führer Hippel mit dem Ritterkreuz aus.

Erwin Rommel hatte seit der Schlacht von Arras im Juni 1940 Erfahrung mit 8,8-cm-Flak-Batterien, die er in einer kritischen Lage als Panzerabwehr erfolgreich gegen acht britische »Matilda«-Panzer einsetzte. Bei Sidi-Rezegh brachte Rommels Flak-Front im November 1941 die 7. britische Panzerbrigade abrupt zum Stehen, nachdem ihr Kommandeur seinen Panzern voreilig den Befehl gegeben hatte, in vollem Tempo durch die Wüste direkt auf die Deutschen vorzustoßen. Nur vier 8,8-cm-Geschütze waren am ersten Tag der Schlacht eingegraben und vernichteten die britische Brigade.

Geschütztrupps mussten innerhalb kürzester Zeit gegen unerwartete Bedrohungen einsatzbereit sein. Während der Schlacht um die Gazalalinie im Juni 1942 setzte Rommel seine Flak-Geschütze aggressiv ein, indem er Batterien knapp hinter der Spitze seiner Panzerkolonnen platzierte. Für den Fall, dass die Kolonne auf britische Panzer stieß, sollten die Panzer zurückweichen und es den Acht-Acht überlassen, mit den feindlichen Panzern auf weite Entfernung fertig zu werden. Am Eröffnungstag der Schlacht stand die 21. Panzerdivision plötzlich zum ersten Mal 40 der neuen von Amerika gelieferten »Grant«-Panzer gegenüber. Mit ihrer 7,5-cm-Kanone hatten die »Grant«-Panzer eine größere Reichweite als die deutschen Panzer III, deshalb wichen Letztere rasch vor der neuen Bedrohung zurück.

Rommel hielt sich ganz in der Nähe auf und konnte Oberst Wolz' 135. Flak-Regiment zur Stabilisierung der deutschen Linie heranziehen. Vier 8,8-cm-Geschütze wurden schnell zu einer improvisierten Geschützlinie formiert, um die Nachschublastwagen des Afrikakorps nicht zu gefährden. Als die Grants auf bis zu 1500 m herankamen, eröffneten die Acht-

Acht donnernd das Feuer. Die ersten britischen Panzer gingen in Flammen auf und der Rest musste sich zurückziehen. Rommels aggressiver Einsatz der 8,8-cm-Flak in Nordafrika machte sie bei den britischen Panzerbesatzungen zu einer gefürchteten Waffe.
An der russischen Front wurden die deutschen Flak-Einheiten in verstärktem Maße in der Panzerabwehr eingesetzt, als der Druck der sowjetischen Offensiven immer größer wurde.
Mit großer Wucht schlug das sowjetische Oberkommando im Sommer 1943 auf die schwachen Flanken der deutschen Front ein, und innerhalb von Tagen zerstreute diese sich nördlich von Orel über mehrere Orte. Vier sowjetische Panzerkorps durchbrachen die Front der deutschen 2. Panzerarmee und rasten auf den wichtigen Eisenbahnknoten bei Chotynez zu. Nur Panzerjäger der Luftwaffe und 8,8-cm-Geschütze der 12. Flak-Division konnten die Hunderte von Panzern am Vormarsch nach Süden hindern. Nur wenn es gelang, den Bahnknotenpunkt zu halten, konnten Panzerreserven im Krisengebiet zum Einsatz kommen.

FLAK GEGEN T-34

Obwohl die deutschen Jagdbomber in der Lage waren, eine ganze sowjetische Panzerbrigade abzuschießen, setzten weitere T-34 die Offensive fort. Ein Bataillon von 8,8-cm-Geschützen befand sich im Schutz der Dunkelheit bereits auf dem Vormarsch und konnte außerhalb von Chotynez eine Geschützlinie errichten. Als die Sowjets versuchten, die Stadt im Handstreich einzunehmen, fuhren sie jedoch in einen Feuersturm aus 8,8-cm-Granaten und mussten zurückweichen. In den nächsten drei Tagen folgten weitere Angriffe, aber es trafen weitere Acht-Acht zur Verstärkung der deutschen Verteidigung ein.
Während dieser verzweifelten Schlacht soll die Division 229 Panzer außer Gefecht gesetzt haben und sicherte damit das Eintreffen von Panzerverstärkungen, wodurch die Lücken in der Front geschlossen werden konnten. Der Erfolg der 12. Flak-Division bekräftigte den Masseneinsatz von Acht-Acht als Panzerabwehr in Krisensituationen.
Die nächste große Bewährungsprobe für die 8,8-cm-Flak kam im Sommer 1944 an der Normandiefront. Ende Juli massierten die Briten fast 80 Panzer um Caen, um ein Loch in die Front des I. SS-Panzerkorps zu reißen. 8,8-cm-Flak- und Panzerabwehr-Bataillone aus Heer, Waffen-SS und Luftwaffe mit 78 Geschützen wurden in diesem Schlüsselabschnitt zusammengezogen. Obwohl die Deutschen von etwa 1000 alliierten schweren Bombern unter Beschuss genommen worden waren, war ihre Verteidigung bereit, als die erste Welle britischer Panzer am Morgen des 18. Juli zur Operation »Goodwood« ansetzte. Die 11. britische Panzerdivision stieß durch einen 4,8 km breiten Brückenkopf vor. Unterstützt durch Tiger und Panther der SS-Panzerdivision »Leibstandarte« kamen die überlebenden Acht-Acht-Trupps aus den Ruinen und eröffneten das Feuer auf die lange Kolonne britischer »Sherman«-Panzer. Bis Tagesende lagen über 300 brennende britische Panzer vor den deutschen Linien, viele davon waren das Opfer von 8,8-cm-Flak und 8,8-cm-Pak 43/41. Ein erneuter Angriff am nächsten Tag führte nur zur Zerstörung weiterer 100 britischer Panzer.

KAPITEL 6

Die Panzerelite »Großdeutschland«

Die Panzerdivision »Großdeutschland« war der führende Panzerverband der Wehrmacht. Sie setzte sich ausschließlich aus Freiwilligen zusammen, zog die Elite unter den jungen deutschen Offizieren an und machte sich schnell einen Namen als hervorragende Kampftruppe. Ein solcher Elitestatus brachte es aber auch mit sich, dass sie in blutige Schlachten gegen die Rote Armee an der Ostfront geworfen wurde, wo ihre Reserven an Panzern, gepanzerten Mannschaftswagen und Männern allmählich aufgerieben wurden.

Im Juni 1941 gab Hitler seinen Armeen den Befehl zum Überfall auf die Sowjetunion. Ab 1943, als die Sowjets groß angelegte und verheerende Angriffe auf die deutsche Front führten, musste er immer öfter so genannte »Feuerwehreinheiten« zur Durchführung wichtiger Offensiven oder der Schließung von Lücken in der Front zu Hilfe rufen.

Die SS-Panzerdivisionen gelten im Allgemeinen als die »Krisenfeuerwehr« des Führers, aber auch die Wehrmacht hatte ihre eigene Elitepanzertruppe. In einem Zeitraum von sechs Jahren stieg das motorisierte Infanterieregiment »Großdeutschland« zu einer Panzergrenadierdivision und dann zu einem riesigen Panzerkorps auf, das sich nominell aus vier Divisionen und zwei Brigaden zusammensetzte. Die Einheiten des Panzerkorps »Großdeutschland«, von denen viele nur auf dem Papier existierten, sollten aber nie gemeinsam in den Kampf gehen.

Schon der Name »Großdeutschland« sagt einiges über das Ethos der Einheit aus. Es handelte sich nicht um eine gewöhnliche Fronteinheit, sondern um die führende Kampftruppe der Wehrmacht, der sich nur die erfahrensten und professionellsten Offiziere und Soldaten anschlossen.

Panzergrenadiere der Division »Großdeutschland« in einem abgeschossenen sowjetischen T-34 als Verteidigungsstützpunkt kurz vor der sowjetischen Offensive im Juni 1944, bei der die Divisionen in den baltischen Staaten zum Einsatz kamen.

Für die Wehrmacht war es eine Frage des Stolzes, Spezialeinheiten ins Feld schicken zu können, die es mit den Panzerdivisionen der Waffen-SS aufnehmen konnten. Der Name verriet den ideologischen Unterbau der Einheit: Ihr einziges Ziel war es, Hitlers Angriffskrieg zu führen und zu gewinnen – erst in Westeuropa, dann in Russland.
Hitler wollte ein »Großdeutschland«, einen deutschen Staat, der das europäische Festland beherrschte. Jene Nationen oder Rassen, die in den Plänen des Führers keinen Platz hatten, sollten vertrieben oder vernichtet werden. Als das Oberkommando des Heeres seine Spezialeinheit nach dem wahnsinnigen Plan ihres Führers benannte, demonstrierte es deutlich seine Zustimmung zu dem fürchterlichen Vorhaben Hitlers, ein Volk von »Herrenmenschen« zu schaffen. Abgesehen von ein paar kleinen Teilen, kämpften die Einheiten »Großdeutschland« ab 1941 ausschließlich an der Ostfront gegen die Rote Armee.

DIE ANFÄNGE

Die Division »Großdeutschland« entwickelte sich aus dem »Wachregiment« der Reichswehr, das 1934 zum Schutz der Berliner Gebäude des Oberkommandos gebildet wurde. Nach der Gründung der Waffen-SS beschloss die Wehrmacht, in Konkurrenz dazu eine Spezialeinheit aufzustellen und baute das Wachregiment zu einem Infanterieregiment aus, das bald als motorisiertes Infanterieregiment »Großdeutschland« bezeichnet wurde. Dieses vier Bataillone starke Regiment wurde großzügig mit Lastwagen, leichter Artillerie, Granatwerfern, Flug- und Panzerabwehrkanonen ausgerüstet.
Zum ersten Mal kam es während des Frankreichfeldzugs zum Einsatz; im April 1941 stand es an der Spitze der deutschen Invasion in Jugoslawien. Als deutsche Truppen später in diesem Sommer in die Sowjetunion einfielen, nach Zentralrussland und dann nach Süden in die Ukraine vorrückten, stand das Regiment im dichtesten Kampfgetümmel, denn es hatte den Auftrag, die Einkesselung der gewaltigen sowjetischen Armee, die Kiew verteidigte, zu unterstützen. Unter extremen winterlichen Bedingungen hielt das Regiment »Großdeutschland« die Front gegen eine sowjetische Gegenoffensive um Moskau und erlitt dabei Verluste von fast 1000 Gefallenen und über 3000 Verwundeten, trug sich aber den Ruf einer der professionellsten und effektivsten Kampfeinheiten der Wehrmacht ein.
Im Frühjahr 1942 ergingen Befehle zur Ausweitung des Regiments zu einer vollständigen motorisierten Infanteriedivision, die mit 14 Panzern III und 42 Panzern IV, 21 StuG III sowie einem Dutzend SdKfz 251 gepanzerten Halbkettenfahrzeugen, 7,62-cm-Pak »Marder« auf Selbstfahrlafetten, 8,8-cm-Flak-Geschützen sowie gezogener 17-cm- und 15-cm-Artillerie ausgerüstet wurde. Das Gros der Infanterie wurde aber noch in ungepanzerten Lastwagen und Halbkettenfahrzeugen transportiert, deshalb mussten die Männer etwas außerhalb der Reichweite feindlicher Maschinengewehre absitzen. Eine Kompanie der Panzerabteilung war mit dem neuen Panzer IVF2 ausgerüstet. Er war mit der damals neuen L/43-Kanone (lang) bestückt, die für den Kampf gegen den schweren sowjetischen T-34 konstruiert war.

Mit ihrer stärkeren Bewaffnung und Panzerung sollten die Panzer IVF2 in der kommenden Sommeroffensive, vom Oberkommando als »Fall Blau« bezeichnet, die Angriffsspitze der Division »Großdeutschland« bilden. Das Ziel dieser Operation war die Zerschlagung der sowjetischen Armeen in Südrussland, um den Weg für die deutschen Truppen zu den strategisch wichtigen Ölquellen im Kaukasus zu öffnen. »Großdeutschland« wurde der 4. Panzerarmee unterstellt, die am nördlichsten Flügel der fünf deutschen Armeen stand.

Während des Vormarsches zum Don kamen die Panzerbesatzungen »Großdeutschland« noch einmal in den Genuss der schnellen Siege wie schon in den Blitzkriegsjahren. Wie im Jahr davor leisteten die sowjetischen Fronttruppen nur schwachen Widerstand, und die Deutschen rollten bald Richtung Osten. Ein sowjetisches Panzerkorps erhielt den Befehl zum Frontalangriff auf die Division »Großdeutschland«, wurde aber in Gefechte mit den Panzern IV und III verwickelt und vernichtet. Innerhalb von einer Woche setzten die Deutschen rund 200 sowjetische Panzer außer Gefecht und zerschlugen die sowjetische Gegenoffensive, 100.000 Mann der Roten Armee wurden eingeschlossen. Aber die Angreifer versuchten verzweifelt, standzuhalten, und so entkam das Gros der sowjetischen Soldaten.

Die nächsten sechs Wochen verbrachte »Großdeutschland« mit der Jagd nach »Gespenstern« in der verlassenen Steppe. Die Division hatte Glück und wurde nach Norden zur Unterstützung der Heeresgruppe Mitte im Frontbogen um Rshew umgeleitet, anstatt sich der 6. Armee auf ihrem

Ein MG 42-Trupp der Panzergrenadiere deckt die Kapitulation sowjetischer Soldaten in den ersten Wochen des Unternehmens »Barbarossa«, Juli 1941. Die »Großdeutschland« wurde von Anfang an in den Kämpfen an der Ostfront eingesetzt.

Gegen Luftangriffe gut getarnt, beginnen diese Panzer V »Panther« der »Großdeutschland« ihre Zugreise an die Ostfront. Der Panther war für den Einsatz gegen den T-34 bestimmt und kam zum ersten Mal im Juli 1943 in Russland zum Einsatz.

verhängnisvollen Vormarsch auf Stalingrad anzuschließen. Eine leichte Zeit stand ihr dennoch nicht bevor. Der Frontvorsprung um Rshew zeigte Richtung Moskau, und Stalin hatte eine Großoffensive zu seiner Vernichtung angeordnet. Diese sollte an die Operation »Saturn« anschließen, der Einkesselung der 6. Armee. Die Panzertruppen »Großdeutschland« wurden zu einer äußerst schlagkräftigen Reserve formiert, die von einer Krisensituation zur nächsten eilte, da es gelang, den Frontbogen über den ganzen harten Winter zu halten.

Im Januar 1943 wurde »Großdeutschland« aus der Front genommen und nach Süden verlegt, um sich dort einer Großoffensive zum Entsatz der 6. Armee anzuschließen. Bis die Division ihren Bereitstellungsraum in der Nähe von Charkow erreichte, stießen auch die Reste des neu gebildeten Panzerregiments »Großdeutschland« dazu, das über ein komplettes Bataillon mit 42 Panzern IV und eine Kompanie mit neun schweren Tiger-Panzern verfügte. Diese 58 Tonnen schweren Kolosse waren mit der tödlichen 8,8-cm-Kanone bestückt, die einen T-34 auf eine Entfernung von 2000 m wirksam bekämpfen konnte. Nicht weniger bedeutend war, dass die Neuankömmlinge von Regimentskommandeur Oberst Graf Hyazinth von Strachwitz geführt wurden, der bald als »Panzergraf« Berühmtheit erlangen sollte. Er war bereits ein Held aus dem Ersten Weltkrieg, in dem er einen Panzerangriff auf Paris geführt hatte.

Die Division war gerade erst der Einkesselung in Charkow entgangen, als das neu verstärkte Panzerregiment den Befehl erhielt, eine groß angelegte deutsche Gegenoffensive zu führen, um die sowjetische Winteroffensive zurückzuschlagen.

Strachwitz stieß im März 1943 mit seinen Panzern in rasantem Tempo vor, bis es zum Gefecht mit dem sowjetischen II. Panzerkorps kam. Beim ersten Zusammenstoß wurden in einer Woche 46 T-34 vom Panzerregiment »Großdeutschland« außer Gefecht gesetzt. Nun begann die deutsche Offensive an Schwung zu gewinnen, ein Dorf nach dem anderen wurde von Strachwitz' Panzern eingenommen. Am folgenden Tag gerieten sie in ein Netz aus sowjetischen Panzerabwehrkanonen, das von den Deutschen als »Pak-Front« bezeichnet wurde. Dabei handelte es sich um vorbereitete Stellungen mit einer großen Zahl von Infanteriebunkern. Jetzt kamen die Tiger zum Einsatz, die die Panzerabwehrkanonen aus größerer Entfernung systematisch aus ihren Bunkern herausschossen. Flammenwerfer-Panzer räumten dann die Stellungen.
Der Angriff rollte weiter, und am 16. März wurden weitere 30 T-34 von den Panzern zerstört, als diese eine sowjetische Panzerbrigade in ihrem Bereitstellungsraum überraschten. Zwei Tage später wurden noch mehr sowjetische Panzer in die Offensive geworfen, doch Strachwitz erkannte die Gefahr und ließ seine Panzer schnell in Deckung gehen, um die heranrückenden Sowjets zu überraschen. Die Panzer nahmen Deckung in Bauernhütten und erhielten von Strachwitz den Befehl, mit dem Feuern zu warten. Vorsichtig schoben sich die sowjetischen Panzer vorwärts, bis sie mitten im Dorf waren. Unter extremer nervlicher Anspannung hielten sich die Panzerbesatzungen über mehrere Stunden in Feuerbereitschaft. Als die sowjetischen Panzer den Deutschen ihre nur schwach gepanzerte Seite zuwandten, eröffnete Strachwitz das Feuer mit seiner 8,8-cm-Kanone, die mit Leichtigkeit den Turm eines T-34 wegschoss.
Das war das Signal für den Rest des Regiments, das Feuer zu eröffnen. In ein paar Sekunden standen 18 T-34 in Flammen. Dann rückten die Deutschen vor zum Angriff. Bis zum Ende des Tages waren 90 sowjetische Panzer zerstört worden. Die sowjetischen Angriffe gingen über eine Woche, dabei wurden immer wieder Infanteriedivisionen und Panzerbrigaden gegen die Front der »Großdeutschland« geworfen. Unter schweren Verlusten für die Sowjets wurden die Angriffe abgewehrt. Ende März traf Generaloberst Heinz Guderian, Generalinspekteur der Panzertruppen, zu einer Besichtigung ein. Voller Stolz zeigte Strachwitz dem Begründer der deutschen Panzertruppe einen Panzerfriedhof nördlich von Charkow mit Hunderten zerstörter sowjetischer T-34.

KURSK

Als schwere Regenfälle Russland in einen einzigen Morast verwandelten, richteten sowohl die Deutschen als auch Sowjets ihre Aufmerksamkeit auf die Umgruppierung und Wiederaufrüstung ihrer Kräfte für die kommenden Sommerfeldzüge. Das Oberkommando des Heeres war entschlossen, der »Großdeutschland« die Ehre zuteil werden zu lassen, im Unternehmen »Zitadelle« die Angriffsspitze zu bilden. Dabei sollten die sowjetischen Verteidiger im Kursker Frontbogen, der über 80 km in die deutsche Front hineinragte, abgeschnitten werden.
Unter den jungen aristokratischen Offizieren mittleren Ranges wurde es zur Mode, sich der »Großdeutschland« anzuschließen, um Gefechtser-

Panzer III der »Großdeutschland« arbeiten sich während des Angriffs auf den Kursker Frontbogen über die offene Ebene vor, Unternehmen »Zitadelle«, Juli 1943. Die Einheit nahm ab 5. Juli an den Kämpfen teil. Beim Halbkettenfahrzeug handelt es sich um ein SdKfz 250.

fahrung, Orden und Beförderungen zu sammeln. Vielen ging es auch darum, dass die Wehrmacht nicht völlig von der Waffen-SS in den Schatten gestellt wurde. Die Mannschaften gehörten jetzt an der Ostfront zu den kampferprobtesten Männern.

»Großdeutschland« erhielt zwei Bataillone mit Panther-Panzern, den neuesten und modernsten Panzer im deutschen Arsenal. Der Panther wurde als Antwort auf den T-34 entwickelt und zeichnete sich durch seine abgeschrägte Panzerung und eine 7,5-cm-Kanone mit langem Rohr aus, mit einer Feuerkraft ähnlich der 8,8-cm-Kanone des Tigers. Für Hitler hing der Erfolg des Unternehmens »Zitadelle« wesentlich von den Panthern ab, deshalb verschob er mehrmals den Zeitpunkt der Offensive, um sicherzustellen, dass 192 der neuen »Wunderpanzer« für den Angriff bereitstanden.

Die anderen Divisionsteile wurden in dieser Zeit ebenfalls durch zusätzliche Panzerlieferungen verstärkt, bis ihre zwei Panzerbataillone über 80 Panzer IV und 15 Tiger verfügten. Außerdem wurden genügend gepanzerte Halbkettenfahrzeuge für die komplette Ausrüstung der Infanterie-, Pionier- und Aufklärungsbataillone an die Division geliefert, daneben noch Selbstfahrlafetten mit 15-cm-Haubitzen (Hummel) und 10,5-cm-Haubitzen (Wespe). In den Tagen vor der Kursker Offensive wurde die Einheit wieder in »Panzergrenadierdivision Großdeutschland« umbenannt. Mit vier Panzerbataillonen war die Division im Juli 1943 der stärkste Panzerverband an der Ostfront.

Am 5. Juli eröffneten die Panzergrenadiere der Division »Großdeutschland« den Angriff auf den Kursker Frontbogen. Das erste Ziel war eine wichtige Höhe, mit deren Hilfe der Weg für die Panzer frei gemacht werden sollte, damit diese vorstoßen und die sowjetische Südflanke angreifen konnten. Die Tiger-Kompanie führte den Angriff, die neuen Panther lagen angriffsbereit dahinter und gerieten fast unmittelbar in einen Feuersturm aus Panzerabwehrwaffen. Die Sowjets hatten ein ineinander greifendes Netzwerk aus Pak-Fronten um den Kursker Frontbogen aufgebaut. Mehrere Tiger trafen auf Minen und bekamen es mit den sowjetischen Panzerjägern zu tun. Dann wurden die Panther eingesetzt, um die Offensive voranzutreiben, doch es dauerte nicht lange und viele gingen in Flammen auf. Grund dafür waren aber nicht sowjetisches Feuer oder Minen – die neuen Panzer waren einfach noch nicht ganz ausgereift. Trotzdem war es für sie ein Leichtes, einen Gegenangriff einer sowjetischen Panzerbrigade mit den von den Amerikanern gebauten Panzern »General Lee« zu vereiteln.

Damit war das Schema für die nächsten Jahre festgelegt. Das Unternehmen »Zitadelle« war kein Blitzkrieg, sondern entwickelte sich eher zu einem blutigen Zermürbungskrieg. Die Panzergrenadiere und Panzer der »Großdeutschland« kämpften sich mühsam vor und durchbrachen nacheinander die sowjetischen Verteidigungslinien. Jeden Tag schossen sie Dutzende sowjetischer Panzer und Kanonen ab und machten Hunderte Gefangene. Die Verluste waren aber bitter: Am 12. Juli hatte das Panzerregiment »Großdeutschland« nur mehr 22 Panzer IV, 38 Panther und sechs Tiger. Das war der Tag, an dem die Sowjets ihre Panzerreserven einsetzten. Hunderte T-34 strömten vorwärts und durchlöcherten an mehreren Stellen die Divisionsfront. Gegenangriffe von Panzern retteten indes die Lage wieder.

Am nächsten Tag rollte der deutsche Angriff wieder vorwärts, nur um erneut in eine Pak-Front aus über 100 eingegrabenen Panzern und Panzerabwehrkanonen zu geraten. Diese Nuss war einfach zu hart, um sie knacken zu können, und der Angriff der »Großdeutschland« kam zum Stehen.

Die Division soll in der Schlacht über 263 sowjetische Panzer, 144 Panzerabwehrkanonen, 22 Artilleriegeschütze und elf Mehrfachraketenwerfer zerstört haben. Die eigenen Panzerverluste der »Großdeutschland«

Ein SdKfz 250/2 der »Großdeutschland« in der Schlacht um Kursk. Diese Halbkettenfahrzeuge wurden von den Nachrichteneinheiten zur Verlegung von Telefonleitungen zur Frontlinie verwendet. Das war in einer mobilen Schlacht wie dem Unternehmen »Zitadelle« ein wesentlicher Faktor für den erfolgreichen Einsatz einer deutschen Panzerdivision.

Eine Lagebesprechung der »Großdeutschland« während der Schlacht um Kursk. Der Offizier trägt die von der Wehrmacht ausgegebene Feldbluse der Panzermänner und den Einheitshelmtarnüberzug.

beliefen sich auf bescheidene zehn Panzer IV und 43 Panther, doch unzählige andere Fahrzeuge wurden beschädigt und konnten nicht mehr eingesetzt werden. Weniger als ein Drittel der Panzer, die am 5. Juli ins Gefecht rollten, waren einsatzbereit. Die Verluste unter den Panzergrenadieren der Division waren ebenso bitter.

Als das Unternehmen »Zitadelle« stecken blieb, warfen die Sowjets ihre strategischen Reserven gegen die deutschen Angriffskräfte im Norden. Diese befanden sich bald auf dem ungeordneten Rückzug, deshalb gab Hitler den Befehl, die »Großdeutschland« aus der Front zu nehmen und nach Norden zu verlegen, um die Lage zu retten. Doch kaum hatte die Division ihre Fahrzeuge und Ausrüstung auf Eisenbahnwagen verladen, durchbrach auch schon eine weitere massive sowjetische Offensive die deutschen Linien bei Charkow, und so rollte die Division nach Süden, um dort die Lücke in der Front zu schließen.

DIE FRONT WIRD GEHALTEN

Vier sowjetische Armeen hatten eine 80 km breite Lücke in die Front der 4. Panzerarmee gerissen und nun befanden sich über 2000 T-34 auf dem Vormarsch nach Süden. Während die Panzerdivisionen »Totenkopf« und »Das Reich« von Süden angriffen, sollten die Division »Großdeutschland« und die 7. Panzerdivision zum Schlag gegen die Nordflanke des sowjetischen Vorstoßes ausholen. Als sich die Division für ihren Angriff sammelte, schloss sich das neu gebildete Tiger-Bataillon Strachwitz' Regiment an. Er verfügte nun über mehr als 100 Panzer, darunter rund 40 Panther, 40 Tiger und 30 Panzer IV. »Großdeutschland« wurde immer mehr als eine »Superpanzerdivision« angesehen, weil sie die stärksten Panzerkräfte der gesamten Wehrmacht hatte, obwohl sie offiziell immer noch eine Panzergrenadierdivision war.

Kaum war sie im Gefecht, war die Division auch schon in eine wilde Panzerschlacht gegen eine Welle von Hunderten sowjetischer T-34 verwickelt, die über die weite Ebene vorrückten. Tiger und Panther schossen die sowjetischen Panzer auf große Entfernung in den Getreidefeldern ab, während die Panzergrenadiere der Division »Großdeutschland« mehrere Angriffswellen sowjetischer Infanterie zurückschlagen mussten. Laut Aufzeichnungen wurden in diesem Zeitraum täglich 40 bis 50 T-34 außer Gefecht gesetzt, was für die Reparaturmannschaften der Division große Probleme mit sich brachte, denn sie mussten ein Intensivprogramm zur Wiederinstandsetzung abgenutzter Kanonenrohre starten.

Der Gegenangriff bei Achtyrka war ein bedeutender taktischer Erfolg für die Division »Großdeutschland«, doch der Rest der deutschen Front war immer noch schwach, deshalb wurde der Befehl zum Rückzug über den Dnjepr gegeben. Die »Großdeutschland« bildete die Nachhut der zurückweichenden Heeresgruppe Süd. Die Sowjets gönnten den Deutschen jedoch keine Atempause und hatten dieses mächtige Flusshindernis bald überschritten. Drei Monate lang eilte die »Großdeutschland« von einer Krisenzone zur nächsten, als die sowjetische Dampfwalze vorwärts rollte.

Bis März 1944 hatten die Sowjets die deutsche Front bis zur rumänischen Grenze zurückgedrängt, doch dann schien ihnen schließlich doch die Luft auszugehen. Die Deutschen bekamen dadurch die Gelegenheit, ihre zerschlagenen Divisionen neu zu organisieren und umzugruppieren. Die Division »Großdeutschland« wurde dem Befehl von Generalleutnant Hasso von Manteuffel unterstellt, dem wahrscheinlich berühmtesten Kommandeur. Dieser nur 1,50 m große Offizier aristokratischer Abstammung war ein Energiebündel und führte seine Division vom Turm eines Panther-Panzers aus.

Bis Ende April hatte Manteuffel seine Division um die Grenzstadt Targul-Frumos Stellung beziehen und eine starke Verteidigung aufbauen lassen. Seine Panzergrenadiere wurden nach vorne verlegt und hielten dort ein Netzwerk aus Schützengräben und Bunkern, um die sowjetische Infanterie zurückzuhalten. Artilleriebatterien wurden in Stellung gebracht, um einen Feuervorhang vor die Divisionsfront zu legen. 8,8-cm-Flak-Geschütze wurden zur Abwehr gegen jeden feindlichen Panzerdurchbruch durch die Frontlinie eingegraben. Sein Panzerregiment, das 25 einsatzfähige Panzer IV, zehn Tiger und zwölf Panther plus ein Sturmgeschützbataillon mit 25 StuG III umfasste, hielt Manteuffel in Reserve. Den Gefechtsstand schlug er auf einem Hügel auf, von dem aus er den gesamten Abschnitt überblicken konnte. Damit war die Bühne für eine der klassischen Abwehrschlachten an der Ostfront vorbereitet.

Die deutschen Linien wurden einen Tag lang mit rollenden Salven von Artilleriefeuer belegt, dann folgten am 2. Mai die ersten sowjetischen Panzerangriffe. Die Panzergrenadiere an der Frontlinie ließen die erste Welle von 25 T-34 über ihre Gräben passieren und überließen sie damit den Acht-Acht. Über die Hälfte fiel den Flak-Artilleristen zum Opfer, die restli-

Ein Pak-38-Trupp der »Großdeutschland« mit Zugkraftwagen bereitet das Geschütz auf den Einsatz vor. Die Panzerjäger waren ein wesentlicher Teil der Panzerdivision. Die effektive Reichweite der Pak 38 betrug nur 2000 m, daher wurde dieses Foto entweder an oder nahe der Front aufgenommen.

chen konnten leicht von Panzern außer Gefecht gesetzt werden. Ein weiterer Versuch von 30 T-34 wurde ohne eigene Verluste von einem Sturmgeschützbataillon vereitelt, das aus einer entfernteren Position auf einem Kamm gleich hinter der deutschen Front angriff.

Dann setzten die Sowjets sieben ihrer schweren Panzer »Josef Stalin II« ein, bestückt mit 12,2-cm-Kanonen, und eröffneten das Feuer auf Manteuffels Panzergruppe aus einer Entfernung von über 3000 m. Die Tiger wurden zu ihrer Bekämpfung geholt, doch ihre 8,8-cm-Geschosse prallten von der Panzerung der neuen sowjetischen Panzer einfach ab. Sie mussten auf über 1800 m herankommen, bevor sie die schwächere Seitenpanzerung von vier »Josef Stalin«-Panzern durchschlagen konnten. Nachfolgende Panzer IV zerstörten die abdrehenden Panzer.

Ein weiterer sowjetischer Einbruch wurde in einem Dorf auf der rechten Divisionsflanke erzielt, dann strömten weitere T-34 in die Bresche. Manteuffel führte eine Panzer-IV-Kompanie in den kritischen Abschnitt und schaltete 30 sowjetische Panzer aus, der Rest zog sich zurück.

Noch zwei Tage lang wiederholte sich dieses Muster mit massiven sowjetischen Panzer- und Infanterieangriffen entlang der »Großdeutschland«-Front. Immer wieder behielten Manteuffels Fronttruppen bis zum Eintreffen der Panzer die Nerven. Am 5. Mai zogen sich die Sowjets zurück. Zurück blieben die Wracks von 350 zerstörten Panzern, und nach Schätzungen von Manteuffel wurden weitere 200 sowjetische Fahrzeuge beschädigt. Auf deutscher Seite gab es nur zehn Panzerverluste.

DAS ENDE

Im folgenden Monat, im Juni 1944, zerschlug die größte sowjetische Offensive des Krieges die deutsche Heeresgruppe Mitte und riss ein riesiges Loch in die Ostfront. Deutsche Truppen wurden von sowjetischem Boden vertrieben und zogen sich nach Polen zurück. Bis zum 1. August 1944 hatten die Truppen der Roten Armee die Ostsee erreicht und schnitten damit die Heeresgruppe Nord bei Riga ab. Die Lage war verzweifelt. »Großdeutschland« wurde zu Hilfe gerufen, um als Angriffsspitze einen Landweg zu den eingeschlossenen Truppen freizukämpfen.

Kaum waren die Eisenbahnwagen entladen, sollte die Division schon ein sowjetisches Garde-Panzerkorps bei Wilkowischken an der ostpreußischen Front zu Litauen bekämpfen. Rund 350 Panzer und andere Panzerfahrzeuge der Division »Großdeutschland« wurden für den Angriff eingesetzt, mussten aber bald feststellen, dass sie es mit Hunderten schweren Panzern »Josef Stalin« zu tun hatten, die von schweren Sturmgeschützen SU 100 und SU 122/152 unterstützt wurden. Um eine direkte Konfrontation zu vermeiden, ließ Manteuffel seine zahlenmäßig unterlegenen Panzer so manövrieren, dass sie die schwache Seitenpanzerung der sowjetischen Kampfwagen unter Beschuss nehmen konnten. Die Sowjets zogen sich schließlich zurück und ließen rund 70 Panzer und 60 Panzerabwehrkanonen zurück.

Gegen Ende August war die Division bereit für den Vorstoß, der einen Korridor nach Riga öffnen sollte. Es wurden einige Anfangserfolge erzielt, doch die sowjetischen Verteidigungsstellungen erwiesen sich als

Ab Januar 1944 unterstand die Division »Großdeutschland« dem Befehl von General von Manteuffel (links). Er wurde nach seinen Erfolgen mit der 7. Panzerdivision zum Generalleutnant befördert und erhielt das Kommando über diese Elitepanzereinheit der Wehrmacht.

Kdr.

Ein Panther (möglicherweise Ausf. G) und Panzergrenadiere der »Großdeutschland« in der Hitze des russischen Hochsommers, August 1944. Zu diesem Zeitpunkt standen die Sowjets schon an der polnischen Grenze. Die Division kam als »Krisenfeuerwehr« in einer Reihe verzweifelter Operationen zum Einsatz.

zu stark. Als der Angriff am 23. August zum Stehen kam, waren alle Panzer der Division außer Gefecht gesetzt – entweder waren sie zerstört oder in Reparatur. Erst als neue Panther und Tiger eintrafen, war das Panzerregiment wieder zu Offensivhandlungen in der Lage.

Die Sowjets hatten nun 19 Infanteriedivisionen und fünf Panzerkorps bereit, um erneut zum Angriff anzusetzen. Als sie dann im Oktober zuschlugen, brachen die schwachen Divisionen um »Großdeutschland« zusammen. Mehrere Tage lang war die Division eingeschlossen. Unter dem Schutz ihrer Tiger und Panther gelang der »Großdeutschland« die Bildung einer Nachhut, um den Rückzug anderer deutscher Divisionen nach Memel zu decken. Dann zog sich die »Großdeutschland« zurück, die sowjetischen Panzer waren ihr knapp auf den Fersen. Memel war von Hitler als »Festung« bezeichnet worden, aber das war wohl ein Mythos. Es war die Hölle – es stand pausenlos im Feuer von sowjetischer Artillerie. Schließlich wurde die Besatzung von Memel, darunter auch die Reste der »Großdeutschland«, nach Ostpreußen verschifft.

Als sie im Dezember 1944 in Ostpreußen neu organisiert wurde, erhielt die Division den Befehl, mehrere Einheiten für die Bildung eines Panzerkorps »Großdeutschland« abzustellen. Auf dem Papier sollte dieses die ursprüngliche Division »Großdeutschland«, die Panzergrenadierdivisionen »Brandenburg« und »Kurmark«, die Luftwaffen-Panzerdivision »Hermann Göring« mit den »Führer-Grenadier- und Führer-Begleitbrigaden« umfassen. Diese Einheiten sollten niemals zusammen in den Kampf gehen. Aufgrund von Kampfverlusten und Nachschubengpässen erhielten sie nicht annähernd genügend Ausrüstung und Männer, um die schweren

Verluste an der Front auszugleichen. Als die nächste sowjetische Offensive Mitte Januar 1945 losbrach, rollte eine stark dezimierte Division »Großdeutschland« zum letzten Mal in den Kampf.

Wochenlang tobten schwere Kämpfe in den Wäldern Ostpreußens und die Division wich nach und nach auf Königsberg zurück. Am 17. März wurde von drei Tigern der Division der letzte Panzergegenangriff gestartet, um nicht ganz von der Ostseeküste verdrängt zu werden. Ihre Besatzungen kämpften bis zum Letzten, in dem Versuch, einen Schutzschirm für die Evakuierung ihrer Kameraden auf die Halbinsel Samland zu bilden. Fast einen Monat lang kämpften die Überlebenden der Division hier als Infanterie weiter, bis sie schließlich nach Dänemark verschifft wurden. In einem Zeitraum von drei Monaten fielen über 17.000 Mann der »Großdeutschland« im Kampf. Nur ein paar hundert Mann der Division schafften es in die relative Sicherheit der britischen Gefangenschaft.

Es war typisch für die Division »Großdeutschland«, dass sie bis zum Schluss kämpfte. Als Elitepanzereinheit der Wehrmacht wurde sie gebildet, um Hitlers Eroberungskrieg im Osten anzuführen. Als der Blitzkrieg ins Stocken geriet, wurde die Division immer wieder in die Lücken geworfen, um die Ostfront zu stabilisieren. Ausgerüstet mit den neuesten und stärksten Panzern, die die deutschen Rüstungskonzerne bauen konnten, erzielte das Panzerregiment »Großdeutschland« regelmäßig erstaunliche taktische Erfolge. Erst im Herbst 1944, als die Sowjets eine große Zahl ihrer monströsen Panzer »Josef Stalin« zum Einsatz brachten, waren die Panzerbesatzungen der Division nicht mehr Jäger, sondern Gejagte.

Im Winter 1944/45 kämpfte die Division »Großdeutschland« an der ostpreußischen Ostseeküste. Im März startete sie ihre letzte Offensive bei Königsberg. Es war ein Kampf bis zum Letzten – nur ein paar hundert Mann überlebten und konnten sich nach Dänemark retten.

KAPITEL 7

Gepanzerte Kolosse – die »Tiger«

Der schwere Panzer »Tiger I« war der berühmteste Panzer des Zweiten Weltkriegs. Er wurde in relativ geringer Zahl gebaut, war eher langsam und anfällig für mechanische Probleme, aber wegen seiner 8,8-cm-Kanone und seiner starken Panzerung auf dem Schlachtfeld ein gefürchteter Gegner. In den Händen eines Panzerasses wie Michael Wittmann wurde er fast unbesiegbar. Weniger legendär war der »Tiger II«, der meist mechanischen Schäden und nicht den alliierten Panzergranaten zum Opfer fiel.

Kein anderer Panzer verkörperte die deutsche Panzerstärke besser als der Tiger. Schon die Präsenz eines einzigen Tigers auf einem Schlachtfeld löste im Zweiten Weltkrieg unter den alliierten Panzerbesatzungen Panik aus. Diese gepanzerten Kolosse waren gegenüber den alliierten Panzerabwehrwaffen so gut wie unverwundbar. Ihre starke 8,8-cm-Kanone durchschnitt den Panzerstahl eines amerikanischen »Sherman«-Panzers oder sowjetischen T-34 wie ein heißes Messer durch Butter geht. Die deutschen Tiger zeichneten sich aber nicht nur durch eine überlegene Panzerung und Feuerkraft aus, sondern wurden auch immer von den besten Panzerkommandanten und -besatzungen des Dritten Reichs bemannt, die aus ihren Kampfwagen das Beste herauszuholen verstanden.

SS-Obersturmführer Michael Wittmann, das »Tiger-Ass«. Er hatte bereits 117 Panzer abgeschossen, als er im Juni 1944 als Befehlshaber der 2. Kompanie, 101. schwere SS-Panzerabteilung, von der Ostfront in die Normandie kam.

Es war ein Glück für die Alliierten, dass sie nie einer großen Zahl von Tigern gegenüberstanden. Grund dafür war die immens teure und aufwändige Herstellung dieser monströsen Panzer, zudem kam es zu Produktionsunterbrechungen wegen der alliierten Bombenangriffe. Die berühmte »deutsche Wertarbeit« wurde beim Tiger sogar zu einem Nachteil. So erschwerte die komplizierte Konstruktion die Wartung des Panzers, der anstatt feindlichem Feuer des Öfteren Pannen zum Opfer fiel.

Die Tiger-Familie wuchs schließlich auf zwei Panzer und zwei monströse Sturmgeschütze an. Das war jedoch eher Zufall als Absicht. Die deutschen Rüstungsriesen Henschel, MAN, Daimler Benz und Porsche bewarben sich Ende der 1930er-Jahre alle mit einem Entwurf für einen schweren Panzer, um in Hitlers Wiederaufrüstungsprogramm einen der begehrten Produktionsaufträge zu erhalten.
Es geschah jedoch nicht viel, bis schließlich Ende 1941 das Erscheinen des russischen T-34 große Panik auslöste. Revolutionär am neuen sowjetischen Panzer waren seine abgeschrägte Panzerung, eine starke 7,6-cm-Kanone und das Christie-Laufwerk. In der deutschen Rüstungsindustrie ging es drunter und drüber: Das Heereswaffenamt hatte sich für Henschels Entwurf entschieden und den Auftrag für einen neuen schweren Panzer erteilt, doch kurze Zeit darauf ließ sich Hitler von Dr. Ferdinand Porsche wieder umstimmen und gab grünes Licht für die Produktion seines Entwurfs.

TIGER-PRODUKTION

Letztlich setzte sich eine abgeänderte Version des Henschel-Entwurfs durch, die später als der Tiger E oder Tiger I bekannt wurde. Im August 1942 wurde mit der Produktion begonnen und bis zur Einstellung der Produktion zwei Jahre später wurden etwa 1300 Panzer gebaut. Bis dahin hatte aber auch Porsche bereits rund 90 Fahrgestelle erzeugt, die später zu Sturmgeschützen mit festen Aufbauten und einer 8,8-cm-Pak umgebaut wurden. In kleiner Zahl wurde auch eine Version des Tiger I für Demolierungen gebaut und mit einem 38-cm-Granatwerfer bestückt.
Gegen Ende 1942 begann man mit der Entwicklung einer neuen verbesserten Version, dem Tiger II oder »Königstiger«, der über eine stärkere, abgeschrägte Panzerung und eine 8,8-cm-Kanone mit größerer Durchschlagskraft verfügte. Henschels Entwurf setzte sich schließlich gegenüber jenem von Porsche durch, gebaut wurden aber von beiden Konzernen verschiedene Turmversionen. Nicht ganz 490 Tiger II wurden von Januar 1944 bis März 1945 hergestellt. Mit einem Gewicht von 71 Tonnen – im Vergleich dazu hatte der Tiger I 58 Tonnen – war der Tiger II der schwerste deutsche Panzer, der im Krieg auch tatsächlich zum Einsatz kam. Die letzte Version der Tiger-Familie war der Jagdtiger mit einem Tiger II-Fahrgestell und einer 12,8-cm-Pak. Es wurden aber nur 80 davon gebaut.
Der Tiger beeindruckte in jeder Hinsicht. Die 10 cm starke Frontpanzerung des Tigers war bis 1944, als die britische 17-Pfünder-Kanone und die sowjetische 12,2-cm-Kanone in Erscheinung traten, für fast alle alliierten Panzerabwehrwaffen undurchdringlich. 1943 soll ein Tiger an der russischen Front 227 Treffer von Panzerabwehrgewehren, 14 Treffer von 5,2-cm-Granaten und elf Treffer von 7,62-mm-Panzerabwehrkanonen überstanden haben, ohne dass seine Panzerung durchschlagen wurde.
Der Tiger II hatte mit seiner 18 cm starken, abgeschrägten Frontpanzerung sogar noch besseren Schutz. Dieser Koloss konnte nur mehr außer Gefecht gesetzt werden, wenn er von der Seite angegriffen wurde. Die 8,8-cm-KwK L/56 des Tigers I konnte, wie später die 8,8-cm-KwK L/71 des Tigers II, jeden alliierten oder sowjetischen Panzer auf Reichweiten

von über 2000 m zerstören, außer die am stärksten gepanzerten Panzer wie den »Churchill« oder den »Josef Stalin«.

Beim Tiger I und II befand sich wie üblich die Hauptbewaffnung in einem Drehturm. Beide Panzerkampfwagen erforderten eine fünfköpfige Besatzung: einen Kommandanten, Richtschützen, Ladeschützen, Fahrer und einen MG-Schützen/Funker im Bug. In einem Tiger zu kämpfen, war für die Besatzung verwirrend und eine fürchterliche Erfahrung. Wenn die Luke für die Schlacht geschlossen wurde, konnte die Besatzung die Welt nur mehr durch kleine Sichtfenster oder Periskope betrachten. Allein durch permanente Funkverbindung mit anderen Panzerbesatzungen wurde sie darüber auf dem Laufenden gehalten, was um sie herum geschah. Wenn feindliche Infanterie angriff oder die Panzergranaten vom Panzerstahl abzuprallen begannen, brach unter den Panzermännern Nervosität aus. Die Unterstützung der Tiger untereinander erwies sich oft als der beste Schutz.

Allein die Größe des Panzers stellte für die Tiger-Besatzungen eine neue Herausforderung dar. Das große Gewicht des Panzers war für Motoren, Getriebe und Ketten eine extreme Belastung. Die Wartung war ein Albtraum, daher mussten die Besatzungen viel mehr Zeit für die Instandhaltung aufwenden als bei anderen deutschen Panzern. Wenn ein Tiger eine Panne hatte, bestand die einzige Möglichkeit, ihn zu bergen, in einem anderen Tiger. Als die Wehrmacht 1943 ihren langen Rückzug aus Russland antrat, war sie häufig gezwungen, liegen gebliebene Tiger aufzugeben, weil diese sich nicht von der Stelle bewegen ließen.

Prototypen der Panzer VI wurden im April 1942 Tests unterzogen, im August wurde die Produktion aufgenommen. Henschel lieferte Wanne und Fahrgestell, Krupp den Turm und die Bewaffnung. Von Porsche stammt der populäre Name des Panzers: »Tiger«.

Der Tiger wurde im August 1942 vorschnell an der Ostfront in Dienst gestellt. Der Einsatz war ein Reinfall, weil es den Besatzungen an Erfahrung und entsprechenden Taktiken fehlte. Als er im folgenden Juli in großer Zahl in der Schlacht bei Kursk eingesetzt wurde, enthüllte der Tiger (oben) seinen wahren Wert.

Anfangs wollte man jedes Panzerregiment mit seiner eigenen Kompanie von rund einem Dutzend Tigern ausrüsten, doch das Oberkommando des Heeres erkannte dies bald als Fehler. Die Tiger sollten für entscheidende Angriffe in unabhängigen schweren Panzerabteilungen mit rund 45 Fahrzeugen schwerpunktmäßig zum Einsatz kommen, um den Gegner mit ihrer überlegenen Feuerkraft zu bekämpfen. Die neuen Abteilungen wurden den Panzerkorps für spezifische Operationen zugeteilt, anstatt auf einzelne Panzerdivisionen aufgeteilt zu werden. Die Waffen-SS-Divisionen »Leibstandarte«, »Das Reich« und »Totenkopf« sowie die Heeresdivision »Großdeutschland« hatten schon ihre Tiger-Kompanien gebildet, bevor über die neue Struktur entschieden wurde, deshalb hatten sie 1943 fast das ganze Jahr kleine Abteilungen von Tigern, bis diese auf Bataillonsstärke ausgebaut werden konnten.

Von Anfang an wurden die Tiger-Abteilungen als Elitepanzereinheiten des Heeres betrachtet. Als Anfang 1942 mit ihrer Aufstellung begonnen wurde, während die ersten Tiger immer noch bei Henschel in Kassel in Produktion waren, wurden nur erfahrene Panzerbesatzungen zu den neuen Einheiten abkommandiert. Die ersten beiden Kompanien wurden im Februar 1942 gebildet, und im Mai machte man sich schon an die Schaffung der ersten drei schweren Panzerabteilungen, dabei waren die Panzer noch nicht einmal vom Fließband gerollt.

Als die neuen Panzer allmählich Gestalt annahmen, wurden die Tiger-Besatzungen in die Fabriken geschickt, wo sie mehrere Wochen beim Bau halfen, um ihre Konstruktion bis ins kleinste Detail kennen zu lernen. Auf den Werks- und Testgeländen unternahmen die Besatzungen mit den Panzern die ersten Fahrten. Dann überführten sie ihre Panzer zu den deutschen Übungsgeländen, um sich im Fahren, Warten und im Gefecht mit ihren neuen Kampfwagen vertraut zu machen. Die Richtschützen schossen ihre Waffen ein, die Kommandanten probierten grundlegende Taktiken aus, und die Fahrer versuchten, sich über ihre neue Aufgabe klar zu werden.

Die neuen Einheiten sollten nur zum Kampfeinsatz kommen, wenn sie voll ausgebildet und ausgerüstet waren, damit sie möglichst wirksam und unter bestmöglicher Ausnutzung des Überraschungsmoments gegen den Feind antreten konnten. Hitler konnte es jedoch kaum erwarten, seine neuen Spielzeuge ins Gefecht zu schicken und gab deshalb im August 1942 den Befehl, sofort vier Tiger der 502. schweren Panzerabteilung zur Unterstützung des Angriffs auf Leningrad einzusetzen. Die Panzerbesatzungen waren noch nicht richtig ausgebildet und der Einsatz war ein Reinfall, aber das war ja vorauszusehen. Auf ihrer ersten Mission blieben die Panzer im schlammigen Boden stecken und mussten von ihren Besatzungen zurückgelassen werden. Drei wurden schließlich geborgen, der vierte Panzer wurde zerstört, damit er nicht dem Gegner in die Hände fiel. Diese Leistung war nicht gerade beeindruckend und bestätigte die Ansicht des Oberkommandos des Heeres, dass die Tiger in großer Zahl zum Einsatz kommen mussten.

TIGER-TAKTIKEN

Ende 1942 waren die Tiger-Einheiten bereit für den Kampf, und die sowjetische Winteroffensive bot den neuen Panzern ausreichend Gelegenheit, ihren Gefechtswert unter Beweis zu stellen. Im Januar 1943 wurde eine Kompanie der 502. schweren Panzerabteilung von einer Infanteriedivision angefordert, die von 24 T-34 überrannt wurde. Als die »Schneetiger« auf dem Schauplatz eintrafen, konnten sie zwölf der sowjetischen Panzer auf größere Entfernung und ohne eigene Verluste abschießen. Über drei Monate lang setzten die Sowjets immer wieder zu Angriffen auf denselben Frontabschnitt an und wurden damit zur leichten Beute für die Tiger. Wenn die sowjetischen Angreifer auftauchten, rollten die »Schneetiger« aus ihren Stellungen hinter der deutschen Infanterie nach vorne und zerstörten die Angriffswellen von T-34-Panzern, bevor diese den vorderen Rand der deutschen Linie erreichten. Berichten zufolge schoss die Tiger-Kompanie damals über 150 Panzer ab, was zur Entstehung der Legende vom Panzerass führte.

In Südrussland stand Feldmarschall Erich von Manstein kurz vor dem Beginn seiner berühmten Gegenoffensive, mit der er die sowjetischen Armeen aus der Ostukraine vertreiben wollte. Die Tiger-Kompanien der Waffen-SS und Division »Großdeutschland« standen mitten im Kampfgeschehen, als Mansteins Panzerdivisionen im Februar 1943 angriffen und zur Rückeroberung von Charkow ansetzten.

Nach fast drei Monaten anhaltender Offensiven und Nachschubengpässen waren die erschöpften sowjetischen Armeen in der Ukraine nicht mehr in der Verfassung, Mansteins Panzerangriff standzuhalten. In den ersten Tagen der Offensive gelang es den deutschen Panzereinheiten, die sowjetischen Kolonnen zu überraschen, deren Panzerabwehrkanonen noch an den Zugfahrzeugen hingen und deren Panzer noch zwischen den Nachschub-

Ein Tiger der Division »Das Reich« an der Ostfront, Februar 1943. Er wurde mit extrabreiten Ketten ausgestattet, damit der 58 Tonnen schwere Panzer im Winterschlamm manövrieren konnte.

lastwagen steckten. Mansteins Panzer machten leichte Beute und nahmen die in Panik geratenen gegnerischen Kolonnen unter Beschuss, die so gut wie wehrlos waren.
Als der Vorstoß nach Norden Richtung Charkow an Schwung gewann, waren die Tiger an der Spitze. Die Sowjets hatten sich wieder gefasst, und die Deutschen gerieten in ganze Brigaden mit Panzerabwehrkanonen, die so genannten »Pak-Fronten«, die in schon vorbereitete Stellungen eingegraben waren und von T-34 Unterstützung erhielten. Jetzt kamen die Tiger zur Geltung, weil sie die einzigen deutschen Panzer waren, die sich aus sicherer Entfernung der Pak-Fronten annehmen konnten.

Ende 1942 wurden Tiger-Abteilungen zur Unterstützung des Afrikakorps nach Tunesien verlegt. Hier merkten die Briten und Amerikaner auch zum ersten Mal, dass ihre »Sherman«- und »Grant«-Panzer gegen ihn machtlos waren.

Die Tiger konnten aber auch unbehelligt vorrücken, den Gegner direkt angreifen und die sowjetische Geschützlinie überrollen, wenn die Lage es erforderte. Leichter bewaffnete Panzer, Halbkettenfahrzeuge und Geschütze auf Selbstfahrlafetten folgten knapp dahinter, um sofort jede Lücke auszunutzen, die die Tiger in die Front gerissen hatten. Bei dieser Taktik wurden so genannte »Panzerkeile« in die Front getrieben.
Während des Unternehmens »Zitadelle«, der Schlacht um Kursk, bewährte sich diese Taktik, denn die Sowjets errichteten so viele ineinander greifende Pak-Fronten, dass eine Umfassung unmöglich war. Als einzige Möglichkeit blieb den Deutschen, ihre Tiger nach vorne zu schicken und sich durchzukämpfen. Bei Kursk gelang den Tigern die Ausschaltung der Pak-Fronten auch, doch nur langsam und unter schweren Verlusten. Zum Schutz der sowjetischen Stellungen angelegte große Minenfelder verlangsamten den Vormarsch und setzten zahlreiche Tiger außer Gefecht. Immer wieder mussten Pioniere nach vorne geholt werden, um einen Weg durch die sowjetischen Minenfelder zu räumen, damit der Vormarsch wieder fortgesetzt werden konnte.
Eine Woche nach Beginn des Unternehmens »Zitadelle« waren die Tiger-Einheiten bereits stark dezimiert, sodass jeder Kompanie nur eine geringe Anzahl einsatzfähiger Panzer blieb. Nur durch übermenschliche Anstrengungen seitens der Reparaturmannschaften, die sich Nacht für Nacht aufs Schlachtfeld hinaus wagten, um die beschädigten Panzer wieder zum Laufen zu bringen, konnten die Tiger-Einheiten im Einsatz bleiben. Die Panzerbesatzungen waren durch den ständigen Gefechtseinsatz erschöpft und ausgelaugt. Die Offensive wurde am 12. Juli vollständig niedergeschlagen, als die Sowjets ihre strategischen Reserven in der Schlacht bei Prochorowka einsetzten. In der größten Panzerschlacht des Krieges strömten über 850 sowjetische Panzer auf das II. SS-Panzerkorps vor. Auf der flachen offenen Steppe bekam das Pan-

zerregiment »Leibstandarte« die volle Wucht des Angriffs zu spüren. Mit kaum 70 Panzern und Sturmgeschützen, darunter nur vier Tiger, führte das Regiment den ganzen Tag lang einen verzweifelten Kampf, bei dem es sich mit einer Welle sowjetischer Panzer nach der anderen anlegte und sie ausschaltete.

Die 8,8-cm-Kanonen der Tiger gaben der »Leibstandarte« einen enormen Reichweitenvorteil, sodass die sowjetischen Panzerbrigaden dezimiert werden konnten, bevor sie in die Feuerreichweite der deutschen Linien kamen. Bis Tagesende lagen fast 200 sowjetische Panzer brennend vor der Divisionsfront. Ein Tiger-Kommandant der Waffen-SS, Michael Wittmann, machte sich bei den Kämpfen im Kursker Frontbogen einen Namen als der beste Panzerkommandant des Krieges. Er hatte bis zum Ende der Schlacht insgesamt 30 Panzer und 28 Panzerabwehrkanonen abgeschossen.

Nach Kursk wurden Hitlers Armeen in Russland in die Defensive gedrängt und immer mehr Tiger wurden an die Ostfront verlegt, wo sie im sinnlosen Versuch der Deutschen, die sowjetische Dampfwalze aufzuhalten, eine wesentliche Rolle spielten. Tiger-Abteilungen wurden in eine Reihe verzweifelter Kämpfe geworfen und hielten oft gegen einen weit überlegenen Gegner lange Frontabschnitte. Im Winter 1943/44 konnten die Tiger-Abteilungen als Folge der endlosen Gefechte, mechanischen Schäden und unzuverlässigen Nachschubwege aber oft nur mehr ein Dutzend Panzer ins Feld schicken. Die deutschen Kommandeure behielten sie als Reserve für den Gegenangriff gegen sowjetische Durchbrüche zurück, und setzten die Tiger nur ein, sobald der Schwerpunkt des sowjetischen Angriffs feststand. Dann rollten die Tiger.

In diesen tödlichen Unternehmen fanden sich Tiger-Paare oft Hunderten von T-34 gegenüber. Gewöhnlich wurde einem Tiger-Paar ein Abschnitt zugeteilt, den es halten und von feindlichen Panzern freihalten musste.

Ein Tiger I der SS-Division »Totenkopf« in Russland, Sommer 1944. Die Wanne ist mit einem Zimmerit-Anstrich gegen Haftsprengladungen geschützt, was ab 1945 allmählich außer Gebrauch kam.

Ein Tiger I mit ziemlich abgeblättertem Wintertarnanstrich an der Ostfront, Anfang 1944. Bis zu dieser Phase des Krieges wurden schon bessere Winteruniformen ausgegeben. Der Kommandant trägt einen wendbaren Tarnparka, sein Stahlhelm hängt links am Turm.

Ein Tiger rückte in eine Position vor, von der aus er das Schlachtfeld überblicken und seinem Partner beim Vorrücken Deckung geben konnte. Sobald dieser Panzer die Deckung erreichte, stand er still und der zweite Panzer rückte in eine andere Feuerstellung vor. Die Tiger-Kommandanten standen dabei gewöhnlich in ihren Türmen und suchten mit ihren Feldstechern den Horizont nach Zielen ab, obwohl die Gefahr bestand, von einem Scharfschützen oder der Artillerie abgeschossen zu werden.

Sobald der Feind entdeckt war, versuchte der Tiger-Kommandant eine Feuerstellung zu finden und den Gegner aus der Flanke anzugreifen. Obwohl man sich darauf verlassen konnte, dass die 8,8-cm-Kanone des Tigers die Frontpanzerung fast eines jeden sowjetischen Panzers durchschlug, gab es immer noch vernünftige taktische Gründe für einen Flankenangriff. Sowjetische Panzer waren mit schlechten Sichtgeräten und nur wenigen Funkgeräten ausgerüstet, deshalb hatten sie kaum eine Chance, ein Ziel zu entdecken, wenn es nicht direkt vor ihnen war. Selbst wenn einer der sowjetischen Panzerkommandanten ein Ziel sichtete, hatte er keine Möglichkeit, diese Information an andere Panzer weiterzugeben.

Wenn die Tiger aus ihren verborgenen Feuerstellungen angriffen, forderten sie regelmäßig einen hohen Blutzoll unter den sowjetischen Panzerkolonnen. Oft hatten die Russen minutenlang keine Ahnung, was da eigentlich passierte, als die T-34 nacheinander von den Tigern abgeschossen wurden. Selbst wenn die Tiger entdeckt wurden, waren die Sowjets kaum in der Lage, das Feuer koordiniert und wirksam zu erwidern, denn bis dahin zogen sich die Tiger bereits wieder zurück und bezogen eine neue Feuerstellung. Zurück blieben brennende sowjetische Panzer.

Mit dem Erscheinen des schwer gepanzerten »Josef Stalin«-Panzers Anfang 1944 war es für die Tiger noch wichtiger, sich mit List an ihre Beute anzuschleichen. Es ging nun darum, den ersten Treffer zu erzielen.

Im Westen war der Tiger in Panzerung und Feuerkraft weiterhin überlegen und konnte gegen eine große Zahl alliierter Panzer standhalten. Einmal legte sich Wittmann sogar allein mit einer ganzen britischen Panzer-

brigade an, zerstörte 25 »Cromwell«-Panzer und brachte damit einen Divisionsangriff abrupt zum Stehen.
Die größte Bedrohung für den Tiger war im Westen die Luftüberlegenheit der Alliierten. Tarnung und Deckung waren die beste Verteidigung gegen patrouillierende Staffeln von raketenfeuernden Typhoons. Während des Normandiefeldzugs von 1944 operierten Tiger von Verstecken in Wäldern oder Bauernhöfen aus und kamen nur nach vorne an die Front, wenn ein Angriff unmittelbar bevorstand. Sobald sie ihren Auftrag erledigt hatten, gingen sie wieder in Deckung.
Während der Ardennenoffensive vom Dezember 1944 musste eine Abteilung von Tigern II der SS-Division »Leibstandarte« wegen des gebirgigen Geländes und der begrenzten Zahl von Straßen zu ungewöhnlichen Taktiken greifen. Die Einheit stand an der Spitze von Joachim Peipers Kampfgruppe, als diese mitten in die amerikanischen Verteidigungsstellungen vorstieß. Da abseits der Straße kein Platz war, zog Peiper seine Tiger II an die Spitze der Kolonne. Dadurch verlangsamte sich zwar der Vormarsch, sobald seine Kolonnen aber auf Widerstand trafen, konnten sich die Tiger II mit Leichtigkeit einen Weg freischießen. Die amerikanischen Panzerjäger konnten nur mit Entsetzen beobachten, wie ihre Granaten buchstäblich von der Frontpanzerung der deutschen Kolosse abprallten.

Michael Wittmann (ganz links) und seine Tiger-Besatzung in Russland, Winter 1943/44. Alle tragen das Eiserne Kreuz sowie Panzerorden. Auf dem Kanonenrohr sieht man die »Abschussliste« der Besatzung. Wittmann erhielt für diese Siege am 14. Januar 1944 das Ritterkreuz.

Mechaniker bereiten einen Kettenwechsel bei einem Tiger I vor. Für den Transport mit der Bahn mussten beim Tiger die 72 cm breiten Ketten, wie sie bei Frontoperationen benötigt wurden, jedoch gegen 52 cm breite Ketten ausgewechselt werden, die die Breite eines Eisenbahnwagens einnahmen.

TIGER-ABTEILUNGEN

501. schwere Panzerabteilung

Sie wurde im Sommer 1942 gebildet. Die Abteilung brachte ihre Panzer im Dezember 1942 nach Nordafrika, wo es zum Zusammenstoß mit britischen und amerikanischen Truppen kam. Im Mai 1943 ergab sie sich. Die Einheit wurde umformiert und im November 1943 in Russland eingesetzt. Dort kämpfte sie bis zur Erschöpfung in der sowjetischen Offensive, die im Juli 1944 zur Vernichtung der Heeresgruppe Mitte führte. Sie wurde dann mit Tigern II ausgerüstet und kehrte unter der neuen Bezeichnung 424. Abteilung wieder an die Ostfront zurück.

502. schwere Panzerabteilung

Sie wurde als erste Einheit mit Tigern I ausgerüstet und kam im August 1942 an der Front bei Leningrad erstmals zum Einsatz. Sie blieb bis Kriegsende im Nordabschnitt der Ostfront. Im Januar 1945 wurde sie in 511. schwere Panzerabteilung umbenannt.

503. schwere Panzerabteilung

Sie war wahrscheinlich die effektivste Tiger-Einheit des Krieges, nachdem sie im Januar 1943 den Befehl erhielt, sich der Heeresgruppe Süd anzuschließen, wo sie die Angriffsspitze von Mansteins Gegenoffensive im Winter bildete. Anschließend stand sie während der Schlacht bei Kursk und dem Rückzug zum Dnjepr als Teil des III. Panzerkorps ständig im Gefecht. Im Januar 1944 wurde sie mit einer Panther-Abteilung zum schweren Panzerregiment »Bake« zusammengefasst, das unter dem Befehl von Oberstleutnant Dr. Franz Bake stand. Dieses Regiment zerschlug einen Kessel von 267 sowjetischen Panzern und führte dann den deutschen Entsatzversuch zur Befreiung des Korsun-Tscherkassy-Kessels an. Nach einigen Verlusten im Frühjahr wurde die Abteilung wieder aufgerüstet und zu den Kämpfen in die Normandie überstellt. Im Herbst 1944 wurde die Einheit mit Tigern II ausgerüstet und zog als schwere Panzerabteilung »Feldherrnhalle« wieder an die Ostfront. Im Januar 1945 wurde sie im Rahmen der sowjetischen Winteroffensive in Budapest eingeschlossen und vernichtet. Eine neue 503. Abteilung wurde Anfang 1945 aufgestellt und bis Kriegsende der Heeresgruppe Weichsel unterstellt.

Ein Tiger Ausf. E der 1. Kompanie, 101. schwere SS-Panzerabteilung, auf der Durchfahrt durch ein Dorf östlich von Rouen Richtung alliierte Front, Juni 1944. Die 101. war am 8. Juni von Paris gestartet und erreichte die Front am 13. Juni.

504. schwere Panzerabteilung

Das Gros dieser Einheit wurde im Januar 1943 nach Tunesien verlegt und dort zerschlagen. Einige Teile überlebten und nahmen an den Kämpfen in Sizilien teil. Sie wurden verstärkt, um als Teil der Panzergrenadierdivision »Hermann Göring« zur Verteidigung Italiens beizutragen. Die Einheiten blieben dort bis Kriegsende.

505. schwere Panzerabteilung

Ende Frühjahr 1943 zur Heeresgruppe Mitte verlegt, führte sie die Offensive gegen die Nordfront des Kursker Frontbogens an. Sie blieb bis zum folgenden Sommer in diesem Abschnitt, dann wurde sie von einer sowjetischen Sommeroffensive beinahe aufgerieben. Neu ausgerüstet mit Tigern II, kämpfte sie bis zum Ende in Ostpreußen.

506. schwere Panzerabteilung

Im Herbst 1943 kam sie bei der Heeresgruppe Süd zum Einsatz und kämpfte in der Ukraine bis Sommer 1944. Dann wurde die Abteilung herausgenommen und mit Tigern II neu ausgerüstet und im September 1944 in die Niederlande verlegt, um die alliierten Luftlandungen abzuwehren. Im Dezember wurde sie für die Schlachten in den Ardennen und in Ungarn dem I. SS-Panzerkorps zugeteilt.

507. schwere Panzerabteilung

Sie wurde im September 1943 gebildet und im folgenden Januar an die Ostfront verlegt, wo sie im Februar 1945 während des Fronteinsatzes mit Tigern II nachgerüstet wurde.

508. schwere Panzerabteilung

Sie kam im Januar 1944 nach Italien und führte die deutsche Offensive gegen den alliierten Brückenkopf in Anzio an. Sie blieb ein Jahr lang in Italien und wurde dann zur Wiederaufrüstung mit Tigern II nach Deutschland zurückgeholt. Anschließend wurde die Einheit zu den Kämpfen an die Westfront verlegt.

509. schwere Panzerabteilung

Im November 1943 wurde sie an die Ostfront beordert und kämpfte dort fast ein Jahr, bis sie herausgenommen und mit Tigern II ausgerüstet wurde. Im Januar 1945 wurde sie nach Ungarn verlegt.

Nur eine Einheit von Tigern II stand zur Verfügung, um die alliierten Landungen in der Normandie abzuwehren: die 1. Kompanie, 503. schwere Panzerabteilung. Im August 1944 brach sie von Ostfrankreich auf, doch wegen alliierter Luftangriffe erreichten nur zwölf Panzer die Front.

510. schwere Panzerabteilung

Eine der letzten Abteilungen mit Tigern I. Sie wurde im Juni 1944 gebildet, bevor sie in aller Eile in den Osten überführt wurde, um dort die sowjetische Sommeroffensive im Mittelabschnitt zum Stehen zu bringen. Bis zum Ende des Krieges stand sie im Kampf gegen die Sowjets.

301. schwere Panzerabteilung

Diese im Sommer 1944 gebildete Einheit war sowohl mit Tigern I als auch mit funkgelenkten Sprengstoffträgern BIV ausgerüstet. Im November 1944 zog sie in den Westen zur Ardennenoffensive und wurde beinahe aufgerieben.

Panzerabteilung »Kummersdorf«

Diese bunt zusammengewürfelte Einheit wurde im Februar 1945 zur Verteidigung Berlins aufgestellt und kam im folgenden April bei der Panzerdivision »Münchenberg« zum Einsatz. Sie wurde vernichtet, als sowjetische Truppen in Berlin einströmten.

GROSSDEUTSCHLAND

III. Abteilung/Panzerregiment »Großdeutschland«

In der ersten Hälfte von 1943 verfügte die Elitedivision des Heeres über nur eine einzige Tiger I-Kompanie, erhielt jedoch Ende des Sommers eine komplette Tiger-Abteilung. Die Abteilung kämpfte mit der Division bis Kriegsende.

WAFFEN-SS

Schwere SS-Panzerkompanien

Die Divisionen »Leibstandarte«, »Totenkopf« und »Das Reich« wurden Ende 1942 alle mit Tiger I-Kompanien ausgerüstet und kamen das ganze folgende Jahr an der Ostfront zum Einsatz.

101. schwere SS-Panzerabteilung

(später in 501. umbenannt)

Gebildet aus der Tiger-Kompanie der »Leibstandarte« und im Herbst 1943 als schwere Panzerabteilung dem neu aufgestellten SS-Panzerkorps zugeteilt. Sie war einsatzbereit, als das Korps im Juni 1944 zu den Abwehrkämpfen in die Normandie verlegt wurde. Die Einheit wurde schließlich von Michael Wittmann geführt, bis er bei Caen fiel. Später wurde sie mit

Mit 71 Tonnen war der Tiger II (Königstiger) der schwerste Panzer, der im Zweiten Weltkrieg im Einsatz war. Er wurde im Mai 1944 an der Ostfront in Dienst gestellt, seine Bewaffnung bestand aus einer 8,8-cm-KwK L/71 und drei Maschinengewehren.

Tigern II ausgerüstet und kam in den Ardennen und in Ungarn zum Einsatz.

102. schwere SS-Panzerabteilung
(später in 502. umbenannt)
Sie wurde zur Unterstützung des II. SS-Panzerkorps gebildet und kam ab Juli 1944 in der Normandie zum Einsatz. Ende 1944 war sie mit Tigern II ausgerüstet worden.

103. schwere SS-Panzerabteilung
(später in 503. umbenannt)
Sie wurde ursprünglich 1943 aus Tigern I gebildet, kam nie zum Kampfeinsatz und wurde schließlich mit Tigern II ausgerüstet. Dann folgte ihre Verlegung an die Ostfront.

653. und 654. Panzerjägerabteilungen
Sie wurden Anfang 1943 mit 90 schweren Jagdpanzern »Elefant« oder »Ferdinand« gebildet, die am Nordflügel der Kursker Offensive zum Einsatz gelangten. Sie erlitten schwere Verluste, weil den Fahrzeugen ein Bugmaschinengewehr zur Nahverteidigung gegen Infanterie fehlte. Die noch verbliebenen »Elefanten« wurden nach Italien zu den Kämpfen bei Anzio verlegt. Andere wurden zurück an die Ostfront überstellt. Die 653. Abteilung wurde rechtzeitig für die Ardennenoffensive mit den monströsen Jagdtigern neu ausgerüstet. Zwei weitere Jagdtiger-Abteilungen wurden Anfang 1945 gebildet und kämpften bis Kriegsende im Westen.

DIE TIGER-ELITE

An jeder Kampffront des Zweiten Weltkriegs erwiesen sich die deutschen Tiger als gefährliche Gegner. Wo sie auftauchten, verbreiteten sie Angst und Schrecken unter den alliierten Panzerbesatzungen. Nur unter schweren Verlusten war es möglich, sie außer Gefecht zu setzen. Aber sie waren nicht nur in technischer Hinsicht überlegen, sondern ihre Besatzungen waren immer professionelle und zu allem entschlossene Gegner. Die Tiger-Abteilungen des Heeres standen stets im Zentrum der Kämpfe, räumten alles aus dem Weg, hatten aber auch große Verluste. Obwohl insgesamt nur knapp über 1500 Tiger I gebaut wurden, sollten diese Kampffahrzeuge während des Krieges zu den berühmtesten Panzern der Militärgeschichte werden.

KAPITEL 8

Rudels Stukas

Bei Ausbruch des Zweiten Weltkriegs im September 1939 war der Junkers Ju 87-Sturzkampfbomber bereits veraltet. In den schnellen Siegen der Wehrmacht in Europa von 1939 bis 1942 etablierte er sich jedoch als eine Waffe, die unter den Soldaten und Zivilisten der Gegenseite gleichermaßen Angst und Schrecken verbreitete. Selbst als sich nach 1943 das Blatt gegen Deutschland wendete, erhoben sich die Stukas noch als Panzerabwehrwaffe in die Lüfte. Der berühmteste Stuka-Pilot war Hans-Ulrich Rudel, der durch seinen Mut zu einem der besten Flieger der Luftwaffe wurde.

Als Sturzkampfbomber wurde die Ju 87 ursprünglich nur für das Tragen von drei Maschinengewehren konstruiert: in jeder Tragfläche eines, ein drittes hinten im Cockpit. Diese viel zu schwache Bewaffnung machte sie zusammen mit der geringen Geschwindigkeit äußerst verwundbar für feindliche Jagdflugzeuge.

Eines der bleibenden Bilder vom deutschen Blitzkrieg ist wohl jenes, wie Sturzkampfbomber auf die alliierten Kolonnen herabstürzen. Die Junkers Ju 87 war der ultimative Sturzkampfbomber, kurz Stuka. Es war nicht überraschend, dass der Name bald ein Eigenleben entwickelte und allgemein zu einem Begriff wurde.

Der Sturzkampfbomber wurde für das genaue Absetzen von Bomben auf Punktziele an der Front entworfen. Für ihre Panzeroffensiven entwickelten die Deutschen die Nahunterstützung der Bodentruppen aus der Luft zu einer regelrechten Kunstform, in deren Mittelpunkt der Stuka stand. Das Geheimnis der deutschen Erfolge in diesem Bereich bestand im engen Zusammenwirken von Luft- und Bodeneinheiten. Die Stuka-Staffeln arbeiteten Hand in Hand mit den Bodeneinheiten, damit sie schnell an entscheidenden Punkten auf dem Schlachtfeld eingreifen konnten.

Diese hoch spezialisierten Staffeln standen mitten im Kampfgeschehen und gelangten bald zu legendärem Ruhm. Die Stuka-Piloten mussten im Tiefflug ins Zentrum der Schlacht fliegen und waren daher eine der Luftwaffeneinheiten mit der höchsten Verlustrate, aber auch mit den höchsten Auszeichnungen. Hans-Ulrich Rudel war der berühmteste Stuka-Pilot und Staffelführer des Krieges. Er war der am höchsten ausgezeichnete deutsche

Soldat im Krieg, denn er erhielt als einziger Wehrmachtssoldat das Goldene Eichenlaub mit Schwertern und Brillanten zum Ritterkreuz.

DER STUKA

Die Erfahrungen, die man im Ersten Weltkrieg mit der Nahunterstützung durch Flugzeuge gemacht hatte, veranlasste in den 1930er-Jahren viele deutsche Offiziere in der neu gebildeten Luftwaffe, Pläne für den Bau eines speziellen Flugzeugs für diese Schlüsselrolle zu entwickeln. Das Ergebnis war der Junkers Ju 87-Stuka, der zum ersten Mal 1935 flog. Obwohl er laufend nachgerüstet wurde, behielt der Stuka seine typische Silhouette, mit der er in den ersten Jahren des Zweiten Weltkriegs berühmt wurde.

Der einmotorige Stuka wurde mit einem speziellen Bombenzielgerät ausgerüstet. Mit diesem Gerät konnten die Flugzeuge senkrecht auf ihr Ziel hinunterstürzen und ihre Bomben absetzen. 450 m über dem Boden wurde der Sturzflug durch Sturzflugbremsen automatisch abgestoppt, damit die Maschine wieder in den Horizontalflug übergehen konnte. Mit dem Bombenzielgerät war es den Stukas möglich, ihre Bomben innerhalb von 100 m vom beabsichtigten Ziel auszuklinken – ein guter Pilot schaffte es sogar innerhalb von 10 m. Mit den zwei an den Tragflächen montierten Maschinengewehren (7,92 mm) konnte der Stuka nach dem Bombenabwurf zurückkehren und seine Ziele unter Beschuss nehmen. Der Stuka trug entweder eine Bombenlast von 1000 kg unter dem Rumpf oder von 500 kg unter dem Rumpf und vier 50-kg-Bomben unter den Tragflächen.

Die Stukas waren außerdem mit Sirenen ausgestattet, den so genannten »Posaunen von Jericho«, die in ein ohrenbetäubendes Geheul von sich gaben. Zusammen mit ihrer geierartigen Erscheinung machten sie jeden Stuka-Angriff zu einem fürchterlichen Erlebnis.

Wenn es am Stuka etwas zu bemängeln gab, dann waren es seine geringe Reichweite, die bei gewöhnlichen Nahunterstützungsoperationen nur

Der Ju 87-Stuka kam zum ersten Mal bei der Legion Condor zum Einsatz. Im Dezember 1937 traf eine kleine Staffel von drei Flugzeugen in Spanien ein.

448 km betrug, und seine unzureichenden Luftkampffähigkeiten. Sobald die Stukas auf entschlossenen Widerstand von Jagdflugzeugen stießen, waren sie klar im Nachteil, deshalb waren sie auf die Erhaltung der deutschen Luftherrschaft angewiesen, um frei operieren zu können.

Bis Kriegsausbruch waren nur knapp über 330 Stukas gebaut worden. Die Produktion lief bis 1944, und bis dahin wurden rund 5000 Stukas in 15 verschiedenen Versionen gebaut.

Ab 1942 waren die Deutschen immer öfter mit riesigen sowjetischen Panzerverbänden aus Hunderten von T-34 konfrontiert. Diese ließen sich mit den üblichen Sturzkampftechniken nicht mehr so leicht bekämpfen, deshalb begann man mit der Entwicklung von zielgenaueren Waffen für die Sturzkampfbomber. Das Ergebnis war die Ju 87G-1, die mit zwei unter den Tragflächen montierten 3,7-cm-Kanonen mit hoher Mündungsgeschwindigkeit ausgerüstet wurde. Mit ihrer Durchschlagskraft konnten sie jeden sowjetischen Panzer außer Gefecht setzen und ermöglichten den Stuka-Staffeln einen direkten Angriff auf die massierten Panzerwellen der Roten Armee.

Mit diesem Stuka-Typ wurde auch Hans-Ulrich Rudel berühmt. Die Deutschen entwickelten auch eine frühe Version der Streubomben, wie sie heute genannt werden, zur wirksamen Bekämpfung der großen sowjetischen Panzerverbände. Die 500 kg schwere SD-4-H1 enthielt eine Submunition von 78 Hohlladungssprengkörpern, die die schwache Dachpanzerung selbst der schwersten sowjetischen Panzer durchschlagen konnte, einschließlich des schwer gepanzerten »Josef Stalin II«.

Die Deutschen probierten ihre Nahunterstützungstaktiken zum ersten Mal im Spanischen Bürgerkrieg (1936 bis 1939) aus, in dem die erste Generation von Luftwaffenpiloten Gelegenheit bekam, Erfahrung im modernen Kampf zu sammeln. Die Höchstgeschwindigkeit des Stuka von 400 km/h war zwar im Vergleich zu den 574 km/h der Messerschmitt

Oben: Hans-Ulrich Rudel, Fliegerass und einer der am höchsten ausgezeichneten Luftwaffenpiloten. Er verbrachte seine gesamte Laufbahn damit, Stukas in Kampfeinsätzen zu fliegen, überlebte aber den Krieg.

Unten: Stukas in exakter Ausrichtung in Nordfrankreich zur Vorbereitung für den Angriff auf England, August 1940.

Die alliierte Flotte unter Luftangriffen in der Suda-Bucht, Kreta, Ende Mai 1941. Den Stukas schreibt man die Versenkung des Kreuzers HMS *Gloucester* der Royal Navy und einer Reihe von Zerstörern im Rahmen der Unterstützungsoperationen der deutschen Invasion auf Kreta zu.

Bf 109, dem besten Jäger der Luftwaffe, um Etliches geringer, aber in der Nahunterstützung war das noch lange kein Nachteil. Eine zu hohe Geschwindigkeit hätte den Stuka-Piloten viel weniger Zeit für die Auffindung ihrer Ziele gelassen. Die bloße Annäherung einer Stuka-Staffel, die auf der Jagd nach ihren Zielen war und dann herabstürzte, konnte für die Opfer eines solchen Angriffs der reinste Psychoterror sein.

In Spanien lernten die Stuka-Piloten, dass der Schlüssel zur erfolgreichen Nahunterstützung eine gute Verbindung zu den eigenen Bodentruppen war, die die genaue Position feindlicher Stellungen angeben und dann die Luftangriffe dorthin lenken konnten. Die Kampferfahrungen in Polen und Frankreich untermauerten dies und bestätigten die Stuka-Taktiken. Damit sparten die Stukas wertvolle Zeit bei der Auffindung von Zielen, gleichzeitig wurde sichergestellt, dass nur Ziele angegriffen wurden, die Einfluss auf den Verlauf der Erdkämpfe hatten. Die Luftwaffe stellte für diesen Zweck so genannte »Stuka-Leiter« zu jeder Panzerdivision ab. Diese Männer dienten gewöhnlich als Stuka-Piloten bei den dem jeweiligen Frontabschnitt zugeteilten Staffeln und hatten die Aufgabe, die Stukas und Panzer zu einer Kraft zusammenzufassen.

Die Stuka-Leiter erhielten für ihre Operationen gepanzerte Halbkettenfahrzeuge, so konnten sie mit den Panzerkommandanten mithalten und über eine Boden-Luft-Funkverbindung die Flugzeuge auf ihre Ziele einweisen. Die Stukas sind als die »fliegende Artillerie« der Panzer bezeichnet worden, aber sie brachten dem Blitzkrieg mehr als nur Feuerkraft. Sie bewegten sich weit über das feindliche Gebiet hinaus und warnten die deutschen Bodentruppen früh vor Truppenstärken und -bewegungen sowie Geländehindernissen.

In den Blitzkriegschlachten von 1939 und 1940 beherrschten die Stukas den Himmel über Europa, doch als der Oberbefehlshaber der Luftwaffe, Hermann Göring, sie mit nur wenigen Begleitjägern zum Einsatz gegen britische Flugfelder in der Schlacht um England schickte, erlitten sie schwere Verluste.

1941 kam der Stuka über dem Mittelmeer als Waffe gegen Seeziele zur Geltung. Durch die deutsche Luftüberlegenheit konnten Kriegsschiffe der

Royal Navy pausenlos von Stuka-Staffeln angegriffen werden, die von ihren italienischen und griechischen Stützpunkten starteten. Die Stukas erwiesen sich gegen britische Kriegsschiffe als äußerst wirksam, und so kam es noch einmal zu Erfolgen wie bei der Evakuierung von Dünkirchen 1940, als fast 250 alliierte Schiffe der deutschen Luftmacht zum Opfer fielen.

Der Höhepunkt des Stuka-Einsatzes auf dem mediterranen Kriegsschauplatz war die Unterstützung für die Invasion Kretas aus der Luft im Mai 1941. Nachdem sie für die deutschen Fallschirmjäger, denen es an Panzer- und Artillerieunterstützung fehlte, einen Weg durch die alliierten Verteidigungen gebombt hatten, richteten die Stukas ihre Aufmerksamkeit auf die Kriegsschiffe der Royal Navy, die zur Evakuierung der Verteidiger die Insel anliefen. Neun britische Kriegsschiffe sanken und 15 wurden von den Sturzkampfbombern schwer beschädigt.

Der berühmteste Stuka-Pilot des Krieges begann seine Laufbahn nicht gerade vielversprechend. 1938 wurde Hans-Ulrich Rudel zu einer der ersten Stuka-Staffeln abkommandiert, aber er lernte nur langsam und war bei seinen Kameraden bei weitem nicht beliebt, denn er schloss sich dem ausgelassenen Leben in der Messe nicht an, das für die Luftwaffe der Zwischenkriegszeit so typisch war. Der 32-jährige Rudel war Antialkoholiker, Nichtraucher und verbrachte seine Zeit, wenn er nicht gerade flog, mit Sport. Ein paar Monate später wurde er zu seiner Ausbildung als Aufklärungspilot abkommandiert.

Nachdem er während des Polenfeldzugs Aufklärungsflüge durchführte, drängte er auf seine Rückversetzung zu den Stukas. Sein Wunsch wurde ihm gewährt, was bedeutete, dass er den Frankreichfeldzug ausließ, weil er gerade die Fliegerausbildung absolvierte. Nun wurde Rudel dem wahrscheinlich berühmtesten Stuka-Geschwader des Krieges zugeteilt, der Stuka-Gruppe 2 (SG) *Immelmann*, benannt nach dem berühmten Fliegerass aus dem Ersten Weltkrieg. Eine Auseinandersetzung mit seinem vorgesetzten Offizier führte dazu, dass Rudel während der Feldzüge in Griechenland und auf Kreta nicht fliegen durfte und stattdessen als Instandsetzungsoffizier dienen musste.

Ju 87 über der Libyschen Wüste im Einsatz gegen Kräfte aus Großbritannien und dem Commonwealth. Die Stukas wurden zum ersten Mal im Dezember 1941 nach Nordafrika beordert und konnten bei den Angriffen auf Tobruk und Bir Hakim 1942 erfolgreich eingesetzt werden, wo keine Gefahr von alliierten Jagdflugzeugen drohte.

RUDEL AN DER OSTFRONT

Doch Rudel wollte unbedingt in den Kampf und brachte schließlich einen befreundeten Geschwaderkommodore dazu, ihn außerhalb seiner Dienstzeiten als Instandsetzungsoffizier als seinen Adjutanten fliegen zu lassen. Am ersten Tag des Überfalls auf Russland saß er im Cockpit und blieb für den Rest des Krieges fast jeden Tag im Einsatz, außer wenn er gerade im Lazarett lag oder vom Führer eine Auszeichnung erhielt. Das Geschwader war im Mittelabschnitt der Ostfront immer mitten in den Kämpfen und unterstützte Panzerkolonnen auf dem Vormarsch Richtung Smolensk und Moskau. Rudel wurde für seine rücksichtslosen Sturzkampfangriffe berühmt, bei denen er erst in letzter Sekunde hochzog, um sicherzugehen, dass seine Bomben im Ziel landeten.

Im August 1941 wurde Rudels Geschwader an die Front nach Leningrad verlegt, wo deutsche Truppen die Wiege der sowjetischen Revolution belagerten. Die Deutschen standen am Stadtrand von Leningrad, und die im Golf von Finnland eingeschlossenen Schiffe richteten regelmäßig ihre Kanonen auf sie. Das Geschwader *Immelmann* erhielt den Auftrag, die Kriegsschiffe auszuschalten. Sein Hauptziel war das 26.416-Tonnen-Schlachtschiff *Marat*. Beim ersten Angriff des Geschwaders am 21. September mit 500-kg-Bomben gelang es nicht, die Panzerung des Kriegsschiffs zu durchschlagen, obwohl Rudel, nachdem er durch ein Sperrfeuer aus 1000 Flugabwehrkanonen geflogen war, eine Bombe direkt aufs Ziel gelegt hatte.

Als 1000-kg-Bomben beim Geschwader einlangten, führte Rudel erneut einen Angriff auf die *Marat* durch. Er führte den Angriff mit der für ihn typischen Entschlossenheit durch und warf seine Bombe erst 300 m über dem Ziel ab. Rudels Bombe durchschlug das Waffendepot des Kriegsschiffs. Als dieses in einem riesigen Feuerball in die Luft ging, kämpfte Rudel, um nach einem Blackout wieder die Kontrolle über seine Maschine zu bekommen und schaffte es erst 4 m über der Meeresoberfläche, sie hochzuziehen. Als ob das nicht schon genug Probleme wären, stürzten sich jetzt auch noch drei sowjetische Jagdflugzeuge auf die Stukas. Der Angriff brachte Rudel das Ritterkreuz ein.

In der sowjetischen Winteroffensive von 1941/42 unterstützte das Geschwader *Immelmann* stark unter Druck gesetzte deutsche Verteidigungsstellungen in Mittelrussland. Als eine sowjetische Panzerkolonne die Front durchbrach und das Flugfeld des Geschwaders bedrohte, griff Rudel aus der Luft an und drängte die Panzer zurück. Drei Tage lang hielten die Stukas die Sowjets in Schach, bis die Waffen-SS-Division »Das Reich« die Situation rettete. Bis dahin hatte Rudel über 500 Einsätze geflogen und wurde mit der Bahn nach Hause geschickt, wo er eine neue Stuka-Staffel ausbilden sollte.

An der Heimatfront wollte er aber nicht bleiben, und so gelang es ihm bald, seinen Einfluss geltend zu machen, um mit seiner Staffel nach Südrussland verlegt zu werden, wo die Deutschen sich auf dem Vormarsch nach Süden befanden, um Stalins Ölquellen im Kaukasus einzunehmen. Mitten in der Schlacht um Stalingrad wurde bei Rudel Gelbsucht diagnostiziert, doch nach ein paar Tagen in einem Feldlazarett entfernte er sich und kehrte an die Front zurück, um das Kommando über eine Staffel des Geschwaders *Immelmann* zu übernehmen.

Das waren für die Luftwaffe in Südrussland verzweifelte Tage. Als die sowjetischen Panzer vorrückten, um die deutsche 6. Armee in Stalingrad einzukesseln, wurden Einheiten wie Rudels Stukas benötigt, um die Rote Armee zurückzuhalten. Der sowjetische Vormarsch rollte ein deutsches Flugfeld nach dem anderen auf und machte es für Stukas mit ihrer geringen Reichweite noch schwieriger, den eingeschlossenen deutschen Soldaten zu helfen.

Die mit Kanonen bestückte Ju 87G-1 war eigens für die Panzerabwehr entworfen, ihre beiden 3,7-cm-Flak 18 feuerten Granaten mit Wolframkern. Rudel nahm an Versuchen mit der G-1 Ende 1942 teil und flog die Maschine zum ersten Mal im Ernstfall in der Krim im Mai 1943.

»KANONENVÖGEL«

Rudel wurde nun nach Deutschland zurückgerufen, um die erste Stuka-Einheit zur Panzerabwehr aus Ju 87 zu bilden, die von ihren Besatzungen als »Kanonenvögel« bezeichnet wurden und mit 3,7-cm-Kanonen bestückt waren. Rudel brachte die Einheit auf die Krim, wo sie bei der Abwehr einer amphibischen Landeoperation der Sowjets auf der Halbinsel Kertsch Unterstützung leisten sollte. Die Kanonenvögel konnten erfolgreich gegen die sowjetischen Landefahrzeuge eingesetzt werden, die Truppen und Nachschub an Land brachten. Rudel allein zerstörte dabei 70. Dafür verlieh ihm der Führer das Eichenlaub zum Ritterkreuz und Rudel wurde nun zum Geschwader *Immelmann* zurückversetzt und übernahm den Befehl über seine Ju 87 G-1-Panzerjagdstaffel, gerade rechtzeitig für die Kursker Offensive im Juli 1943.

Wie erwartet, stand seine Staffel, die das II. SS-Panzerkorps auf der Südachse des Unternehmens »Zitadelle« beim Angriff unterstützte, im dichtesten Kampfgeschehen. Seine Kanonenvögel waren den Panzern voraus, fingen sowjetische Reservepanzerkolonnen ab und zerstörten sie, als diese zur Front vorrollten. Rudel und seine Rottenflieger schossen zahlreiche Panzer ab, der Staffelkapitän allein zwölf T-34 an einem einzigen Tag.

Die Stuka-Piloten wussten aus Erfahrung, dass sie auf die verwundbaren Teile der sowjetischen Panzer zielen mussten, wie Motorbereich und Turmdach. Die Auspuffgase sowjetischer Panzer erwiesen sich als nützlicher Zielpunkt für die Stuka-Schützen, und ein Treffer auf den Motor löste oft eine katastrophale Explosion aus. Bei den Sowjets war es üblich, zusätzliche Treibstofffässer hinten auf den Panzern mitzuführen, was sie für das Kanonenfeuer der Stukas äußerst verwundbar machte.

Rudels Strategie für einen sicheren Treffer auf einen T-34 sah so aus, dass der Pilot auf 15 m hinunterging, um eine gute Sicht auf das Ziel zu haben. Hier kam die geringe Geschwindigkeit der Stukas zur Geltung, weil der Pilot genug Zeit hatte, seine Kanonen auf das Ziel einzurichten. Die Stuka-Angriffe hatten eine vernichtende Wirkung auf die Moral der sowjetischen Panzerkolonnen und der Infanterie, die auf den hinteren Ladeflächen der T-34 in die Schlacht fuhr.

Um der Bedrohung durch die Stukas zu begegnen, begannen die Sowjets, Flak-Geschütze in die Nähe ihrer Panzerkolonnen zu verlegen. Rudel ließ dafür ein mit Bomben und Maschinengewehren bewaffnetes Stuka-Paar kreisen, während seine Kanonenvögel sich auf ihren Angriff vorbereiteten. Die unterstützenden Stukas beschossen und bombardierten die sowjetischen Flugabwehrbatterien, die im Begriff waren, das Feuer zu eröffnen. Sie dienten außerdem als Frühwarnung vor dem Auftauchen sowjetischer Jagdflugzeuge, die allmählich die deutsche Luftüberlegenheit an der Ostfront in Frage stellten. Trotz dieser Feuerdeckung kehrten Rudels Maschinen regelmäßig mit Einschüssen übersät zu ihren Stützpunkten zurück.

Nachdem Hitlers Offensive bei Kursk zum Stehen gekommen war, eröffneten die Sowjets sofort eine Großoffensive gegen den Nordflügel der deutschen Kräfte bei Orel und schlugen eine große Bresche in die Front. Rudels Stukas wurden eilends zur Panzerjagd nach Norden beordert, um

Stukas zur Nahunterstützung an der Ostfront über einem SdKfz 250-Funk-Panzerwagen. Solche mobilen Funkverbindungen waren für den effizienten und sicheren Einsatz von Schlachtflugzeugen an der Front von wesentlicher Bedeutung.

die Lage zu stabilisieren und den Bodenverstärkungen Zeit für die Mobilisierung zu geben. Mitten in diesem Chaos wurde Rudels Maschine schwer getroffen, doch er schaffte noch eine Notlandung hinter den deutschen Linien und nahm bald wieder an den Kämpfen teil.

Wegen sowjetischer Offensiven war auch weiterhin die Nahunterstützung durch das Geschwader *Immelmann* erforderlich, und Rudel wurde nach dem Tod seines Vorgängers zum Befehlshaber seiner 3. Gruppe ernannt. Er hatte nun rund 1500 Einsätze geflogen und persönlich 60 sowjetische Panzer auf seiner Abschussliste, was ihm Eichenlaub und Schwerter zum Ritterkreuz einbrachte.

Immer wieder retteten seine Stukas während der sowjetischen Winteroffensive in der Ukraine die Lage. Den Höhepunkt dabei bildete eine entscheidende Intervention während der Schlacht von Kirowograd im November 1943, in der Rudel und seine Piloten dem Angriff Hunderter T-34 die Spitze nahmen.

Inzwischen wurden Rudel und seine Stuka-Piloten als Nationalhelden verehrt, und fast täglich berichteten NS-Propagandasendungen über weitere

Panzerabschüsse, Rettungen aus einer verzweifelten Lage und den von ihnen erhaltenen Orden. Für den gewöhnlichen deutschen Soldaten waren Rudels Stukas eine Art »Feuerwehr«, die immer zu Hilfe gerufen wurden, um an den brenzligsten Frontabschnitten die Brände zu löschen.
Während andere Stuka-Einheiten inzwischen zur zweimotorigen und mit einer 7,5-cm-Kanone bestückten Henschel Hs 129 gewechselt waren oder zu den Focke-Wulf Fw 190-Schlachtflugzeugen, blieb Rudel bei seiner zuverlässigen Ju 87. Rudels Staffel operierte von vorgeschobenen behelfsmäßigen Start- und Landebahnen aus. Seine Führung trug sicher dazu bei, dass seine Bodenmannschaften auch in der klirrenden Kälte weiterarbeiteten und die beschädigten Maschinen immer wieder zum Fliegen brachten – und das mit einem Minimum an Ersatzteilen, Werkzeugen und Einrichtungen.
Rudels Piloten flogen mit ihm einen Angriff nach dem anderen. Furcht schien er nicht zu kennen. Selbst als er über feindlichem Gebiet abgeschossen wurde, gelang ihm irgendwie die Rückkehr, und es dauerte nicht lange, bis er wieder im Cockpit eines Stuka saß.

Eine Staffel von Ju 87D über dem Dnjepr, Russland 1943. Die Ju 87D war einer der am schwersten bewaffneten Stukas im Dienst der Wehrmacht – er konnte eine Bombenlast von bis zu 1800 kg tragen oder unter jeder Tragfläche sechs Maschinengewehre und zwei 2-cm-Kanonen.

Diesem Zwischenfall folgte im März 1944 ein erfolgreicher Angriff, dessen Ziel die Zerstörung einer Brücke über den Dnjepr war. 20 sowjetische Jagdflugzeuge stürzten sich auf seine Staffel und zwangen einen von Rudels Piloten, im Gebiet der Roten Armee zu landen. Rudel landete und versuchte, seinen Mann aufzulesen, aber sein Flugzeug blieb im Schlamm stecken. Russische Soldaten nahmen Rudel und seine beiden Kameraden gefangen. Bei einem Fluchtversuch durchschwamm er einen Fluss und legte 50 km zu Fuß zurück. Zwei Tage später erreichte er die deutschen Linien und war schon bald wieder in der Luft.
Panzerabschüsse mit dem G-1-Typ des Stuka wurden zu Rudels Spezialität, und im August 1944 soll er seinen 320. Panzer abgeschossen haben. Der Zusammenbruch der Heeresgruppe Mitte im Juli 1944 brachte das Geschwader *Immelmann* nach Norden zur Halbinsel Kurland, wo es in eine verzweifelte Schlacht nach der anderen geworfen wurde. Im Oktober wurde Rudel zum Oberstleutnant befördert und erhielt das Kommando über sein geliebtes Geschwader *Immelmann*.

Aber es blieb nur wenig Zeit, sich in seinem Ruhm zu sonnen, denn er musste seine Flieger nach Ungarn führen, wo sie die Panzerdivisionen der Waffen-SS dabei unterstützen sollten, einen Korridor zu den belagerten 100.000 deutschen Soldaten in Budapest zu schießen. Inzwischen schwärmten sowjetische Jagdflugzeuge über der Ostfront, was den Einsatz der schwerfälligen Kanonenvögel äußerst gefährlich machte. Innerhalb von ein paar Tagen wurde Rudel zwei Mal abgeschossen, aber er kehrte mit einem Gipsfuß ins Cockpit des Stuka zurück.

Mit über 2400 in seinem Flugbuch eingetragenen Einsätzen und 463 Panzerabschüssen erhielt er von Hitler als einziger Wehrmachtssoldat im Januar 1945 das Goldene Eichenlaub mit Schwertern und Brillanten zum Ritterkreuz. Hitler versuchte, Deutschlands höchst dekorierten Soldaten am Fliegen zu hindern, aber Rudel bestand darauf, in den Kampf zurückzukehren und sein Geschwader zu führen.

Russische Panzer rückten nun in Schlesien ein, und Rudels Geschwader wurde verlegt, um den Schaden zu begrenzen. Von ihren Ausgangsstützpunkten auf deutschem Boden gelang Rudels Stukas die Rettung mehrerer abgeschnittener deutscher Einheiten, die sich nach Westen in Sicherheit bringen wollten. Als die Sowjets im Februar 1945 einen Brückenkopf am anderen Oderufer errichteten, warf Rudel seine Stukas in den Kampf. Er allein zerstörte vier sowjetische Panzer, bevor seine Maschine einige Treffer abbekam.

Nachdem er es mühsam bis zum Stützpunkt geschafft hatte, erhob sich Rudel wieder in die Lüfte, um mehr als ein Dutzend »Josef Stalin«-Panzer

Eine Ju 87D wird für einen Bombeneinsatz über Nordrussland beladen, Winter 1943/44. Die Stukas kamen in diesem Gebiet zum ersten Mal über Leningrad Ende 1941 zum Einsatz.

außer Gefecht zu setzen. Mitten in einem weiteren Angriff wurde seine Maschine von einer sowjetischen Flak in Stücke gerissen. Rudel erwachte in einem Feldlazarett und musste feststellen, dass sein linkes Bein amputiert worden war. Obwohl man ihm sagte, dass seine Tage als Flieger vorüber wären, hatte Deutschlands bester Stuka-Pilot andere Vorstellungen. Nur sechs Wochen später startete er schon wieder von Stützpunkten in der Tschechoslowakei. Als Deutschland im Mai kapitulierte, führte er die Reste seines Geschwaders *Immelmann* auf seinem letzten Flug zu Flugfeldern in Süddeutschland, die von Amerikanern kontrolliert wurden.

Rudels Erfolge mit der Ju 87G-1 inspirierten die Amerikaner zum Entwurf des Schlachtflugzeugs und Panzerjägers A-10 Thunderbolt II. Die A-10 ist um eine starke 3-cm-Kanone mit sieben Rohren gebaut, die 4200 panzerbrechende Granaten in der Minute feuern konnte.

PANZERJÄGER

Rudel trug maßgeblich zur Entwicklung der Taktiken bei, mit Kanonen bestückte Flugzeuge in der Panzerabwehr einzusetzen. Der Einsatz seiner Stukas in der Schlacht bei Kursk diente der United States Air Force auf dem Höhepunkt des Kalten Krieges als Vorlage für den Entwurf des Panzerjägers A-10 Warthog, als es nötig war, massierten sowjetischen Panzerdivisionen in Mitteleuropa zu begegnen. Diese Maschine wurde um eine Kanone mit mehreren Rohren gebaut, die eigens für die Abwehr feindlicher Panzer konzipiert war.

Als Staffelführer war Rudel unübertroffen. Er führte von der Front aus und gab ein Tempo vor, mit dem kaum jemand mithalten konnte. In 2530 Einsätzen zerstörte Rudel persönlich 517 sowjetische Panzer – das entsprach fünf sowjetischen Panzerkorps – und dazu ein Schlachtschiff, einen Kreuzer, 70 Landefahrzeuge, 800 Lastwagen, 150 Artilleriegeschütze sowie zahlreiche Bunker, Brücken und Depots. Er erzielte sogar neun Luftabschüsse. Verblüffender war aber vielleicht die Tatsache, dass Rudel vom Boden aus 30 Mal heruntergeschossen und fünf Mal verwundet wurde. Darüber hinaus gelang ihm die Rettung sechs seiner Piloten, die über dem feindlichen Hinterland abgeschossen wurden. So sah also ein Mann aus, der es als seine höchste soldatische Pflicht ansah, seine Männer in den Kampf zu führen.

KAPITEL 9

Hitlers Fremdenlegion – die SS-Freiwilligen

Während viele tapfere nichtdeutsche Männer und Frauen in ganz Europa nach 1939 bereit waren, gegen die NS-Herrschaft zu kämpfen, beschlossen andere, sich der Sache des Dritten Reichs anzuschließen. Über 25 der 39 während des Zweiten Weltkriegs aufgestellten Waffen-SS-Divisionen wiesen einen bedeutenden ausländischen Anteil auf. Die besten Einheiten waren jene aus Skandinavien und Westeuropa, wobei sich die SS-Division »Wiking« als wahrer Eliteverband abhob, der den anderen Panzerdivisionen der Waffen-SS um nichts nachstand.

Ein norwegischer Freiwilliger der Waffen-SS. Die erste ausländische SS-Einheit war die 1940 aus Dänen und Norwegern gebildete Standarte »Nordland«. Im selben Jahr kam die Standarte »Westland« aus Niederländern und Belgiern dazu.

Auf dem Höhepunkt seiner Macht im Herbst 1942 erstreckte sich Hitlers Reich vom nördlichen Polarkreis bis nach Nordafrika und von der Atlantikküste Frankreichs bis zum Kaukasusgebirge in Russland. Als der Krieg über Europa wütete, fügten sich Hunderttausende von Hitlers Untertanen ihrem Schicksal und ordneten sich der vom Führer angestrebten »Neuordnung Europas« unter. Diese für ihren Verrat als »Kollaborateure« bezeichneten Männer wurden zu den glühendsten Anhängern Hitlers. Für sie gab es kein Zurück mehr.

Und so landeten viele dieser Männer merkwürdigerweise bei der Waffen-SS, einer Organisation, die auf der nationalsozialistischen Rassenlehre beruhte. Bosnische Muslime, Albaner, Ungarn, Ukrainer und sogar Russen – »Untermenschen« nach Hitlers wahnsinniger Rassenpolitik – trugen am Ende das höchste Symbol der »Herrenmenschen«: die germanischen Runen der SS.

Heinrich Himmler, Reichsführer-SS, erkannte, welche riesigen Menschenreserven die nach 1940 besetzten Gebiete bereithielten und begann mit der Rekrutierung von nationalen Einheiten für einen Krieg gegen die Kommunisten.

In den 1930er-Jahren mussten Hitlers SS-Rekruten körperlich höchste Ansprüche erfüllen und »reinrassig« sein. Wer sich zur SS melden wollte, musste beweisen, dass er nicht mit »nichtarischem« Blut befleckt war. Darüber hinaus musste er ein fanatischer Nationalsozialist sein. Akzeptiert wurden nur Freiwillige. Es war daher nicht überraschend, dass die SS-Rekrutierung im Vorfeld des Zweiten Weltkriegs nur langsam vor sich ging. Anfangs ging Hitler noch vorsichtig dabei vor, die Waffen-SS vor Ausbruch des Zweiten Weltkriegs zu einer Privatarmee der NSDAP zu machen, weil er befürchtete, sich die Wehrmachtsführung zum Feind zu machen. Erst musste die SS einmal eine bürokratische Schlacht mit dem Oberkommando der Wehrmacht über die Zuteilung von Männern austragen. Eine Sonderbewilligung war erforderlich für die Freistellung von SS-Freiwilligen von ihrer gesetzlichen Verpflichtung zum Wehrdienst beim Heer.
Heinrich Himmler, Reichsführer-SS, war unentwegt auf der Suche nach einer Möglichkeit, die Einwände der Wehrmacht gegen eine Ausweitung der Waffen-SS zu umgehen, doch erst bei der Okkupation der Tschechoslowakei im Jahr 1938 hatte er Zugang zu menschlichen Ressourcen, die außerhalb des Einflussbereiches der Generäle standen. Die in der Tschechoslowakei lebenden so genannten »Volksdeutschen« waren offiziell nicht Staatsbürger des Dritten Reichs und unterlagen daher nicht der Wehrpflicht. Sie waren die ersten »fremdländischen« Rekruten der Waffen-SS, dienten aber in den frühen Einheiten von Himmlers Elitetruppe Seite an Seite mit deutschen Freiwilligen. Damals zog es Himmler in Betracht, die Volksdeutschen in eigenen Einheiten zusammenzufassen. Bald folgte die Eroberung von Polen, Dänemark, Norwegen, den Niederlanden, Belgien, Frankreich, Jugoslawien und Griechenland, die weitere potenzielle Rekruten in Himmlers Reichweite brachte und die Möglichkeit für die Bildung der ersten »fremdländischen« SS-Einheiten eröffnete. Als Hitler im Sommer 1940 den Befehl zum Ausbau der Waffen-SS erteilte, wurden die ersten

ausländischen Einheiten aus belgischen, dänischen, norwegischen und niederländischen Rekruten gebildet. Himmlers Forderung nach Rassenreinheit umging man mit der angeblichen »Blutsverwandtschaft« dieser Nationalitäten. Bei den Neuzugängen handelte es sich entweder um Faschisten aus der Vorkriegszeit oder um Opportunisten, die damit ihre Zustimmung zur »Neuordnung Europas« zum Ausdruck bringen wollten.

Die Freiwilligen aus den Niederlanden wurden zur SS-Standarte »Westland« zusammengefasst, während die Skandinavier der Standarte »Nordland« zugeteilt wurden. Sie wurden schließlich im Dezember 1940 mit der Standarte »Germania« verbunden, die den Kern der 5. motorisierten SS-Division »Wiking« bildete. Ihr Kommandeur war für die nächsten drei Jahre Felix Steiner, der einer der herausragenden Divisionskommandeure der Waffen-SS war.

Zum ersten Mal kam die Division beim Überfall auf Russland im Juni 1941 zum Einsatz, die folgenden vier Jahre verbrachte sie ausschließlich bei Kämpfen an der Ostfront. Die SS-Division »Wiking« machte sich auf dem halsbrecherischen Vormarsch in die Ukraine bald einen Namen als schlagkräftige Truppe. Im Winter 1941/42 wurde sie bei schweren Abwehrkämpfen an der Mius-Front im Südabschnitt dezimiert, wurde aber rechtzeitig für die deutsche Sommeroffensive im Kaukasus wieder aufgebaut. Um ihre Angriffskraft zu erhöhen, wurde sie auch durch eine Panzerabteilung verstärkt. Die Division stieß nach Süden vor und nahm die wichtigen Ölquellen von Mosdok ein, bevor Hitlers Truppen durch die sowjetische Offensive, die die 6. Armee in Stalingrad einkesselte, zum Rückzug aus dem Kaukasus gezwungen waren.

Es folgten einige weitere Monate erbitterter Kämpfe in der Ukraine, als die Truppen der Division »Wiking« erst eine erneute sowjetische Offensive zurückhielten und so den Weg für den nächsten deutschen Gegen-

Ein Panther der motorisierten Division »Wiking«. Diese Einheit aus »Blutsverwandten« aus Westeuropa erhielt Ende 1940 den Status einer Division und nahm als Vertreter der faschistischen Neuordnung Europas im Juni 1941 am Überfall auf Russland teil.

schlag bereiteten. Der Angriff der Division bei Krasnoarmejskoje im Februar 1943 riss die sowjetische Front auf und öffnete den Weg für die Rückeroberung von Charkow. Während der Offensive bei Kursk im Juli wurde die Division als Reserve zurückbehalten, wurde dann aber mitten in die Schlacht geworfen in einem zum Scheitern verurteilten Versuch, die sowjetische Sommer- und Herbstoffensive zur Befreiung der Ostukraine zurückzuhalten. Sie wurde zusammen mit den SS-Divisionen »Totenkopf« und »Das Reich« im August 1943 ins Gefecht geworfen, um eine riesige Bresche in der deutschen Front abzuriegeln.

In einem Monat wilder Panzerschlachten zerstörte die SS-Division »Wiking« Hunderte T-34, war aber letztlich gezwungen, sich nach Kiew zurückzuziehen. Im Oktober wurde sie aus der Front genommen, um unter ihrem neuen Kommandeur Herbert Gille zu einer kompletten Waffen-SS-Panzerdivision umorganisiert zu werden, dann wurde sie zur Verteidigung des Dnjepr-Bogens abkommandiert.

Die verzweifelten Schlachten entlang des Dnjepr zählen zu den berühmtesten Einsätzen der Division, bei denen sie im Februar 1944 im Korsun-Tscherkassy-Kessel eingeschlossen wurde. Nachdem sie mehrere Tage eingekesselt war gelang ihr ein Ausbruch, bei dem sie an die 1000 Mann und die gesamte schwere Ausrüstung verlor. Sogar damals wurden die abgekämpften Männer der Division sofort wieder als eine in aller Eile gebildete Kampfgruppe an die Front geschickt, um bei Kowel die Linie gegen eine weitere sowjetische Offensive zu halten. Schließlich wurde sie durch weitere »germanische« Neuzugänge verstärkt und mit Panther-Panzern ausgerüstet, rechtzeitig, um die Sowjets im Herbst 1944 von Warschau zurückzuhalten. Ihre letzten Kämpfe führte sie in Ungarn, wo

Himmler besichtigt eine Panzerjägereinheit einer SS-Freiwilligen-Infanteriedivision, 1944. Diese Freiwilligeneinheiten stammten aus in Westeuropa rekrutierten Legionen, die Anhänger des NS-Regimes waren und von der SS finanziert wurden. Sie wurden nie als Teil der SS betrachtet.

Norwegische Freiwillige beginnen mit ihrer Grundausbildung unter der Aufsicht der Waffen-SS. Die Mannschaften dieser Freiwilligeneinheiten waren Angehörige anderer Staaten, die Offiziere waren aber immer Deutsche oder NS-Loyalisten.

sie mit einigem Erfolg Hitlers zum Scheitern verurteilte Offensive zur Befreiung der in Budapest eingeschlossenen deutschen Truppen anführte.

Doch mit der Bildung der Division »Wiking« war Himmlers Verlangen nach einer Erweiterung der Waffen-SS noch nicht befriedigt, deshalb begann er, das Menschenreservoir der besetzten Gebiete weiter auszuschöpfen. Er wollte so genannte Legionen aufstellen, die sich aus belgischen, niederländischen, norwegischen, dänischen und schwedischen Freiwilligen rekrutieren sollten. Eine französische Legion wurde anfangs unter der Kontrolle des Heeres aufgestellt, schließlich aber der Waffen-SS zugeteilt. Diese Legionen waren alle eng verbunden mit faschistischen oder rechtsradikalen nationalistischen Gruppen in den jeweiligen Ländern. So diente zum Beispiel die Regierung des norwegischen Kollaborateurs Vidkun Quisling als Instrument für die Rekrutierung von Freiwilligen für die Waffen-SS.

Die NS-Propaganda verkaufte diese ausländischen Legionen als Teil eines paneuropäischen Kreuzzugs gegen den Bolschewismus, und sie wurden schnellstmöglich an der Ostfront eingesetzt. Die Wochenschau berichtete regelmäßig von ihren heldenhaften Leistungen im Kampf gegen die Rote Armee, obwohl sie in den ersten paar Jahren des Ostfeldzugs eher im Hinterland gegen Partisanen zum Einsatz kamen. Später im Krieg sollten sie mehr als genug Gelegenheit erhalten, im Kampf gegen die Sowjets ihr Leben zu opfern.

Die niederländisch sprechenden belgisch-holländischen Legionen verband die gemeinsame Sprache und der Hass gegen den alten belgischen Staat. Eine französischsprachige belgische Einheit wurde 1941 in der belgischen Region Wallonien aufgestellt und von Offizieren geführt, die hochrangige Funktionäre in der faschistischen Rexisten-Partei waren. Die Einheit diente drei Jahre lang an ruhigen Frontabschnitten im Osten, doch als die Lage in der Ukraine immer verzweifelter wurde, verlegte sie in diesen Schlüsselabschnitt. Dabei wurde sie zur Sturmbrigade »Wallonien« ausgebaut und kämpfte Seite an Seite mit der Division »Wiking« im

Oben: Ein Angehöriger der 7. SS-Freiwilligen-Gebirgsdivision »Prinz Eugen«. Diese Division wurde 1942 gebildet und umfasste Volksdeutsche aus dem Balkangebiet.

Kessel von Korsun-Tscherkassy. Sie deckte als Nachhut den Rückzug der Division »Wiking«.

Der Brigade brachte dies die Dankbarkeit des Führers ein und ihrem Kommandeur, dem Führer der Rexbewegung, Leon Degrelle, das Eichenlaub mit Schwertern zum Ritterkreuz. Die Einheit wurde in der Schlacht um Berlin 1945 vernichtet, doch Degrelle gelang die Flucht nach Südamerika. Er war einer von nur drei Überlebenden der ursprünglichen 850 Rekruten der Brigade, die den Krieg überlebten.

Im Gegensatz zu den »fremdländischen« Standarten der Division »Wiking«, die von deutschen Offizieren geführt wurde, wurden die skandinavischen und westeuropäischen Legionen von Kommandeuren aus ihren eigenen Ländern befehligt. Das bedeutete, dass sie anfangs von begrenztem militärischem Nutzen waren und nur langsam der Brutalität an der Ostfront ausgesetzt werden konnten, um Kampferfahrung zu sammeln. Die Legionen waren als Infanterieeinheiten mit leichten Waffen und manchmal mit StuG III ausgerüstet und organisiert und brachten es im Feld pro Einheit kaum auf über 2000 Mann. Als die Legionen schließlich nominell zu »Divisionen« ausgebaut wurden, um Himmlers Wunsch nach der Schaffung mehrerer und größerer Einheiten Genüge zu tun, zählten sie kaum 10.000 Mann pro Einheit – die halbe Stärke einer Division der Wehrmacht oder Waffen-SS.

1943 wurden die meisten Legionen in die Panzergrenadierdivision »Nordland« der Waffen-SS eingruppiert, die das ganze Jahr 1944 hartnäckig im Nordabschnitt der

Ostfront kämpfte. Ihre glorreiche Stunde kam im September 1944, als durch ihre rechtzeitige Intervention die Einschließung der 18. Armee verhindert wurde. Die Reste der Division waren am Ende noch an den Kämpfen um den Führerbunker in Berlin im April und Mai 1945 beteiligt.
Zuletzt schlossen sich noch rund 50.000 Niederländer der Waffen-SS an, von denen der Großteil in der SS-Grenadierdivision »Landstorm Nederland« diente, die anfangs die deutsche Herrschaft in den Niederlanden stützte und dann für den Rest des Krieges an der Ostfront eingesetzt wurde. Belgien stellte 40.000 Rekruten für die Waffen-SS, gleichmäßig aufgeteilt in flämischsprachige und französischsprachige Freiwillige. Die meisten Flamen landeten in der SS-Division »Langemarck«. Über 20.000 Franzosen schlossen sich Hitlers Kreuzzug gegen den Bolschewismus an, während aus Dänemark und Norwegen jeweils 6000 Freiwillige kamen.
Himmler gefiel vor allem der Propagandawert dieser Legionen, mit denen er beweisen wollte, dass Europa geeint hinter der Neuen Ordnung stand. Beim so genannten »Britischen Freikorps« und der »Indischen Legion« handelte es sich um zwei reine Propagandaeinheiten aus übergelaufenen Kriegsgefangenen. Sie zogen nie in den Kampf – außer in der deutschen Wochenschau.
Als die deutschen Armeen im Juni 1941 nach Osten rollten, eroberten sie in kurzer Zeit die baltischen Staaten Estland, Lettland und Litauen, wo sie als »Befreier« begrüßt wurden. Als Folge des deutsch-sowjetischen Nichtangriffspakts, der den Weg für Hitlers Eroberung von Polen geebnet hatte, stand es Stalin 1939 frei, seine Truppen zur gewaltsamen Einverleibung dieser drei Länder in die Sowjetunion auszuschicken.
Scharenweise schlossen sich Freiwillige den von ihren neuen deutschen Herren aufgestellten Polizei- und Milizeinheiten an, was Himmlers Interesse an den lettischen und estländischen Einheiten verstärkte, von denen er mehrere in die Waffen-SS eingliederte. Besonders beeindruckte

Oben: Viele ethnische Gruppen, wie diese Kosaken, waren gewillt, mit den Nationalsozialisten zu kämpfen, in der Hoffnung, irgendwann in der Zukunft die nationale Selbstbestimmung zu erlangen, und aus Hass gegen die Russen.

Gegenüber unten: Nach der Invasion in Russland machten sich die Nationalsozialisten auch die Unzufriedenheit der Nationalitäten innerhalb der Sowjetunion zunutze. Die SS bezog ihre Rekruten aus Weißrussland, Turkestan, der Ukraine und aus den baltischen Staaten.

ihn, mit welchem Eifer sie mit den SS-Einsatzgruppen bei der Ermordung von Juden in den dort errichteten Ghettos gemeinsame Sache machten. Aufgrund der ethnischen Verwandtschaft der Estländer und Letten mit den Skandinaviern war Himmler bereit, ihnen den Weg in die Waffen-SS zu ebnen. Die katholischen Litauer kamen wie die Slawen für Himmler nicht in Frage und dienten lediglich daheim in speziellen Polizeibataillonen.

Die baltischen Einheiten genossen bei ihren deutschen Befehlshabern hohes Ansehen für ihre Erfahrung im Partisanenkampf. Aus ihnen wurden schließlich drei Waffen-SS-Divisionen gebildet. Als 1944 deutsche Truppen in den baltischen Staaten eingeschlossen waren, kämpften die lettischen und estländischen Einheiten selbst nach der Kapitulation der Deutschen im folgenden Jahr noch weiter. Viele verschanzten sich vor den Sowjets als Partisanen im Wald und setzten die Kämpfe bis in die 1950er-Jahre fort.

Nach der nationalsozialistischen Rassenlehre lebten über 2,5 Millionen Volksdeutsche über ganz Osteuropa verstreut. Himmler machte sich schnell daran, sie in gewaltsam von Juden und Slawen gesäuberten Gebieten anzusiedeln. Viele von ihnen wurden in die Waffen-SS eingezogen. In der Anfangsphase des Krieges dienten sie noch als Nachschub für die Haupteinheiten der Waffen-SS, 1942 wurde aber die erste Einheit aus Volksdeutschen zusammengestellt. Die 7. Gebirgsdivision »Prinz Eugen« bezog ihre Volksdeutschen aus Ungarn, Rumänien und Jugoslawien. Sie kam für den Rest des Krieges vorwiegend gegen Titos Partisanen in Jugoslawien zum Einsatz und erlangte einen gefürchteten Ruf als eine der verlässlichsten und effektivsten Einheiten in diesem chaotischen und brutalen

Unten: Reichsführer-SS Himmler ging sogar so weit, muslimische Truppen anzuwerben; dabei suchte er Unterstützung beim Großmufti von Jerusalem (mit weißer Kopfbedeckung).

Kriegsgebiet. 1944 wurde sie mit Eingezogenen aus den aufgelösten albanischen Waffen-SS-Einheiten verstärkt.

Die 18. Panzergrenadierdivision »Horst Wessel« wurde im Frühjahr 1944 aus Volksdeutschen in Ungarn gebildet und in den Mittelabschnitt der Ostfront verlegt. Tschechische Volksdeutsche bildeten das Gros der Rekruten der Division »Böhmen-Mähren«, die zuerst auf dem Balkan und in Ungarn kämpfte und später den Krieg in ihrem Heimatland beendete.

In der NS-Ideologie war die rassische Überlegenheit der Deutschen über die Slawen von zentraler Bedeutung, dennoch brauchte Himmler 1943 immer verzweifelter Männer zur Auffüllung der wachsenden Phalanx von Waffen-SS-Einheiten, und so wandte er sich auf der Suche nach neuen Rekruten Osteuropa zu.

In diesem Bereich war SS-General Erich von dem Bach-Zelewski sehr innovativ, der 1943 die ersten Waffen-SS-Einheiten aus ehemaligen sowjetischen Kriegsgefangenen zusammenstellte zur Partisanenbekämpfung in Zentralrussland. Ein Jahr lang zog die so genannte »Brigade Kaminski« eine Spur des Schreckens durch das von Deutschen besetzte Russland und tötete Tausende Zivilisten als Vergeltung für die Partisanenangriffe, bis ihr Kommandeur während des Warschauer Aufstands zu weit ging – selbst für die SS – und auf Befehl von Bach-Zelewski hingerichtet wurde.

Die »14. galizische Division« wurde 1943 aus katholischen Ukrainern gebildet. Sie entging im Brody-Tarnow-Kessel im Sommer 1944 nur knapp der Vernichtung, als nur 3000 von 14.000 Mann ein Ausbruch aus der sowjetischen Einschließung gelang. Am Ende kämpfte sie in Ungarn und Österreich, wo sie sich den britischen Truppen ergab. Eine Intervention des Vati-

Oben: Einige getreue ausländische Einheiten hatten ihre eigenen hochrangigen Offiziere, wie General Wlassow von den Kosaken. Nachdem sie Stalin hintergangen hatten, gab es für sie keine andere Hoffnung als einen deutschen Sieg.

Gegenüber oben: Das NS-Regime nutzte geschickt rassische, ethnische und religiöse Unterschiede für seine eigenen Zwecke aus. Das war besonders auf dem Balkan der Fall, wo Muslime (wie hier) in den Kampf gegen die christlichen serbischen Partisanen eingesetzt wurden.

kans rettete den Rest der Division davor, wie andere Einheiten aus übergelaufenen sowjetischen Bürgern den Sowjets ausgeliefert zu werden.
Als eine Niederlage nach der anderen die Ostfront im Jahr 1944 aufrollte, beschloss Himmler, doch die überlebenden zwei Millionen russischen Gefangenen in den deutschen Kriegsgefangenenlagern zu einer antisowjetischen Armee zu machen. Nachdem man drei Jahre lang damit verbracht hatte, diese Männer in Arbeitslagern zu Tode zu schinden, war das ein erstaunlicher Sinneswandel. Drei Millionen sowjetische Kriegsgefangene waren schon wegen Vernachlässigung gestorben und die Verzweiflung unter ihnen wurde immer größer. Die heranrückende Rote Armee bot wenig Hoffnung auf Befreiung für die gefangenen russischen Soldaten, die Stalin bereits zu »Verrätern« erklärt hatte.
Der frühere General der Roten Armee, Andrej Wlassow, wurde dazu gebracht, in den Kriegsgefangenenlagern Männer für die russische Armee der Waffen-SS zu rekrutieren. Es gelang ihm schließlich die Aufstellung von zwei Divisionen, die auch in den letzten Kriegsmonaten kurz an der Ostfront im Einsatz standen. Sie zogen sich nach Prag zurück und griffen dann die deutsche Besatzung in der Stadt an, um den tschechischen Widerstandskämpfern beizustehen, die sich zur Revolte erhoben hatten. Dieser Sinneswandel brachte ihnen aber nichts Gutes, denn nach dem Krieg lieferte die US-Armee sie den Sowjets aus, mit dem Ergebnis, dass die meisten von ihnen hingerichtet wurden.
Entgegen der häufigen Annahme rekrutierte die Waffen-SS keine Don-Kosaken. Diese waren Teil der Wehrmacht, kämpften aber auf dem Balkan Seite an Seite mit der Waffen-SS.

BALKANDIVISIONEN

Die Deutschen schafften es zwar, Jugoslawien im April 1941 in ein paar Wochen zu überrennen, die Bevölkerung des Landes konnten sie aber nicht unterwerfen. Titos kommunistische Partisanen machten bald Schwierigkeiten, und bis 1944 waren 20 deutsche Divisionen mit insgesamt 700.000 Mann in einem Partisanenkrieg festgenagelt. Anstatt deutsche Soldaten von der Front für diese Aufgabe abzuziehen, wurde beschlossen, die Bevölkerung vor Ort gegen Tito in den Kampf zu schicken, indem man aus dem uralten ethnischen und religiösen Hass der Region Kapital schlug. Je länger der Krieg dauerte, desto notwendiger brauchte man Neuzugänge für diese Einheiten.
Schließlich beschloss man die Bildung von zwei Divisionen aus muslimischen Soldaten aus dem heute als Bosnien bekannten Gebiet, das unter deutscher Herrschaft aber Teil des kroatischen NS-Marionettenstaats war. Himmler versuchte, die Einheiten der 13. Waffen-Grenadierdivision der SS »Handschar« und die 23. SS-Waffen-Gebirgsdivision »Kama« den Traditionen der alten muslimischen Einheiten der Habsburgermonarchie folgen zu lassen, die vor dem Ersten Weltkrieg über dieses Gebiet geherrscht hatte. Es wurden daher frühere k. u. k. Offiziere für die Führung dieser neuen Einheiten rekrutiert. Auch ethnische muslimische Albaner wurden 1944 in eine eigene Division eingezogen, die nach dem albanischen Nationalhelden benannte 21. Waffen-Grenadierdivision der SS »Skanderbeg«.

Niederländische SS-Angehörige warten auf ihr Schicksal hinter einem Stacheldraht der Alliierten. Nach dem Zusammenbruch des NS-Regimes im Jahr 1945 blickten Männer wie diese in eine äußerst ungewisse Zukunft. Gebrandmarkt als Verräter, Kollaborateure und als SS-Angehörige auch als Verbrecher, konnten sie letztlich nur ihr Urteil abwarten.

In dem Versuch, diese muslimischen Divisionen zur Unterminierung der britischen Herrschaft im Nahen Osten einzusetzen, holte sich Himmler den Großmufti von Jerusalem zur Beaufsichtigung der religiösen Praktiken dieser Einheiten. Nichts verdeutlicht wohl besser, wie weit Himmler ging, um seine Waffen-SS-Divisionen aufzufüllen.

Im Partisanenkrieg erwiesen sie sich als nützlich, wenn sie aber entschlossenen Truppen gegenüberstanden, waren sie weniger effektiv. Die muslimischen Einheiten wurden angetrieben von dem Wunsch, ihre christlichen serbischen Nachbarn, die die größte Unterstützung für Titos Partisanen ausmachten, zu bekämpfen, obwohl im Krieg in Jugoslawien oft die Seiten gewechselt wurden. Besonders die Albaner erlangten einen grausigen Ruf für ihre Gräueltaten. Versuche, die Division »Skanderberg« 1944 von Jugoslawien zu den Kämpfen in den Westen zu verlegen, waren eine Katastrophe und endeten in Meuterei. Die Einheit wurde schließlich aufgelöst.

Spaltungen in der Partisanenbewegung führten dazu, dass einige serbische Anhänger des alten royalistischen Regimes in Belgrad zu den Deutschen überwechselten. Das Serbische Freiwilligenkorps wurde 1944 zur Waffen-SS verlegt.

Vier Divisionen von Ungarn wurden aus den Anhängern der faschistischen Pfeilkreuz-Bewegung Ende 1944 angeworben, als sowjetische Truppen in ihr Land eindrangen. Diese Einheiten wurden alle in den Kämpfen Anfang 1945 vernichtet.

Die Bildung von Benito Mussolinis faschistischem Miniaturstaat in Norditalien bot eine Möglichkeit für die Rekrutierung der zwei letzten Waffen-SS-Divisionen, die während des Krieges aufgestellt wurden. Sie existierten nur ein paar Monate, bevor sie sich in der deutschen Flucht in Italien im April 1945 auflösten.

KAPITEL 10

Skorzenys Kommandoeinheiten

Im Dritten Reich entsprach Otto Skorzeny noch am ehesten dem Bild eines verwegenen Kriegshelden. Dieser junge Österreicher, der 1930 der NSDAP beitrat, führte einige der gewagtesten Einsätze des Krieges durch. Er befreite 1943 den italienischen Diktator Benito Mussolini aus der Gefangenschaft, führte SS-Sondereinheiten, nahm die ungarische Regierung fest und stellte später während der Ardennenoffensive Englisch sprechende Kommandotrupps für Operationen hinter den US-Linien auf.

Im Alter von nur 35 Jahren erhielt Otto Skorzeny den Befehl über alle SS-Sondereinheiten und gewann bald Hitlers Vertrauen, für den er in den letzten zwei Kriegsjahren der »Retter aus der Not« wurde. Skorzeny war ein klassischer Draufgänger, und seine gewagten Aktionen sprachen Hitlers Sinn fürs Melodramatische an. Als Kopf der »geheimen« Sondereinheiten des Reichs hatte Skorzeny einen bemerkenswerten Bekanntheitsgrad. Die NS-Propagandamaschine lief immer auf Hochtouren, wenn er irgendeine dramatische Operation durchführte. Für den Führer war er der »gefährlichste Mann in Europa«, und Hitler gefiel der Gedanke, dass die alliierten Befehlshaber nicht ruhig schlafen konnten aus Angst, Skorzenys Trupps zum Opfer zu fallen.

Dass er so prominent wurde, verdankte er zu einem großen Teil der Politik am »Hofe« des Führers. Die SS-Führer waren erpicht darauf, ihre eigenen Geheimtruppen in Konkurrenz zur berühmten Division »Brandenburg« aufzubauen, der »Haustruppe« von Admiral Wilhelm Canaris, dem Chef der Abwehrabteilung des deutschen Oberkommandos der Wehrmacht.

Die Division »Brandenburg« kam während der Blitzkriege von 1939 bis 1942 an allen Fronten zum Einsatz, wobei sie hinter den feindlichen Linien operierte, oft in der Uniform des Gegners, um das Überraschungsmoment

Otto Skorzeny wurde 1943 nach seiner Dienstzeit bei den SS-Divisionen »Das Reich« und »Leibstandarte« mit Sondereinsätzen betraut und wurde berühmt als Hitlers »Mann für alles«.

auszunutzen. Die paranoiden SS-Führer betrachteten Canaris ebenso als Gegner wie die Amerikaner, Briten oder Sowjets. Canaris' Abwehrabteilung wurde von den SS-Führern, wie Heinrich Himmler oder Ernst Kaltenbrunner, als ein Nest von Verrätern gesehen. Sie verdächtigten Canaris, heimlich Gespräche mit den Alliierten aufzunehmen und Widerstandsgruppen gegen die Nationalsozialisten in Deutschland zu unterstützen. Die »Brandenburger« hatten sie als ein »Trojanisches Pferd« in Verdacht, das von Canaris gegen das NS-Regime verwendet werden könnte.

Als Gegenstück zur Abwehr richtete die SS ihren eigenen Nachrichtendienst ein, den Sicherheitsdienst (SD), der von der finsteren Persönlichkeit Reinhard Heydrich geleitet wurde. Dazu wurde das Reichssicherheitshauptamt (RSHA) als Organisation für die innere Sicherheit Deutschlands gegründet. In seinen Verantwortungsbereich fiel die gefürchtete Geheime Staatspolizei, die Gestapo. Der SD hatte bereits während des Anschlusses von Österreich und der Tschechoslowakei Erfahrungen mit Sondereinheiten gesammelt und stellte auch jene Einheiten auf, die die Zwischenfälle in Polen inszenierten, um Hitler einen bequemen Vorwand für seine Invasion im September 1939 zu liefern. Die SD-Agenten täuschten damals einen Angriff auf einen polnischen Grenzposten vor und ermordeten dabei sogar einen mit einer polnischen Uniform bekleideten KZ-Häftling, um der Geschichte, dass Warschauer Truppen Hitler zum Angriff provoziert hätten, mit einer Leiche Glaubwürdigkeit zu verleihen.

Als tschechische Kommandos, ausgebildet vom British Special Operations Executive (SOE), Heydrich 1942 ermordeten, verstärkte sich die Rivalität zwischen SS und Abwehr. Unter Ernst Kaltenbrunners RSHA wurde eine Abteilung für SS-Sonderverbände (VI-S) eingerichtet. Skorzeny war jener Mann, der für die Führung dieser Organisation ausgewählt wurde.

Oben: Ein Segelflugzeug DFS 230 auf einem Gebirgshang bei Mussolinis Gefängnis am Gran Sasso. Skorzeny heimste das Lob für die Rettungsaktion ein, obwohl die Segler und die meisten Männer von der Luftwaffe stammten.

Gegenüber oben: Einige von Skorzenys Männern nach der erfolgreichen Stürmung des Hotels am Gran Sasso. Sie tragen zwar die Ausrüstung der Fallschirmjäger, gehörten aber alle der Waffen-SS an.

Gegenüber unten: Mussolinis Befreiung durch Skorzeny aus dem Hotel am Gran Sasso (hier abgebildet) am 12. September 1943 war ein von Hitler persönlich befohlener politischer Coup. Die italienische Regierung hatte sich am 3. des Monats den Alliierten ergeben, und die Landungen bei Salerno hatten am 9. begonnen. Hitler brauchte Mussolini als Führer eines neuen faschistischen Regimes in Italien.

Der 1,95 m große Österreicher war vor Hitlers Machtergreifung der NSDAP beigetreten. Nach dem Anschluss Österreichs 1938 war Skorzeny der NS-Führung aufgefallen, weil er bei der Vereitelung eines österreichischen Gegenschlags gegen die deutschen Besetzer eine wichtige Rolle spielte.
Während der Invasionen in Jugoslawien und in Russland diente er in der SS-Division »Das Reich« und machte sich dort einen Namen als draufgängerischer Offizier, doch im Dezember 1941 wurde er verwundet und zu leichten Arbeiten im Waffenlager der »Leibstandarte« versetzt. Am 20. April 1943 wurde Skorzeny zum SS-Hauptsturmführer befördert und erhielt das Kommando über das Amt VI-S.
Der Abwehr war es gelungen, bisherige Versuche zur Gründung von SS-Sonderkommandos zu vereiteln. Skorzeny zog nach Schloss Friedenthal

Benito Mussolini unmittelbar nach seiner Befreiung auf dem Weg zum Fieseler Storch, mit dem er nach Rom flog. Der italienische Offizier zu seiner Linken ist sein früherer Bewacher.

bei Oranienburg um und richtet dort ein Ausbildungslager für den SS-Jagdverband 502 ein, der für die unterschiedlichsten Sabotage- und Subversionseinsätze ausgebildet werden sollte. Diese Truppe wurde als »SS-Sonderverband Friedenthal« bekannt.
Skorzeny schien wie besessen von den britischen Kommandoeinheiten, die seit 1941 Angriffe auf Hitlers Festung Europa durchgeführt hatten. Er sammelte erbeutete Kommandowaffen, Sten-MP mit Schalldämpfer, Sprengstoffe und Ähnliches. Die SS war dabei, ihre eigene Fallschirmtruppe unter der Bezeichnung »SS-Fallschirmjägerbataillon 500« zu bilden, über die Skorzeny bald den Befehl erhalten sollte. Skorzeny veranlasste auch die Aufstellung weiterer Jagdverbände für Operationen in bestimmten Gebieten. Diese Einheiten waren eine genaue Kopie der Regimenter »Brandenburg« der Abwehr und hatten dieselbe Rolle: Sie bildeten ihre Agenten in den Sprachen des jeweiligen Gebiets aus und versorgten sie mit Uniformen fremder Armeen.
Zu den Einheiten gehörte ein Bataillon »Ost«, das für Operationen an der russischen Front ausgebildet war, ein Bataillon »Südost« für Aufgaben auf

dem Balkan sowie eine Einheit für Mittel- und Westeuropa. Das Kampfgeschwader (KG) 200 der Luftwaffe wurde Skorzeny zugeteilt, um seine Männer weit hinter den feindlichen Linien mit Fallschirmen abzusetzen. Trotz vieler Besprechungen und Übungen hatten Skorzenys Männer nur wenig Möglichkeiten, sich zu beweisen, bis ihr Führer am 23. Juli 1943 ins Hauptquartier Hitlers in Ostpreußen gerufen und mit einer äußerst heiklen Mission betraut wurde.

DIE BEFREIUNG MUSSOLINIS

Nach den alliierten Landungen in Sizilien diesen Monat waren die deutschen Truppen schließlich zum Rückzug aufs italienische Festland gezwungen. Das hatte den Sturz des faschistischen italienischen Diktators Benito Mussolini zur Folge, und die Regierung in Rom suchte um einen Waffenstillstand bei den Alliierten an. Der »Duce« wurde verhaftet und an einen geheimen Ort gebracht.

Hitler war entschlossen, seinen alten Verbündeten zu retten und Italien auf Seiten der Achse zu halten. Generalleutnant Kurt Student und seine Luftlandetruppen durchkämmten ganz Italien nach dem geheimen Aufenthaltsort Mussolinis, doch Hitler wollte die SS an diesem prestigereichen Unternehmen beteiligen. Deshalb schickte der Führer Skorzeny zur Unterstützung Students nach Italien und war voller Zuversicht, dass Skorzeny die Angelegenheit schon regeln werde. Skorzeny nahm 50 seiner Friedenthal-Männer mit nach Rom.

Wochenlang suchten die Deutschen Italien nach ihrem Ziel ab. Skorzeny setzte die ihm vom Führer gewährten Sondervollmachten ein, um sicher zu gehen, dass die Jagd auch von Hitler die gewünschte Aufmerksamkeit erhielt. In seinem Flugzeug erkundete er abgelegene Inseln und Verstecke im Gebirge, und er sandte seine Agenten aus, um »heiße« Spuren zu verfolgen. Bis Anfang September 1943 hatte Skorzeny seine Jagd auf ein Berghotel auf dem in Mittelitalien gelegenen Gebirgsstock Gran Sasso eingeengt. Student bildete aus seinen Fallschirmjägern eine Sturmgruppe, die er mit Segelflugzeugen nahe dem Hotel absetzen wollte, dann sollten die Männer das Gebäude stürmen und Mussolini befreien.

Ein Fallschirmjägerbataillon war für die Durchführung des Angriffs verantwortlich. Während im Tal unten eine Einheit die Seilbahntalstation einnahm, sollte eine 90 Mann starke Gruppe von Students Männern auf einer Wiese vor dem Hotel in einem Dutzend Segelflugzeugen landen. Skorzeny konnte Student dazu überreden, ihn und 18 seiner SS-Leute bei der Operation mitmachen zu lassen, die eigentlich unter dem Kommando eines Fallschirmjägeroffiziers stand.

Am frühen Nachmittag des 12. September startete die Sturmgruppe von einem Flugfeld bei Rom, das unter deutscher Kontrolle stand. Wegen des schlechten Wetters ging der Segler des führenden Fallschirmjägeroffiziers verloren, und so traf Skorzenys Segelflugzeug als erstes am Ziel ein. In ein paar Minuten hatte der Segler des SS-Offiziers eine Bruchlandung gemacht und Skorzeny stürmte mit einer Hand voll Männern ins Hotel. Als er in die Empfangshalle des Hotels hineinplatzte, stieß Skorzeny einen italienischen Funker mit dem Fuß zu Boden und zertrümmerte dessen Funkgerät. Dann

Skorzeny am Eingang zur Budapester Burg nach der Festnahme der ungarischen Regierung und der Sicherung der Stadt in einem fast unblutig verlaufenen Putsch am 16. Oktober 1944. Im Hintergrund wartet der Bürgermeister von Budapest offensichtlich auf Befehle.

wurden weitere Italiener aus dem Weg geschafft und Mussolini befreit. In der Aufregung nahm Skorzeny den italienischen Kommandeur gefangen und befahl ihm, seine Männer aufgeben zu lassen. Es war alles vorbei. Es gab einige Kämpfe bei der Talstation der Bergbahn, aber die Befreiungsaktion war soweit ein Riesenerfolg gewesen.
Ein leichtes Aufklärungsflugzeug Fieseler Storch wurde angefordert, um Mussolini nach Rom zu bringen, von wo er dann nach Deutschland zu einem Treffen mit Hitler gebracht werden sollte. Das kleine Flugzeug schaffte es gerade noch, sicher auf der 250 m langen Wiese zu landen, und als es für den Start wendete, entschloss sich Skorzeny, den »Duce« auf seinem Flug nach Rom zu begleiten. Zuerst weigerte sich der Pilot, aber Skorzeny befahl ihm, ihn an Bord der Zweisitzermaschine zu lassen und quetschte sich hinter Mussolini.
Erstaunlicherweise schaffte es der Storch auf dieser kurzen Startbahn abzuheben. Erleichtert flog der Pilot Richtung Rom, wo Mussolini der Luftwaffe übergeben und sicher nach München gebracht wurde. Schon ein paar Stunden später ließ die NS-Propaganda voller Schadenfreude die Neuigkeiten über Radio ausstrahlen. Hitler überhäufte Skorzeny und seine SS-Männer mit Lob. Der Österreicher wurde mit dem Ritterkreuz ausgezeichnet und hatte sich fest als einer etabliert, der dem Führer gute Nachrichten überbringen konnte. Student und seine Fallschirmjäger gingen in der ganzen Hektik unter, die um die SS-Sondereinheiten gemacht wurde, was aber beabsichtigt war. Hitler wollte seiner SS-Elite auf Kosten der Luftwaffen-Fallschirmjäger zu Ruhm verhelfen.
Der Führer der jugoslawischen kommunistischen Partisanenbewegung, Josip Broz – besser bekannt als Marschall Tito –, war den deutschen Besatzungstruppen auf dem Balkan schon lange ein Dorn im Auge. In drei Kriegsjahren war Tito die Aufstellung einer großen Partisanenarmee im gebirgigen Inneren Jugoslawiens gelungen, die Anfang 1944 700.000 deutsche Soldaten festnagelte.
Betrachtet man die zwischen der Abwehr und SS herrschende Rivalität, ist es schon kurios, dass Admiral Canaris Titos Hauptquartier in den Bergen bei der Ortschaft Dvrar im heutigen Westbosnien entdeckte. Befehlshaber des deutschen Heeres auf dem Balkan organisierten eine Operation in Korpsstärke, mit dem Ziel der Einschließung und Vernichtung des Partisanenstützpunkts. Sobald die Operationen auf der Erde im Laufen waren, sollte das SS-Fallschirmjägerbataillon 500 mit Seglern in

der Umgebung von Titos Hauptquartier landen, die Höhlen stürmen und den Partisanenführer sowie auch die mit ihm zusammenarbeitenden britischen, russischen und amerikanischen Berater gefangen nehmen.
Das Unternehmen »Rösselsprung« war von Anfang an zum Scheitern verurteilt, weil die Truppenbewegungen Richtung Dvrar von den Partisanen beobachtet wurden. Als dann die ersten Segler am 24. Mai 1944 zur Landung ansetzten, trafen sie auf voll alarmierte Verteidiger. Die erste Welle von SS-Männern wurde vom jugoslawischen Feuer massakriert und Tito konnte über eine Strickleiter entkommen. Er saß bald in seinem Zug, der ihn in Sicherheit brachte. Weitere Fallschirmjäger landeten und wurden in einen Nahkampf mit den Partisanen verwickelt. Bis die Bodentruppen der SS-Einheiten zum Entsatz eintrafen, war von ihnen fast nichts mehr übrig. Bei dieser Operation wurden 250 Deutsche getötet und 880 verwundet. Wen wundert es, dass der so auf seinen öffentlichen Ruf bedachte Skorzeny nicht unbedingt mit diesem Einsatz in Verbindung gebracht werden wollte.
Seine Jagdverbände waren in dieser Zeit eifrig mit dem Aufbau ihrer Operationen an der Ostfront beschäftigt, denn es zeichnete sich eine russische Großoffensive ab. Als im Juli 1944 die deutsche Heeresgruppe Mitte zerschlagen wurde, waren hinter den sowjetischen Linien zahlreiche Deutsche in so genannten »wandernden Kesseln« eingeschlossen. Mit mehreren dieser Gruppen verzweifelter Männer konnte eine Funkverbindung hergestellt werden. Der SS-Jagdverband Ost erhielt den Befehl, Einheiten zu organisieren, die mit Fallschirmen dort landen und die Verbindung herstellen sollten. Das Kampfgeschwader 200 flog weit hinter die sowjetischen Linien und setzte die SS-Trupps für ihre gefährlichen Einsätze ab. Bis auf eine Gruppe wurden alle von der Roten Armee sehr schnell in die Enge getrieben und ausgelöscht. Die überlebende Gruppe verband sich mit einem großen »Wanderkessel« und errichtete

Nach dem Putsch in Budapest blieben Skorzenys Männer dort zur Sicherung der Stadt. Hier einer der vier beteiligten Tiger II der 503. schweren SS-Panzerabteilung. Die Fahrzeuge gehören dem Heer, zu sehen sind aber auch Angehörige von Skorzenys Fallschirmjägerbataillon 500.

eine Luftbrücke für die Versorgung der Männer. Sie blieben zwar einige Monate in Freiheit, erlagen am Ende aber doch.

Im August 1944 zerschlugen die Sowjets die deutschen Kräfte in Rumänien und vernichteten Skorzenys SS-Jagdverband Südost auf der Flucht. Als die sowjetischen Truppen über den Balkan strömten und Rumänien und Bulgarien von den Achsenkräften befreiten, befürchtete Hitler immer mehr, Ungarn könnte die Seiten wechseln. Diese Situation war wie geschaffen für Skorzenys Talente.

Der Verdacht des Führers bestätigte sich, denn der ungarische Führer Admiral Horthy stand schon lange in Verhandlungen mit den Alliierten über einen Bruch mit der Achse. Skorzeny begab sich auf einen Geheimeinsatz in die ungarische Hauptstadt Budapest, um sich genau über die dortigen Geschehnisse zu informieren. Meist in Zivilkleidung gelang es ihm, zum Kern von Horthys Regime vorzudringen.

Rivalisierende Kontingente deutscher und ungarischer Truppen standen sich in Budapest mit Misstrauen gegenüber, als sich die sowjetischen Truppen der Landesgrenze näherten. Als im Oktober die deutsche Besatzung von Budapest abgezogen wurde, um die Sowjets abzuwehren, war der Moment für Horthy gekommen zuzuschlagen. Aber Skorzeny schlug zuerst zu. Ein SD-Trupp in Zivilkleidung lockte Horthys Sohn in eine Falle. Bald darauf befand er sich auf dem Weg in ein Konzentrationslager in Deutschland als Garant für die Loyalität seines Vaters.

DIE SS IN BUDAPEST

Um Budapest wurden SS-Truppen zusammengezogen und machten sich bereit, gegen Horthys Regime vorzugehen. Die Verantwort für den Putsch wurde dem brutalen SS-General Erich von dem Bach-Zelewski übertragen. Er hatte gerade die Niederschlagung des Warschauer Aufstands überwacht und konnte es kaum erwarten, nun den verräterischen Ungarn eine Lektion zu erteilen, indem er Budapests Burgberg mit dem gigantischen 65-cm-Eisenbahngeschütz »Karl« in Schutt und Asche legte.

Zum Glück gelang es Skorzeny, Bach-Zelewski davon zu überzeugen, dass dies auch mit etwas raffinierten Methoden zu schaffen sei. Am 15. Oktober verkündete Horthy seine Absicht, mit den Sowjets einen Waffenstillstand auszuhandeln, um zu verhindern, dass Ungarn zu einem Schlachtfeld würde. Später an diesem Abend startete das Unternehmen »Panzerfaust«.

Während die Kavalleriedivision »Maria Theresia« der Waffen-SS mit der Abriegelung des Burgbergs begann, um Horthy und seine Regierung einzuschließen, stellte Skorzeny seine Angriffskolonne zusammen. Er brachte für seine Sturmgruppe mehrere hundert Mann vom SS-Fallschirmjägerbataillon 500, dem SS-Jagdverband Mitte sowie vier Tiger II der 503. schweren SS-Panzerabteilung zusammen. Eine Abteilung von Ladungsträgern »Goliath« sollte hinter seinen Kolonnen folgen, um einen Weg durch jede Straßensperre zu schießen.

Um 6.00 Uhr am 16. Oktober führte Skorzeny seine Kolonne die gewundene Straße zur Burg hinauf. Er saß mit zwei getreuen Kameraden im Fahrerhaus des ersten Lastwagens, gleich dahinter folgten die Tiger. In der winterlichen Düsterkeit wurde die Kolonne aus deutschen Lastwagen und Panzern durch die ersten ungarischen Kontrollpunkte durchgewunken. Gelassen erwiderte Skorzeny den Gruß der Wache. Als die SS-Männer am Tor des Burgbergs auf eine Straßensperre aus Schutt stießen, zog Skorzeny seinen Lastwagen zur Seite und ließ die Tiger vorrollen. Die Barrikade brach unter dem Gewicht des 71 Tonnen schweren Panzers zusammen, und als der in den Burghof fuhr, schwenkte der Panzerkommandant seine 8,8-cm-Kanone auf die Batterie von Panzerabwehrkanonen zum Schutz des Sitzes der ungarischen Regierung. SS-Leute stürmten am Panzer vorbei, stießen die überraschten Verteidiger zu Boden und entwaffneten sie.

Inzwischen hielt Skorzeny seine Pistole an den Kopf eines ungarischen Offiziers und verlangte, zum Burgkommandanten geführt zu werden. Als Skorzeny den Mann in der für ihn typischen Art noch weiter einschüchterte, gab der ungarische Offizier seinen Männern den Befehl zur Aufgabe, um ein Blutvergießen zu vermeiden. Mehrere Ungarn erhielten den Befehl jedoch nicht und eröffneten das Feuer auf die SS-Männer. Zwei Panzerfaustgranaten brachten die unglückseligen Ungarn aber bald zum Schweigen.

Skorzeny hatte jedoch nicht die Ehre, Horthy zu schnappen, denn die Räume des ungarischen Führers waren leer. Er hatte das Gebäude bereits verlassen, um den Schutz eines hochrangigen SS-Offiziers zu suchen, der mit dem früheren deutschen Kaiser verwandt war, in der Annahme, hier würde ihm eine bessere Behandlung zuteil werden als wenn er sich einem österreichischen NS-Schlägertypen wie Skorzeny ergab.

Skorzeny in Tropenuniform während des Unternehmens »Rösselsprung«, des Luftlandeangriffs auf General Titos Hauptquartier, Mai 1944.

DAS ENDE VON HORTHYS REGIME

Der Rest von Skorzenys Truppe war inzwischen dabei, die anderen ungarischen Ministerien in der Stadt einzunehmen. Beim Kriegsministerium entwickelte sich ein heftiges Feuergefecht. Vier Deutsche wurden getötet und drei Ungarn starben, als sie den SS-Angriff abwehrten, bevor sie den Befehl zur Aufgabe erhielten.

Der Regierungssitz war gesichert und Horthy befand sich in deutscher Gefangenschaft, daher konnten sie SS-Truppen nun die restliche Stadt besetzen. Eine Marionettenregierung wurde eingesetzt. Skorzeny erhielt jedoch das Privileg, Horthy zu seinem neuen Zuhause in einem bayrischen Schloss zu begleiten.

Die Niederlage der deutschen Armeen in der Normandie und der Vormarsch der Alliierten zu den Reichsgrenzen im Herbst 1944 zwangen Hitler, verzweifelte Maßnahmen in Betracht zu ziehen, um die Niederlage hinauszuschieben. Er war davon überzeugt, dass ein schwerer Schlag gegen die Alliierten im Westen die Briten und Amerikaner bald aus dem Krieg nehmen würde, wodurch seine Kräfte dann freie Hand hätten, um die Russen von den Ostgrenzen des Reichs zurückzudrängen.

Das war reine Fantasterei, dennoch war der Führer entschlossen, seine Armeen rechtzeitig für einen Angriff Ende November 1944 wieder aufzubauen. Wie besessen ergriff Hitler noch nie da gewesene Maßnahmen, um die Geheimhaltung seiner Operation sicherzustellen, damit der Angriff den Gegner völlig überraschte. Nur eine Hand voll vertrauenswürdiger hochrangiger Offiziere wurde in das Geheimnis eingeweiht. Einer von

Ein Tiger II passiert in den ersten erfolgreichen Tagen der deutschen Ardennenoffensive eine amerikanische Gefangenenkolonne, Dezember 1944. An der Front stand die US-Infanterie den Tigern II gegenüber, im Hinterland verbreiteten Skorzenys Sonderkommandos Panik.

ihnen war Skorzeny, der sogar vor den meisten Heeresoffizieren, die die Angriffstruppen in die Ardennen führen sollten, davon erfuhr.
Am Unternehmen »Wacht am Rhein« sollte ein großes Kontingent von Skorzenys Sonderkommandos beteiligt sein, um hinter die amerikanischen Linien zu gelangen und wichtige Brücken für die Panzerkolonnen einzunehmen. Darüber hinaus sollten sie Treibstofflager sabotieren und unter den amerikanischen Truppen Verwirrung stiften. Ein großer Teil dieser Männer sollten englischsprachig sein, um amerikanische Soldaten zu verkörpern. Skorzeny wurde für diesen Einsatz mit der Bildung von Sondereinheiten beauftragt.
Er begab sich in der Wehrmacht auf die Suche nach Soldaten, die in den Vereinigten Staaten gelebt hatten, und befahl die Beschaffung möglichst vieler Fahrzeuge, Panzer, Waffen und Uniformen der US-Armee für die Ausrüstung seines neuen Kommandos. Ein bürokratischer Fehler führte dazu, dass an jede Wehrmachtsdivision eine Mitteilung erging, in der um Freiwillige ersucht wurde. Skorzeny tobte vor Wut, denn natürlich befürchtete er, diese Mitteilung könnte in die Hände des alliierten Geheimdienstes gelangen. Seine Ängste waren berechtigt. Anfang Dezember gab die US-Armee eine Warnung aus, dass bald mit einer deutschen Offensive unter Beteiligung von Sonderkommandos unter der Führung von Skorzeny zu rechnen wäre.
Skorzenys Anstrengungen, eine »US-Geistereinheit« zu bilden, waren nicht gerade von Erfolg gekrönt. Nur zwei »Sherman«-Panzer, 50 Jeeps und 70 Lastwagen wurden Skorzeny geliefert, und die Zahl der Englisch sprechenden Soldaten ließ sehr zu wünschen übrig. Von den 200 als »englischsprachig« klassifizierten Männern konnten nur zehn wirklich als GIs durchgehen.
Der Plan musste grundlegend geändert werden. Deutsche Panther und Halbkettenfahrzeuge wurden in amerikanische »Scheinfahrzeuge« ver-

Zwei Angehörige von Skorzenys »US-Geistereinheit« in Haft in Belgien. Die aus neun Trupps mit vier Mann bestehenden Einheiten richteten in amerikanischen Tarnuniformen hinter den Linien beträchtlichen Schaden an.

wandelt, damit sie als eine US-Armee-Einheit durchgingen und in den ersten Tagen der Offensive durch die Löcher in der Front sickern können. Skorzenys 150. Panzerbrigade wurde mit Überlebenden seiner Jagdverbände und des SS-Fallschirmjägerbataillons 600 (ursprünglich 500. Bataillon) aufgefüllt. Mit Panzerbesatzungen, Panzergrenadieren, Panzerjägern, Funkern und Pionieren der Wehrmacht konnte Skorzenys Truppe auf eine Stärke von rund 2500 Mann ausgebaut werden. Zwei Bataillone von Fallschirmjägern der Luftwaffe unterstanden nominell seinem Befehl, operierten aber unabhängig vom SS-Sturmbannführer.
Seine Truppe war in mehrere verschiedene Teile untergliedert. Sabotagetrupps sollten wichtige Brücken und Treibstofflager zerstören, um einen amerikanischen Gegenangriff zu vereiteln. Aufklärungseinheiten hatten die Aufgabe, weit ins »amerikanische« Hinterland vorzustoßen und dort Brücken über die strategisch wichtige Maas einzunehmen sowie Verwirrung zu stiften durch die Ausgabe falscher Befehle oder das Auswechseln von Straßenschildern. Zwei Panzerkampfgruppen sollten Breschen in der amerikanischen Linie dazu benutzen, damit die Trupps in amerikanischen Tarnuniformen sicher einsickern konnten.
Bei Beginn der deutschen Offensive am 16. Dezember liefen die Dinge nicht planmäßig. Skorzenys Panzer blieben in einem Verkehrsstau stecken und verpassten dadurch den ersten Angriff. Neun seiner aus vier Mann bestehenden Geheimeinheiten schafften es jedoch hinter die feindlichen Linien, eine sogar bis zur Maas.
Nachdem sie von Panzerpatrouillen ins Niemandsland eskortiert worden waren, rasten Skorzenys Einheiten in Jeeps weiter ins »amerikanische«

Hinterland. Über Funk meldeten sie die Bewegungen des Gegners, durchtrennten die Drähte der Sprengladungen von Brücken und hackten Straßenschilder um.

Die Wirkung auf die Amerikaner stand in keinem Verhältnis zu der daran beteiligten Zahl von Männern. Sobald der erste Trupp gefangen genommen wurde, als er an einem Kontrollpunkt nicht die richtige Parole nannte, verbreitete sich die Nachricht über die Geheimeinheiten wie ein Lauffeuer. Die amerikanischen Soldaten lebten in ständiger Angst vor deutschen Saboteuren. Parolen reichten nicht mehr aus, die GIs mussten bis ins letzte Detail über die Baseballmannschaften Bescheid wissen, um durchzugehen. Als eine von Skorzenys Kommandoeinheiten nach ihrer Gefangennahme zugab, General Dwight D. Eisenhower ermorden zu wollen, verwandelte der Oberste Alliierte Befehlshaber sein Hauptquartier außerhalb von Paris in eine Festung.

Die meisten Trupps Skorzenys sickerten in den ersten Tagen der Offensive durch die amerikanischen Linien, pendelten aber weiterhin einige Tage lang hin und her. Bis zum Ende der deutschen Offensive Ende Dezember nahmen die Amerikaner laut eigenen Angaben 18 von Skorzenys Männern gefangen, mehrere andere fielen in Feuergefechten. Alle Gefangenen wurden für das Tragen amerikanischer Uniformen hingerichtet. Sie versuchten, ihren Kopf aus der Schlinge zu ziehen, indem sie behaupteten, sie hätten in den US-Uniformen ja nicht »gekämpft« und damit nicht gegen das Kriegsrecht verstoßen. Aber das half ihnen nicht. Besonders die Schilderungen über den Mordversuch an Eisenhower brachten die US-Militärführung in Rage.

Günter Billing, einer von Skorzenys Infiltranten, vor einem amerikanischen Erschießungskommando nach der zweiten Woche der Ardennenoffensive. Diese Männer behaupteten, Soldaten und nicht Agenten zu sein, aber die amerikanische Militärjustiz sah das anders.

Teile der 150. Panzerbrigade wurden von Skorzeny schließlich um die Stadt Malmédy eingesetzt. Ihre armselige Sammlung erbeuteter US-Fahrzeuge und umgebauter deutscher Fahrzeuge konnte die GIs, die die Frontlinie außerhalb der Stadt hielten, nicht davon überzeugen, dass dies eine amerikanische Kolonne war. Mehrere Panzer wurden außer Gefecht gesetzt, und die Truppe wurde mit Artilleriefeuer belegt, als sie vor der Stadt zum Stehen kam. Skorzeny selbst wurde in diesem Gefecht verwundet. Seine Männer wurden bis Monatsende in einen erbitterten Abwehrkampf verwickelt. In den zwei Wochen andauernder Gefechte fielen über 200 Mann.

Dann erhielt Skorzeny den Befehl, seine Einheit zur Auflösung aus der

Front zu nehmen. Die Überlebenden wurden zu ihren alten Einheiten zurückversetzt. Er selbst kehrte nach Deutschland zurück und schaffte es noch gerade, die Reste seiner Jagdverbände zusammenzuführen, als auch schon die Ostfront in Polen von einer sowjetischen Offensive durchbrochen wurde. Innerhalb von ein paar Wochen stand die Rote Armee an der Oder und jede Einheit in der Wehrmacht, darunter Skorzenys Kommando, wurde zur Verteidigung des Reichs an die Ostgrenze verlegt.
Als Skorzenys Einheit an der Front eintraf, erhielt sie gleich den Auftrag, den Brückenkopf Schwedt als Infanterie zu halten. Er konnte gehalten werden, bis er von der sowjetischen Offensive gegen Berlin überrannt wurde, die im April vorwärts rollte. Das SS-Fallschirmjägerbataillon wurde ebenfalls in diese Kämpfe geworfen und erlitt ein ähnliches Schicksal.
Ihr Führer entkam dem Tod an der Ostfront und wurde am 15. Mai von den Amerikanern gefangen genommen. Doch seine draufgängerischen Aktionen waren noch lange nicht vorbei. Die Amerikaner versuchten ihn

Das Ende von Günter Billing und Skorzenys Plänen, die Kampfmoral der US-Armee zu untergraben. Die Amerikaner waren entrüstet über Skorzenys Taktiken und versuchten ihn 1945 für seine Kriegsverbrechen zu verurteilen.

als Kriegsverbrecher zu verurteilen, weil er seine Männer in US-Uniformen in den Kampf geschickt hatte. Nachdem ein britischer Offizier über alliierte Agenten und Kommandoeinheiten, die in deutscher Uniform kämpften, ihn mit seiner Aussage entlastete, wurde er freigesprochen.
1947 gelang ihm die Flucht aus einem Gefangenenlager und er schaffte es nach Juan Pérons Argentinien. Von dort aus half er weiteren Nationalsozialisten bei der Flucht aus Europa als Teil des berüchtigten ODESSA-Netzwerks. Skorzeny begnügte sich nicht damit, sich wie andere Nationalsozialisten ruhig zu verhalten, sondern schrieb seine Memoiren (mindestens vier Mal) und gab bereitwillig unzählige Interviews, in denen er sich seiner Leistungen als Hitlers bester Agent rühmte. Wie nicht anders zu erwarten, blies er seine Rolle im Krieg und die Bedeutung seiner Unternehmen gewaltig auf. Er blieb bis zu seinem Tod in Madrid im Jahr 1975 ein Blender.

III
IV
963

V-Waffen – die Raketenspezialisten

Die von NS-Wissenschaftlern während der späteren Phase des Zweiten Weltkriegs entwickelten V-Waffen hätten den Verlauf des Krieges ändern können. Vor allem die unbemannte V 2-Rakete konnte mit ihrer großen Reichweite Ziele in ganz Großbritannien und auf dem von den Alliierten besetzten europäischen Festland treffen. Sie waren richtige Abschreckungswaffen, die während ihrer kurzen Einsatzdauer unter der alliierten Zivilbevölkerung und dem Militär viele Opfer forderten und zur Demoralisierung beitrugen.

Der Zweite Weltkrieg wurde nicht nur von Armeen, Marinen und Luftwaffen geführt. Ganze Bevölkerungen wurden für den so genannten »Totalen Krieg« mobilisiert. Es genügte für ein Land nicht mehr, ein Heer tapferer und entschlossener Soldaten zu haben, sondern diese mussten mit fortschrittlicheren Panzern, Flugzeugen, Kanonen, Unterseebooten und Waffen als der Gegner ausgerüstet sein. Die technologische Überlegenheit entschied über Sieg oder Niederlage in einer Schlacht. Am Ende mobilisierte Hitler die deutsche Bevölkerung für den totalen Krieg und machte seine Wissenschaftler und Techniker zum fixen Bestandteil der Kriegsmaschinerie des Dritten Reichs. Auf dem Gebiet der Wissenschaft war Deutschland führend und konnte daher seine Armeen mit den nötigen Waffen zur Bezwingung des Gegners ausrüsten.

Die A 4 war die erste ballistische Rakete der Welt – eine strategische Waffe, gegen die es keine Verteidigung gab. Es war ein Glück für die Alliierten, dass ihre Entwicklung den ganzen Krieg hindurch durch interne Streitereien in der NS-Hierarchie behindert wurde.

Auf der Suche nach »Wunderwaffen«, mit denen Hitler den Krieg mit einem Schlag gewinnen wollte, zogen die industrielle und militärische Elite Deutschlands an einem Strang. Letztlich wurden alle am Bau und der Bedienung von Hitlers Vergeltungswaffen, allgemein bekannt als V-Waffen, beteiligten Wissenschaftler und Techniker zuerst ins Militär eingezogen

Wernher von Braun, technischer Leiter des V 2-Projekts (in der Mitte mit Gipsverband), in US-Haft, April 1945. Nachdem er am 6. April der SS entkommen war, führte Braun sein Team in die bayrischen Alpen in der Hoffnung, dort Kontakt mit Vorauseinheiten der US-Armee aufzunehmen.

und dann der Kontrolle der SS unterstellt. Sie waren eine ganz neue Art von Kämpfern, die im letzten Kriegsjahr Tod und Verzweiflung auf Ziele in Großbritannien und Westeuropa herabregnen ließen. Für die Briten waren die Mitarbeiter des V-Waffen-Programms Todfeinde. Deshalb waren Bombenangriffe der Royal Air Force im August 1943 gegen die V-Waffen-Versuchsanstalt in Peenemünde Hauptziel.

DIE RAKETENSPEZIALISTEN

In den 1920er-Jahren bildete eine Gruppe junger deutscher Wissenschaftler einen Verein zur Entwicklung interplanetarischer Raketen. Es wurden Experimente mit Raketen durchgeführt, die Geschosse in die Atmosphäre befördern sollten. Durch die Verbrennung von hoch entzündlichem Brennstoff sollte Schub erzeugt werden. Einer der begabtesten und dynamischsten dieser frühen Raketenpioniere war der 19-jährige Student Wernher von Braun. Er sollte später als jener Mann Berühmtheit erlangen, der die amerikanischen Apollo-Raumfahrzeuge entwarf, mit denen der Mensch 1969 auf dem Mond landete.

Die Wehrmacht entwickelte bald Interesse an der Arbeit des Raketentechnikers und führte bereits 1929 Versuche mit den Geräten auf dem Testgelände in Kummersdorf durch. Beaufsichtigt wurden diese ersten Raketenversuche von einem jungen Hauptmann des Heeres mit einem Studienabschluss in Maschinenbau: Walter Dornberger. Er sollte später zu Hitlers Chef der Raketenentwicklung aufsteigen und war damit am ehesten die deutsche Entsprechung von General Leslie Grove, dem Leiter des Manhattan-Projekts zur Entwicklung der Atombombe für die Vereinigten Staaten.

In den frühen 1930er-Jahren arbeiteten Braun und viele seiner Kollegen unter der Leitung Dornbergers an der Entwicklung von Raketen für das Heer. Ziel des Programms war die Erforschung militärischer Einsatzmöglichkeiten von Raketen als wirksame Waffen. Die anfänglichen Ideen waren bescheiden und von begrenzter taktischer Anwendung. 1934 wurde

Oben: Der Peenemünder Raketenkomplex wurde bei einem Angriff von 600 RAF-Bombern am 17. August 1943 getroffen. Dabei wurden Produktions- und Montageanlagen sowie auch die Arbeiterquartiere völlig zerstört. Der alliierte Geheimdienst hatte nach dem Abschuss des ersten A 4-Prototyps im Oktober 1942 elf Monate für die Auffindung des Standorts der Anlage gebraucht.

Links: Nach Fertigstellung verließen die V 2 die Fabrik mit Bahntransporten und wurden auf die einzelnen Startmannschaften verteilt. Im Idealfall sollte es innerhalb von drei Tagen zum Abschuss kommen.

die erste deutsche Rakete des Heeres (A 2) abgeschossen und flog über eine Strecke von rund 2 km.

Zwei Jahre später war die Arbeit so weit vorangeschritten, dass das Oberkommando des Heeres Dornberger und Wernher von Braun praktisch einen Blankoscheck für die Entwicklung von Langstreckenwaffen ausstellte. Sie begannen mit der Planung für den Bau eines Teststands zur Durchführung heimlicher Waffenversuche, und schon bald wurde mit dem Bau der Versuchsanstalt Peenemünde auf der Ostseeinsel Usedom begonnen.

Gleich daneben begann auch die Luftwaffe mit dem Aufbau einer Versuchsanstalt, ihre Aktivitäten waren aber weitgehend unabhängig von jenen des Heereswaffenamts. Letztlich waren über 3000 Personen in der Versuchsanstalt beschäftigt, die über Labors, Montagehallen, Testgelände, ein Flugfeld und ihr eigenes Kraftwerk verfügte. Auf heutige Verhält-

nisse umgerechnet, kostete der Bau der Anlage fast zwei Milliarden US-Dollar. 1940 wurde sie fertig gestellt und in Betrieb genommen, bald danach lief das Raketenprogramm auf Hochtouren.
Nach den gescheiterten Bombenangriffen der Luftwaffe auf Großbritannien im Sommer 1940 wurde das Raketenprogramm zum ersten Mal richtig vorangetrieben, denn Hitler suchte nach einer Waffe, mit der er England über den Ärmelkanal angreifen konnte. Die Arbeiten an einer damals als »A 4« bezeichneten Rakete wurden forciert, und 1942 kam es zum ersten Startversuch. Nach zwei Fehlversuchen gelang der erste Abschuss einer A 4 am 3. Oktober 1942. Der inzwischen zum Oberst beförderte Dornberger war dafür persönlich verantwortlich. Die Rakete durchbrach die Schallmauer, trat in den Weltraum ein und kehrte daraufhin wieder in die Atmosphäre zurück. In dem nur knapp über eine Minute dauernden Flug legte die Rakete über 190 km über der Ostsee zurück und kam nur 4 km vom beabsichtigten Ziel herunter.

DIE V 2

Als Hitler von den erfolgreichen Versuchen erfuhr, war er hellauf begeistert und beauftragte seinen neuen Minister für Bewaffnung und Munition, Albert Speer, die A 4 bereits in ein paar Monaten in Produktion gehen zu lassen. Die in »Vergeltungswaffe 2« oder »V 2« umbenannte Waffe war die erste im Kampf eingesetzte ballistische Rakete. Die Serienversion hatte eine Höhe von rund 14 m, einen Durchmesser von 1,65 m und ein Gewicht von über 12.000 kg. Dank eines Raketenantriebs mit flüssigem Sauerstoff und Alkohol konnte sie einen Sprengkopf von 1000 kg über eine Strecke von bis zu 340 km tragen.

Der V-Waffen-Produktionskomplex in Nordhausen fiel im April 1945 vor dem Eintreffen der Sowjets in amerikanische Hände. Dieser von Zwangsarbeitern errichtete Bau war eine riesige unterirdische Anlage, bestehend aus 69 Stollen, fünf Fabriken und zwei Fließbändern, eines für die V 2, das andere für die V 1.

Im Gegensatz zur V 2-Rakete war die V 1 ein unbemanntes Flugzeug mit Staustrahltriebwerk. Der Prototyp flog zum ersten Mal am 24. Dezember 1942 von Peenemünde und wurde am 13. Juni 1944 im Kampf eingesetzt, als zehn davon auf Südengland abgeschossen wurden.

Trotz Einwänden seitens der Wissenschaftler bestanden Dornberger und seine Kollegen vom Heer darauf, dass die Waffe mobil sein musste, denn ein fester Stützpunkt wäre zu verwundbar gegen alliierte Bomber gewesen, ganz gleich, wie gut dieser durch Stahlbeton geschützt war. Die V 2-Raketen sollten von großen Abschussvorrichtungen auf Anhängern abgefeuert werden, die sich in wenigen Stunden zusammenbauen ließen.

Ein riesiges Produktionsnetzwerk wurde eingerichtet, um mit der Serienproduktion der Waffen zu beginnen, wobei die endgültige Montage in großen eigens dafür gebauten Hallen in Peenemünde, Österreich und Norddeutschland erfolgen sollte. Bei einer Spitzenauslastung sollten 950 Raketen pro Monat gebaut werden, um Großbritannien in die Knie zu zwingen. Dornberger wurde zum Generalmajor befördert und mit der Überwachung der erweiterten Operationen in Peenemünde beauftragt, später stieg er zum Generalleutnant auf.

Inzwischen waren Braun und seine Kollegen in der Heerestechnischen Versuchsanstalt Peenemünde als Mitarbeiter der Versuchsabteilung Nord ins Militär eingegliedert worden. Jeder dieser »Wissenschaftssoldaten« hatte einen militärischen Rang, untereinander redeten sie sich aber immer noch mit ihren Vornamen an. Bis Sommer 1943 erfolgte die Einrichtung der Ausbildungs- und Versuchsbatterie 444 für die Ausbildung der Soldaten, die schließlich die Waffen abschießen sollten. Rund 12.000 Mitarbeiter waren jetzt in der Versuchsanstalt beschäftigt.

Das ganze Jahr 1943 wurde an einem endgültigen V 2-Entwurf gearbeitet und es wurden Arbeiten an Versionen mit größerer Reichweite begonnen. Die Arbeiten wurden aber unterbrochen, als plötzlich in der Nacht vom 17./18. August ein RAF-Bomberkommando Peenemünde bombardierte. Die 227 Bomber verfehlten aber die für die Entwicklung der A 4

Der Sprengkopf der V 1 bestand aus 841 kg Sprengstoff, der direkt hinter dem Kompass und dem Kreisel gehalten wurde. Die Brennstofftanks befanden sich zwischen den Flügeln, dahinter lagen zwei Drucklufttanks für den Antrieb der im Schwanz untergebrachten Steuerflächen.

wichtigen Einrichtungen und warfen die meisten ihrer Bomben stattdessen auf ein Gefangenenlager ab, in dem Zwangsarbeiter der Versuchsanstalt untergebracht waren. Über 700 dieser unglückseligen Gefangenen kamen dabei um.

Die Deutschen beschlossen die Schließung der Versuchsanstalt Peenemünde, und zwar nicht wegen des angerichteten Schadens, sondern weil ihnen klar wurde, dass die überirdischen Anlagen viel zu verwundbar waren. Tief im Inneren Polens wurden neue Versuchsgelände angelegt, und eine Fabrik für die Untertageproduktion wurde unter einem Berg bei Nordhausen in Mitteldeutschland gebaut. Peenemünde blieb jedoch ein administratives Schlüsselzentrum für das V 2-Programm.

Auf den Schlachtfeldern Europas schien Deutschland das Glück zu verlassen, daher drängte Hitler immer verzweifelter darauf, die V 2 endlich einzusetzen und erhöhte das Produktionsziel auf 2000 pro Monat. Wegen Verzögerungen und technischer Probleme lag man jedoch weit hinter dem Produktionsziel. Im Januar 1944 wurden nur 140 V 2 fertig gestellt. Im August erreichte man mit 600 Raketen den Spitzenwert in diesem Jahr, und bis Kriegsende waren rund 6000 gebaut worden.

Obwohl man früher schon erkannt hatte, dass ortsfeste Abschussanlagen ein leichtes Ziel für Bombenangriffe waren, baute man Anfang 1944 in Frankreich zwei riesige Startbunker aus Beton. Wie nicht anders zu erwarten, zerstörten die RAF und United States Army Air Force (USAAF) sie noch vor der Fertigstellung.

Dornberger und Braun mussten auf ihre mobilen Abschussvorrichtungen zurückkommen, und so wurden im Sommer 1944 die Vorbereitungen für die Raketenoffensive vorangetrieben. Es wurden zwei Abschusseinheiten gebildet, von denen eine auf der Batterie 444 beruhte und die andere Nordgruppe genannt wurde. Wissenschaftler und andere Experten von Peenemünde schlossen sich diesen Einheiten an, die an geheime Abschussplätze rund um die niederländische Hauptstadt Den Haag verlegt wurden, weil die Deutschen inzwischen von den Alliierten von ihren ursprünglichen Abschussorten in Frankreich und Belgien vertrieben worden waren. Der allererste Angriff mit einer V 2 wurde am Morgen des 8. September 1944 von der Batterie 444 durchgeführt. Das Ziel war Paris. Später an diesem Tag schoss die Nordgruppe eine weitere V 2 auf London ab.

Im Laufe der nächsten acht Monate wurden über 2500 V 2 auf Südostengland, den belgischen Hafen Antwerpen und Paris abgeschossen. Als wichtiger Versorgungsstützpunkt für die alliierten Streitkräfte auf dem europäischen Festland war Antwerpen das Hauptziel: 1712 V 2 waren für seinen Hafen bestimmt; für London 517 V 2. Es gab keine Verteidigung gegen Raketen im Überschallflug.

Als der niederländische Widerstand die Standorte der Abschussrampen um Den Haag über Funk durchgab, stiegen die alliierten Bomber auf. Bis die Information zu den Alliierten gelangte und die Bomber eintrafen, waren die Abschusstrupps aber schon lange weg. Die Bomber hatten keine einzige Anlage getroffen, daher mussten sich die Alliierten eben auf die Bombardierung der deutschen Versorgungslinien beschränken, damit weder Treibstoff noch neue Raketen zu den Abschusseinheiten gelangten.

Verluste gab es aber bei den Starteinheiten, hauptsächlich deshalb, weil es unmittelbar nach dem Abschuss zu einem Ausfall kam und die Raketen wieder zur Erde sackten. Etwa 20 Prozent der Raketen versagten, von denen zahlreiche auf Den Haag herunterkamen und Zivilpersonen töteten und verletzten. Als der V 2-Feldzug richtig angelaufen war, wurden die Mannschaften immer geübter und konnten ihre Abschussplattformen in wenigen Minuten errichten und dann schnell wieder vor Eintreffen der alliierten Bomber das Gebiet räumen.

Im Winter 1944 und bis 1945 hielten die V 2-Mannschaften ihren tödlichen Beschuss aufrecht, erst der Vormarsch der alliierten Truppen auf Deutschland zwang die Startmannschaften zum Rückzug aus den Niederlanden. Die letzte V 2 wurde am 27. März auf London geschossen. Sie landete im Bezirk Whitechapel und tötete 137 Menschen. Zwei Tage später zogen sich die V 2-Einheiten von Den Haag zurück.

DIE V 1

Unabhängig von Dornbergers und Brauns Arbeiten zum Bau ballistischer Raketen entwickelte das Oberkommando der Luftwaffe seine eigene Fernrakete. Nachdem das Raketenprogramm von Peenemünde dem Heer viel Geld und Prestige eingebracht hatte, beanspruchte es einen Teil dieser Mittel für sich. Ende der 1930er-Jahre erteilte die Luftwaffe den Fieseler Flugzeugwerken, die auch das berühmte Flugzeug Fieseler Storch

Obwohl mit dem Staustrahltriebwerk Geschwindigkeiten von 640 km/h erreicht werden konnten, brauchte die V 1 – mit einem Gewicht von 2180 kg – zusätzlichen Schub beim Start. Dieser wurde durch eine kolbenähnliche, mit Wasserstoffperoxid betriebene Katapultvorrichtung auf der Abschussrampe erzeugt.

bauten, den Auftrag zum Bau einer geflügelten Unterschallrakete mit Strahltriebwerk.
Die Fi 103 startete im Dezember 1941 von einer Rampe im Luftwaffengelände von Peenemünde zu ihrem Jungfernflug. Verglichen mit der A 4 (V 2) war die Fi 103, oder V 1, wie sie bald genannt wurde, in ihrer Herstellung und ihrem Einsatz rentabler. Sie wurde von einfachen Stahlbetonschienen abgeschossen und konnte zwischen 250 und 320 km weit fliegen. Diese Waffe war die Vorläuferin moderner Marschflugkörper, wie der US-Tomahawk.
1942 erteilte Hitler den Befehl zur Serienproduktion, um sich abzusichern, falls das V 2-Projekt nicht verwirklicht werden sollte. 2000 Raketen sollten pro Monat vom Fließband des Fieselerwerks gehen. Der Flak-Waffe der Luftwaffe wurde die Verantwortung für das V 1-Programm übertragen. Im August 1943 wurde das Flak-Regiment 155 (W) gebildet und dem Kommando von Oberst Max Washtel unterstellt. Es erhielt den Auftrag, entlang der französischen und belgischen Nordküste ein Netz aus Abschussanlagen zu errichten und mit der Bombardierung Englands zu beginnen.

V 1-ABSCHUSSANLAGEN

Wie beim V 2-Programm konzentrierte man sich anfangs auf den Bau ortsfester Abschussanlagen. Im Herbst 1943 wurde mit den Bauarbeiten für 88 Anlagen begonnen, doch der britische Geheimdienst fand bald den wahren Zweck dieser »Skianlagen« heraus. Daraufhin starteten alliierte Bomber im Dezember und Anfang 1944 zu systematischen Angriffen. Als im März 1944 mit den Vorbereitungen für die Wiederaufnahme der V 1-Offensive begonnen wurde, standen dem Flak-Regiment 155 über 5700 Mann zur Verfügung. Oberst Washtel und sein Vorgesetzter, Generalleutnant Walter von Axhelm, dachten sich neue Taktiken aus, um der alliierten Bombergefahr Herr zu werden.
Die neuen Abschussanlagen waren klein und über das Land verteilt. Tarnung trat nun an die Stelle des Betons als Hauptschutz. Billige vorgefertigte Startschienen wurden entworfen. Die Starteinheiten wechselten permanent zwischen den einzelnen Abschussorten hin und her, um nicht von alliierten Flugzeugen entdeckt zu werden. Scheinanlagen sollten zur weiteren Verwirrung des alliierten Geheimdienstes beitragen.
Im Vorfeld der alliierten Landungen im Juni 1944 zerstörten alliierte Bomber und Saboteure des Widerstands das französische Eisenbahnnetz, was sich verheerend auf die letzten Vorbereitungen für den Abschuss der ersten V 1 auf England auswirkte. Man hatte eine Massensalve von 54 Abschussanlagen beabsichtigt. Im Endeffekt konnten nur sieben Abschussanlagen für die Operationen in der Nacht vom 12. Juni vorbereitet werden, die zehn V 1 abschossen. Drei Tage später erhöhte sich die Feuerrate auf 244 V 1, die von 55 Anlagen abgeschossen wurden.
Bis Ende Juni schossen die Deutschen pro Tag 120 bis 190 V 1-Raketen ab, davon wurden 2000 auf England gerichtet, von denen die meisten um London landeten. Die V 1 hatten aber einen großen Schwachpunkt: Sobald sie abgeschossen waren, mussten sie mit 640 km/h auf konstantem Kurs und konstanter Höhe fliegen. Dadurch war es für Jäger rela-

Wie die V 2 war die V 1 eine Abschreckungswaffe – sie wurde wahllos gegen zivile Ziele gerichtet, wie hier zu sehen ist. Bei den ersten V 1-Angriffen wurde man vorgewarnt, weil das Staustrahltriebwerk im letzten Sturzflug immer ausfiel. Dabei handelte es sich jedoch um einen Konstruktionsfehler, der bald behoben wurde.

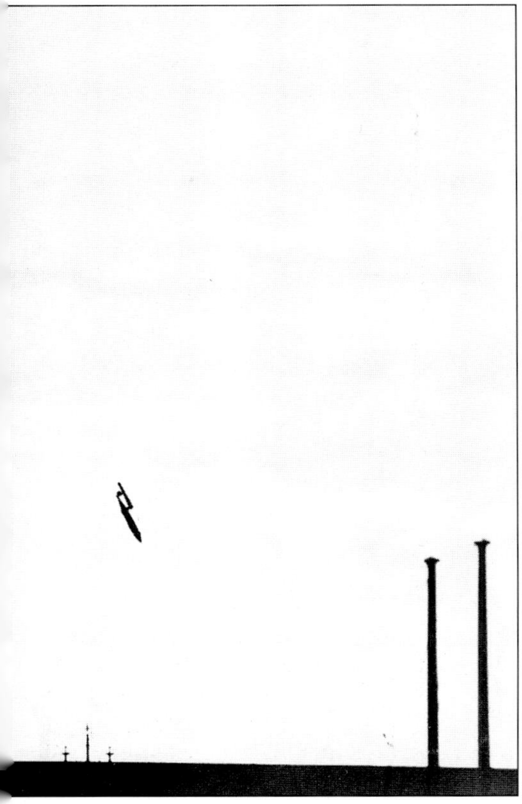

tiv leicht, sie abzufangen und abzuschießen oder sie von ihrem Kurs abzubringen, indem sie die Flügel »antippten«. Einen weiteren Schutz boten Ballon- und Flak-Sperren auf den wahrscheinlichen Anflugrouten zu offensichtlichen Zielen.

Die von der V 1 anfangs überraschten Briten, bei denen die V 1 übrigens bald »Doodlebug«, »Buzz Bomb« oder »Flying Bomb« hieß, bauten schnell eine Abwehr auf und fingen eine beträchtliche Zahl der deutschen Waffen ab. Der alliierte Vormarsch über Europa im Sommer 1944 schränkte die Aktivitäten des Regiments 155 weiter ein, deshalb war Ende August nach dem Abschuss von 8554 Raketen die erste Phase der V 1-Offensive vorbei.

Nach dem Verlust ihrer Abschusspositionen ging die Luftwaffe zu umgebauten Heinkel He 11-Bombern über, die die V 1 unter dem Rumpf tragen und abschießen sollten. Die Kampfgruppe 53 wurde eigens für diese Einsätze ausgebildet und begann im September 1944 mit ihren Angriffen. In den folgenden vier Monaten wurden nicht ganz 900 V 1 von den Heinkel-Sondereinheiten auf Großbritannien abgeschossen.

Das Regiment 155 trat den Rückzug nach Deutschland und den Niederlanden an, um dort umorganisiert zu werden und die Operationen wieder aufzunehmen. Darüber hinaus wurde eine neue V 1-Version mit Holzflügeln und genügender Reichweite entwickelt, um London von den Nieder-

Bis Januar 1945, als die Kampffronten zusammenbrachen, konnten selbst von den mobilen Abschusseinheiten nicht genügend V 2-Raketen abgeschossen werden. Es wurden Experimente mit eigens für Transport, Betanken und Abschuss der Raketen gebauten Zügen durchgeführt.

landen aus zu beschießen. In den Wintermonaten 1944 konzentrierte sich das Regiment auf die Bombardierung Antwerpens, Brüssels und Lüttichs mit rund 8000 V 1. Als die V 1-Version mit größerer Reichweite zur Verfügung stand, wurde mit dem Beschuss von England begonnen. Rund 275 wurden gestartet, bevor die Operationen mit V-Waffen am 30. März 1944 eingestellt wurden. Bis Kriegsende waren 30.000 V 1 gebaut worden und 18.000 auf Ziele in Großbritannien und Westeuropa abgeschossen worden.

Schon vor dem ersten Kriegseinsatz der V 1 und V 2 erkannte Heinrich Himmler, Reichsführer-SS, ihr Potenzial als kriegsentscheidende Waffe. Er wollte diese Waffen der Kontrolle der SS unterstellen und dafür auch den Ruhm einheimsen. Im Februar 1944 begann Himmler Druck auf Wernher von Braun auszuüben, damit dieser vom Heer zur SS überwechselte. Als seine Überredungskunst nichts nutzte, ließ er Braun und andere in Peenemünde beschäftigte Wissenschaftler unter der Anschuldigung verhaften, sie würden wertvolle Ressourcen für die friedliche Raumforschung verschwenden anstatt für die Entwicklung von Kriegswaffen zu verwenden.

Dornberger, der inzwischen der Sonderbeauftragte des Heeres für die Entwicklung, Ausbildung und die Operationen der V 2-Einheiten war, konnte nach ein paar Tagen die Freilassung der Wissenschaftler durchsetzen, indem er behauptete, das Raketenprogramm geriete ohne ihr Fachwissen in Verzug.

Nach dem Bombenattentat auf Hitler im Juli 1944 riss die SS schnell die Kontrolle über die V-Waffen an sich. SS-Gruppenführer Hans Kammler, Beauftragter für Baufragen der Fertigung, erhielt die Leitung über die V-Waffen, Dornberger wurde zu seinem Stellvertreter degradiert. Bis Januar 1945 war es Kammler gelungen, seine Macht so weit auszudehnen, dass er jetzt auch die volle Kontrolle über das V 1-Programm der Luftwaffe hatte.

Kammler spielte bei der Kontrolle der V 2-Operationen in den Niederlanden eine Schlüsselrolle. Die SS-Einheiten sicherten die Startplätze um Den Haag ab und vertrieben gewaltsam Hunderte von Einwohnern aus dem betreffenden Gebiet, um unbeobachtet zu sein. Als die Raketenein-

heiten im April 1945 aus den Niederlanden abziehen mussten, ließ Kammler seine Männer rund um die Fabrik in Nordhausen Aufstellung beziehen, wo sie als Infanterie letzten Widerstand leisten sollten.
Hitlers Interesse an Wunderwaffen beschränkte sich aber nicht nur auf Raketen und Flugkörper. Als ihm die Röchling'schen Eisen- und Stahlwerke den Bau einer weitreichenden Kanone vorschlugen, die London von Frankreich aus unter Beschuss nehmen konnte, war er ganz aufgeregt und verlangte den sofortigen Beginn der Arbeiten an der Waffe. Er betrachtete diese Waffe als sein »Londoner Geschütz« – ein würdiger Nachfolger des »Pariser Geschützes«, das das kaiserliche Heer für die Bombardierung der französischen Hauptstadt im Ersten Weltkrieg eingesetzt hatte.
Das Ziel war der Aufbau einer Batterie mit 50 Geschützen, die täglich 600 140-kg-Geschosse auf London feuern konnten. Diese als Hochdruckpumpe (HDP) bezeichnete Waffe wurde um ein 130 m langes, glattes Rohr gebaut, das über die ganze Länge Seitentreibladungen verteilt hatte. Die Granate löste auf ihrem Weg durch das Rohr diese zusätzlichen Treibladungen aus, wodurch die Geschwindigkeit so weit beschleunigt werden sollte, um das Geschoss ins Ziel zu bringen. Zur Stützung des Rohrs war die Kanone am Hang eines Hügels gebaut worden. Diese Waffe inspirierte in den 1980er-Jahren den kanadischen Wissenschaftler Gerald Bull zum Bau seiner »Super Gun« für den irakischen Diktator Saddam Hussein.
Während Ende 1943 und Anfang 1944 Versuche mit der neuen Waffe, nun V 3 genannt, in Polen durchgeführt wurden, begannen die Arbeiten am ersten Geschützstand in Pas-de-Calais. RAF-Bomber zerstörten indes die Anlage, und das »Londoner Geschütz« feuerte keinen einzigen Schuss über den Kanal. Für die Bedienung der neuen Waffe, die Ende 1944 für die Bombardierung Frankreichs, Belgiens und Luxemburgs im Westen Deutschlands aufgestellt werden sollte, stellte das Heer das Artilleriebataillon 705 auf.

KONKURRENZPROGRAMME DER SS

Der Griff der SS nach dem V-Waffen-Programm brachte die V 3 Ende 1944 unter Kammlers Kontrolle, der die Arbeiten vorantrieb, um die Waffe zur Unterstützung der deutschen Ardennenoffensive im Dezember 1944 einzusetzen. Die ersten Granaten wurden am 30. Dezember abgefeuert. Dann kam eine zweite Waffe zum Einsatz, und beide feuerten weiterhin regelmäßig bis Mitte Februar, als US-Truppen die Stellungen überrannten. Insgesamt wurden 163 Granaten abgefeuert, aber mit wenig Wirkung. Die Deutschen konnten die Waffen auf ihrem Rückzug mitnehmen, Verwendung fanden sie aber keine mehr.
Selbst bevor die SS offiziell die Kontrolle über die V-Waffen an sich riss, nahm sie in Konkurrenz zu Heer und Luftwaffe die Entwicklung ihrer eigenen weitreichenden Waffen in Angriff. Als der Entwurf von Rheinmetall-Borsig für eine weitreichende Rakete mit festem Brennstoff von Dornberger abgelehnt worden war, wandte sich der Konzern an die Feldartillerie und dann an die SS, um Unterstützung für sein Projekt zu erhalten. Fester Brennstoff erlaubte eine Reduktion der Raketengröße sowie eine Erhöhung der Sicherheit, denn der flüssige Brennstoff der V 2 war berüchtigt für seine Unzuverlässigkeit und das hohe Risiko für die Raketenmannschaften.

Die pfeilähnliche Rh-Z-61, auch unter dem Namen »Rheinbote« bekannt, konnte schließlich eine Strecke von 194 km zurücklegen und war die erste je im Kampf eingesetzte Mehrstufenrakete.
Mit Hilfe der Techniker von Rheinmetall-Borsig gelang bis zum 24. Dezember 1944 die Aufstellung der Artilleriebatterie 709, die eine Salve von 24 Rheinboten, die nun V 4 hießen, auf Antwerpen schoss. Selbst der normalerweise leicht zu begeisternde Kammler war von der Effizienz dieser Waffen nicht überzeugt, die eine sehr geringe Treffgenauigkeit zu haben schien, und so gab er den Befehl, das Feuer einzustellen, nachdem weitere 20 Raketen auf den belgischen Hafen abgeschossen worden waren.

DAS VERMÄCHTNIS

Das V-Waffen-Programm hatte nur begrenzten Einfluss auf den Ausgang des Krieges. Von ungefähr 10.000 auf England gerichteten V 1 fielen über 3000 durch Fehlzündung aus oder stürzten unterwegs ab, weitere 4000 wurden von der britischen Luftabwehr abgefangen. Von den restlichen Waffen erreichten nur 2500 ihr beabsichtigtes Ziel, London, und keine einzige traf den Zielpunkt, die Tower Bridge. In der V 1-Offensive gegen Großbritannien wurden über 6000 Menschen getötet, 40.000 verletzt und 20.000 Häuser zerstört. Bei V 2-Angriffen auf London wurden weitere 3000 Menschen getötet und 7000 verletzt.
Im Vergleich dazu gab es bei den Tag- und Nachtbombenangriffen auf Großbritannien von 1940/41 40.000 Tote und 46.000 Verletzte. Obwohl die Verteidigung keinen Schutz gegen die V 2 bieten konnte, kam es nicht zum Zusammenbruch der britischen Moral. Auf dem Schlachtfeld in Europa zeichnete sich deutlich ein Sieg der Alliierten ab, und die britische Öffentlichkeit war bereit, so lange durchzuhalten, bis die alliierten Armeen den Krieg gewannen. Das Ausmaß des Schadens war noch erträglich, und die V-Waffen-Angriffe auf Antwerpen und andere Nachschubbasen der Alliierten auf dem Kontinent erzielten nie eine ausreichende Treffgenauigkeit, um die riesigen Armeen, die zum Angriff auf das Deutsche Reich bereit standen, von den Ressourcen abzuschneiden.
Die enormen personellen, materiellen und technologischen Ressourcen, die in das V-Waffen-Programm gesteckt wurden, waren vergebens. Hitler träumte davon, durch Deutschlands führende Stellung in der Wissenschaft den Gegner mit einem zu Schlag besiegen, aber da täuschte er sich. Es waren Deutschlands Feinde, die diesen Traum schließlich verwirklichten.
In Hitlers V-Waffen-Programm wurden zum ersten Mal Raketen, Marschflugkörper und andere exotische Waffen im Kampf eingesetzt. Die Männer, die diese Waffen bauten und verwendeten, waren eine neue Generation von Kriegern. Wissenschaftler, Techniker und Militärs arbeiteten Hand in Hand, um diese revolutionären neuen Kriegswaffen zu perfektionieren und anzuwenden. Sie waren die Vorläufer der Massenvernichtungswaffen des Kalten Krieges. Wernher von Braun und seine Kollegen von Peenemünde machten sich im Februar 1944 bereits Gedanken über ihre Zukunft nach dem Krieg und begannen mit der Verlegung ihres Forschungszentrums in einen Sektor Deutschlands, der aller Wahrscheinlichkeit nach unter amerikanische und nicht sowjetische Kontrolle fallen würde.

Schon ein paar Monate nach Deutschlands Kapitulation befanden sich Braun und fast 500 deutsche Raketenexperten auf dem Weg in die Vereinigten Staaten, um beim Bau der ersten US-Raketen zu helfen, mit denen der Mensch schließlich zum Mond fliegen sollte. Weil sie der US-Regierung von Nutzen waren, entkamen sie der strafrechtlichen Verfolgung für ihre Kriegsverbrechen.

Links: Nach der Einnahme des Nordhausen-Komplexes durch die US-Armee wurde alles, was beweglich war, noch vor dem Eintreffen der Sowjets verschifft. Bis zum 22. Mai 1945 waren zwölf Tonnen Dokumente und 300 Eisenbahnwagenladungen von V 2-Teilen auf dem Weg nach Antwerpen.

Rechts: Der »Rheinbote« war eine Ende 1944 für das deutsche Heer entwickelte Boden-Boden-Rakete. Sie war eine Vier-Stufen-Rakete mit 1,7 Tonnen Gewicht und wurde mit Festbrennstoff angetrieben. Sie trug einen Sprengkopf von etwa 40 kg; nur 220 wurden gebaut.

KAPITEL 12

JV 44 – der »Galland-Zirkus«

Adolf Galland war eines der besten und populärsten Jagdfliegerasse Deutschlands. Als das Dritte Reich zu zerfallen begann, erhielt er das Kommando über eine Staffel hervorragender Jagdflieger und neuer Düsenjäger. Diese neue Einheit sollte zwar keinen Einfluss auf den Verlauf des Krieges nehmen, wegen der Tapferkeit ihres Staffelführers und ihres Ruhmes aber in die Militärgeschichte eingehen. Der »Galland-Zirkus« operierte nach seinem eigenen Ehrenkodex und ignorierte weitgehend das Diktat hochrangiger NS-Funktionäre.

Adolf Galland war einer der berühmtesten Bf 109-Fliegerasse des Zweiten Weltkriegs. Bis 1941 wurden ihm 103 Abschüsse zugeschrieben. Er wurde zum General der Jagdflieger befördert und war ein lautstarker Befürworter des Me 262-Düsenjägers.

Als das Dritte Reich seinem Untergang entgegenging, bildete die Luftwaffe eine Elitejägereinheit aus den ersten einsatzfähigen Düsenjägern – den Messerschmitt Me 262. Der Jagdverband 44, kurz JV 44, unterstand dem Kommando eines Generalleutnants und bestand aus den besten Fliegerassen der Luftwaffe. Einerseits symbolisierte er den Bankrott von Hitlers Militärstrategie, andererseits zeigte er, dass der Kampfgeist der deutschen Elitesoldaten noch nicht gebrochen war. Obwohl sie weit überlegenen Kräften gegenüberstanden und für eine hoffnungslose Sache kämpften, erhoben sich die Piloten des JV 44 noch in den letzten Tagen vor der Kapitulation des Dritten Reichs in die Lüfte.
Die Einheit wurde von dem berühmten Jagdflieger Adolf Galland gebildet und geführt, der bis 1945 103 bestätigte Abschüsse über Spanien, Polen, Frankreich und Russland erzielt hatte. Im November 1941, im Alter von nur 32 Jahren, war Galland zum Generalmajor befördert und zum General der Jagdflieger ernannt worden. Galland genoss einen solchen Ruf, dass er bereits wenige Stunden, nachdem er mit der Bildung des JV 44 beauftragt worden war, mit Anfragen bombardiert wurde, sich seiner »Expertenstaffel«

Die Ehrenstandarte der Legion Condor wird beim Abschied der Legion von Spanien 1939 als Zeichen der Dankbarkeit General Francos überreicht. Der Spanische Bürgerkrieg war ein ideales Testgelände für die Luftwaffenpiloten. Galland flog in der aus drei Staffeln bestehenden Jägergruppe der Legion.

anschließen zu dürfen. Diese wurde bald in Anspielung auf die Jagdstaffeln des Ersten Weltkriegs als »Galland-Zirkus« bezeichnet.

DIE ME 262

Die Maschine, die dem »Galland-Zirkus« im Kampf die Überlegenheit über die alliierten Jäger am Himmel über Deutschland gab, war die Messerschmitt Me 262 »Schwalbe«. Dieser schnittige zweimotorige Jäger war der erste einsatzfähige Düsenjäger der Welt. Angetrieben von zwei Triebwerken Junkers Jumo 004, konnte die Me 262 Geschwindigkeiten von über 800 km/h erreichen und pro Minute um mehr als 1200 m steigen. Mit dieser Leistung hatten die Piloten einen beträchtlichen Vorteil gegenüber den alliierten Flugzeugen, darunter auch gegenüber dem gerade bei der Royal Air Force (RAF) in Dienst gestellten Düsenjäger Gloster Meteor.

Die Me 262 war das Ergebnis jahrelanger Entwicklungsarbeit eines Düsenkampfflugzeugs, die von den Pionieren der deutschen Luftfahrt bereits in den 1930er-Jahren begonnen wurde. Heinkel arbeitete als Erster an der Entwicklung, doch 1939 erteilte das deutsche Luftfahrtministerium Messerschmitt einen Auftrag für einen Neuentwurf. Das Ergebnis waren schließlich die typischen Pfeilflügel der Messerschmitt Me 262. Die Arbeiten gingen nur langsam voran, und der erste Prototyp flog 1941 mit Propellermotoren, weil die Jet-Triebwerke noch nicht fertig waren.

Die erste düsenstrahlgetriebene Me 262 hatte ihren Jungfernflug ein paar Monate später, doch ein Fehlstart erforderte einen Neuentwurf mit moderneren und verlässlicheren Jumo-004-Triebwerken. Die hervorragende Leistung bei Testflügen veranlasste die Luftwaffe im Mai 1943, diese Maschine in Produktion gehen zu lassen und Heinkels Entwurf eine Absage zu erteilen.

Zu dieser Zeit kam auch Galland zum ersten Mal mit der Me 262 in Berührung und erhielt die Gelegenheit zu einem Probeflug. Sofort erkannte er das Potenzial der neuen Maschine und empfahl, gleich mit ihrer Produktion zu beginnen, um Deutschlands Jägerstärke auszubauen. Die Me 262 war der einzige deutsche Jäger, der über die nötige Geschwindigkeit und Leistung verfügte, um es mit den britischen Jagdbombern aus Holz »de Havilland Mosquito« aufnehmen zu können, die sich damals frei über Deutschland bewegten. Zu einem späteren Zeitpunkt im Jahr 1943 wurde Hitler der neue Jet vorgeführt und er beschloss sofort, ihn als Bomber in Auftrag zu geben. Doch noch bevor die Produktion richtig anlief, zerstörte ein Angriff der USAAF die Montagehallen von Messerschmitt in Regensburg und verzögerte damit das Programm um mehrere Monate. Die Produktion wurde schließlich ins Innere Bayerns verlegt.

Die Leistung der Me 262 war beeindruckend, aber eine leicht zu fliegende Maschine war sie deshalb noch lange nicht. Sie war auch für die erfahrensten unter den Piloten eine Herausforderung. Ihre Handhabung am Boden war problematisch, denn sie überschlug sich leicht, wenn der Pilot die Kontrolle verlor. Noch beunruhigender war ihre hohe Überziehgeschwindigkeit von 288 km/h, die zusammen mit dem unzuverlässigen Jumo-004-Triebwerk bei einem Motorausfall zu einem katastrophalen Strömungsabriss führen konnte. Bei hohen Geschwindigkeiten war das Flugzeug bei weitem nicht stabil, wodurch sich auch die Treffgenauigkeit seiner Waffen bedeutend reduzierte.

Es bedurfte auch eines äußerst geschickten Piloten, um das Meisterstück zu vollbringen, ein Ziel im richtigen Moment unter Beschuss zu nehmen, in denen ein alliiertes Flugzeug bei einem Hochgeschwindigkeitsangriff im Blickfeld des Jets war. Die Triebwerke selbst mussten nach neun Flugstunden überholt werden und waren nach 25 Stunden schrottreif. Das gibt einem eine ungefähre Vorstellung davon, welche enormen technischen und logistischen Anstrengungen nötig waren, um die Me 262 in der Luft zu halten.

Major Galland im Cockpit seiner Bf 109E-4 während der Schlacht um England, 1940. Obwohl die Schlacht für die Luftwaffe – und für Hermann Göring – eine Niederlage war, brachte sie Galland persönlich Siege und nationalen Ruhm in Deutschland.

Die Bewaffnung des Me 262-Grundtyps bestand aus vier in der Nase montierten 3-cm-Kanonen mit 360 Schuss Munition. Zwei 3-cm-Kanonen wurden vom Messerschmitt-Aufklärungsflugzeug getragen, das über vorne angebrachte Kameras verfügte. Als man mit der Maschine einige Erfahrung gemacht hatte, probierte man verschiedene Bewaffnungspakete aus für den Angriff der Jets auf alliierte Bomber, darunter auch eine 5-cm-Kanone mit langem Rohr in der Flugzeugnase und R4M-Raketen unter den Tragflächen. Der feindliche Bomber sollte durch einen Fächer aus diesen Waffen vernichtet werden. Man begann auch mit der Entwicklung gelenkter Raketen, die aber bis Kriegsende nicht die Serienreife erlangten. Das Messerschmitt 262-Schlachtflugzeug trug zwei 250-kg-Bomben unter dem vorderen Flugzeugrumpf.

Bis Anfang 1944 lief die Produktion auf Hochtouren und die ersten 1000 Me 262 wurden an die Luftwaffe geliefert. Weil Hitler darauf bestand, die Jets als Bomber einzusetzen, standen dem Heer nur wenige Me 262-Düsenjäger zur Verfügung, als es von alliierten Fliegerkräften in der Normandie angegriffen wurde. Bis Anfang 1945 wurden sieben Luftwaffengruppen mit Me 262 in der Rolle als Jagd-, Schlacht- und Aufklärungsflugzeug ausgerüstet. Durch den raschen Vormarsch alliierter und sowjetischer Armeen wurde die Luftwaffe auf eine kleine Zahl von Flugfeldern innerhalb der deutschen Grenzen zurückgedrängt.

Jeden Tag warfen alliierte Flugzeuge Tausende Tonnen von Bomben auf Deutschland ab, und es gab wenig, was die noch verbliebenen Fliegerkräfte der Luftwaffe dagegen unternehmen konnten. Unerfahrene Piloten, darunter frühere Bomberpiloten, mischten sich unter die Me 262-Einheiten. Für hochrangige Jagdflieger der Luftwaffe wie Galland wurden die Jets nicht so effektiv genutzt, wie sie es sich vorstellten. Angesichts der jämmerlichen Leistung der Luftwaffe in den letzten Monaten des Jahres 1944 stellten die besten Jagdflieger der Luftwaffe Görings Führung in Frage und forderten tatsächlich auch seine Entlassung. Galland war der Rädelsführer dieser Gruppe.

Johannes Steinhoff, Jagdfliegerass und einer der hochrangigen Kampfpiloten, stand in der Auseinandersetzung mit Göring Anfang 1945 offen zu Galland.

Eigentlich war es gar nicht so überraschend, dass Galland unter den Kritikern von Görings katastrophaler Politik eine zentrale Stellung einnahm. Er war schon dafür berühmt, den korpulenten Oberbefehlshaber der Luftwaffe auf dem Höhepunkt der Schlacht um England im Jahr 1940 in Rage gebracht zu haben, weil er Göring mitteilte, er bräuchte eine Staffel von Spitfires, um die Royal Air Force zu besiegen.

Galland, berühmt für sein Filmstaräußeres und die typische Großspurigkeit eines Jagdfliegers, flog im Spanischen Bürgerkrieg 300 Einsätze bei der deutschen Legion Condor, bevor er das Kommando über eine Messerschmitt Bf 109-Jagdstaffel im Polen- und Frankreichfeldzug übernahm. In der Schlacht um England wurde er, nachdem er seine Abschussrate auf 70 Flugzeuge steigerte, zum Major befördert. Ende September 1940 war er bereits Oberstleutnant und fiel dem Oberkommando der Luftwaffe und dem Führer auf.

Anstatt sich den Truppen für die Invasion in Russland anzuschließen, blieb Gallands Einheit in Frankreich und lieferte sich dort weiterhin Duelle mit den in Nordfrankreich eingesetzten RAF-Jägern. Seine Jagdflugzeuge deckten den berühmten Durchbruch zweier deutscher Schlachtschiffe im Februar 1942 in den Ärmelkanal, und er erhöhte seine Abschussrate auf 92 bestätigte Abschüsse. Im Vergleich zu seinen in Russland kämpfenden Kameraden waren Gallands Abschusserfolge bescheiden, doch den Großteil seiner Luftsiege erzielte er gegen Piloten der amerikanischen und englischen Luftwaffe in leistungsstarken Spitfires, Hurricanes oder Mustangs. Um die besten der westlichen Maschinen bekämpfen zu können, war Galland ständig auf Suche nach neuen Taktiken und Flugzeugen. Als Jagdflieger war er, wie nicht anders zu erwarten, der Meinung, dass Deutschland ohne seine Luftherrschaft den Krieg verlieren würde, deshalb hatte er oft Auseinandersetzungen mit höheren Stellen der Luftwaffe, die seine Meinung nicht teilten. Für die Theoretiker strategischer Bombenangriffe hatte er wenig übrig.

Der hochrangige Offizier, an dessen Stelle Galland als General der Jagdflieger trat: General Werner Mölders. Wie Galland war Mölders ein Veteran der Legion Condor und ein Jagdfliegerass. Er wurde als erster Jagdflieger mit dem Ritterkreuz ausgezeichnet und übernahm das Kommando über die Jagdflieger im Sommer 1941. Im darauf folgenden November kam er bei einem Flugzeugabsturz um.

GALLAND WIRD GENERAL DER JAGDFLIEGER

Nach dem Tod von Jagdfliegerass Werner Mölders im Jahr 1941 fiel die Wahl natürlich auf den jungen, eigensinnigen Galland, um dessen Nachfolge als General der Jagdflieger anzutreten. Damit hatte Galland zwar nicht das Kommando über Jägereinheiten im Fronteinsatz, war nun aber direkt mit dem Entwurf und der Produktion neuer Jagdflugzeuge für die Luftwaffe sowie auch mit den Taktiken befasst. Als die alliierte Bombenoffensive gegen Deutschland 1942 und 1943 an Schwung gewann, drängte Galland wiederholt darauf, dem Bau von Nachtjägern und Jets Priorität einzuräumen, um den Tausenden von schweren Bombern der RAF und der USAAF, die Tod und Verwüstung auf die deutschen Städte herabregnen ließen, zu begegnen. Trotz der Auswirkung auf die industrielle Produktion stellten Hitler und Göring weiterhin stur die Produktion von Jägern hinter den Bau von Bombern oder V-Waffen.

Als ab Ende 1943 die B-17 von amerikanischen Jägern P-51 Mustang nach Deutschland eskortiert wurden, standen nicht genügend Jäger zur Verteidigung. In den ersten fünf Monaten des Jahres 1944 verlor die

Dieser Jäger konnte nach Adolf Gallands Überzeugung eine Wende in der alliierten Bombenoffensive herbeiführen: die Me 262. Sein Optimismus war begründet. Mit ihren zwei Turbojets konnte die Me 262 1200 m pro Minute steigen und eine Geschwindigkeit von 868 km/h auf 7000 m erreichen.

Luftwaffe über 1000 erfahrene Jagdflieger in diesem einseitigen Duell, und es gab wenig Aussicht auf Ersatz. Bis zur Landung der Alliierten in der Normandie war die Jagdfliegerwaffe lahm gelegt. Entgegen Gallands Rat wurden die Reste zur Verteidigung der Normandie eingesetzt und wurden bald dezimiert. Die deutsche Kriegsproduktion war nun Tag und Nacht permanent Luftangriffen ausgesetzt und konnte daher für den Wiederaufbau der Luftwaffe nicht viel tun.

Deutschlands vorausblickender Minister für Bewaffnung und Munition, Albert Speer, wurde ein enger Freund Gallands, als dieser mit allen Mitteln den völligen Zusammenbruch der deutschen Jagdfliegerwaffe zu verhindern versuchte. Galland setzte sich für die Zusammenfassung aller verfügbaren Jäger für »strategische Angriffe« auf die alliierten Bomber ein. Doch Göring ignorierte ihn und vergeudete die Reserven an Kampfflugzeugen in der schlecht geplanten Offensive gegen alliierte Flugfelder in Westeuropa, dem so genannten Unternehmen »Bodenplatte«. Galland wurde von Göring zum Sündenbock gemacht und seines Amtes enthoben.

Das war der Hintergrund der so genannten »Meuterei der Jagdflieger« im Januar 1945. Eine Gruppe führender Jagdflieger und Luftwaffenkommandeure verlangte eine Besprechung mit Göring, um gegen Gallands Entlassung und Görings katastrophale Politik zu protestieren. Ihre Forderungen waren einfach: Der korpulente Göring sollte gehen. Der Oberbefehlshaber der Luftwaffe war außer sich über diese Meuterei und stürmte aus der Konferenz hinaus, um Gallands Verhaftung zu veranlassen. Andere am Aufstand Beteiligte verloren ihr Kommando oder wurden auf die Verhaftungsliste gesetzt.

Bestürzt wandte sich Galland an Speer, um ihm aus dieser verzweifelten Lage zu helfen. Speer appellierte persönlich an Hitler, der immer noch eine Schwäche für Galland und mehrere andere hoch dekorierte Meuterer hatte. Göring wurde angewiesen, die Hafturteile rückgängig zu machen und Galland, inzwischen zum Generalleutnant aufgestiegen, das Kommando über eine Spezialeinheit von rund 22 Me 262 zu geben, die etwas größer als eine Staffel war und außerhalb der üblichen Befehlskette der Luftwaffe stehen sollte. Damit hatte Galland eigentlich die Chance bekommen, seine Theorie, dass Düsenjäger den Verlauf des

Krieges ändern konnten, zu beweisen oder dabei sein Leben zu lassen. Der JV 44 war geboren.
Göring und seine Gefolgschaft im Oberkommando der Luftwaffe waren nicht gerade glücklich darüber, von Hitler so übergangen zu werden. Sie versuchten alles, um Gallands Unternehmen zu sabotieren und strebten wiederholt die Auflösung des Verbands an. Gallands Name durfte in der Bezeichnung der Einheit nicht erwähnt werden, außerdem sollte er von keinem Luftwaffenstab bei der Organisation der Einheit Hilfe bekommen. Galland war auf sich selbst gestellt.
Gallands persönliche Anhängerschaft unter den Jagdfliegern der Luftwaffe war aber Görings plumpen Versuchen, Galland zu behindern, mehr als gewachsen. Mehrere hochrangige »Meuterer«, wie Johannes Steinhoff und Günther Lützow, schlossen sich schnell dem Jagdverband 44 an, und als es sich herumsprach, rannten die besten Jagdflieger Galland die Tür ein. Vielen dieser Fliegerasse war bewusst, dass das Ende näher kam, und sie wollten bis zum Ende des Krieges bei den Besten und in den besten Flugzeugen sein. Speer und Galland freundlich gesinnte Industrielle sorgten dafür, dass er die benötigten Flugzeuge, Ersatzteile sowie die erforderliche Ausrüstung bekam.
Ende Februar 1945 nahm der JV 44 allmählich auf einem Flugfeld bei Berlin Gestalt an. Die Liste seiner Piloten umfasste die berühmtesten deutschen Jagdfliegerasse. Zumindest 16 seiner Piloten waren Ritterkreuzträger, und sieben hatten das Eichenlaub zum Ritterkreuz. Zusammen betrugen ihre Abschusserfolge über 1000 feindliche Flugzeuge. Viele von ihnen hatten vorher noch nie eine Me 262 geflogen, und sie mussten eine Menge Zeit damit verbringen, den launischen Jet in den Griff zu bekommen.

GALLANDS NEUE TAKTIKEN

Um die Me 262 bestmöglich einzusetzen, entwickelte Galland die neue Taktik der »Schwärme«, bei der Formationen von drei Jets zusammen in einer so genannten »Kette« fliegen sollten, um den Piloten die Überwachung zu erleichtern und größere Feuerkraft gegen ein einzelnes Ziel zu konzentrieren. Sobald ein Bomberverband entdeckt wurde, sollte sich nach Gallands Taktik eine Kette von drei Jets hinter einem Bomber aufreihen und dann gleichzeitig angreifen. Wenn sie mit maximaler Geschwindigkeit angriffen, konnten die Me 262 ihr Ziel treffen und wieder verschwinden, bevor der Bomber sein Ziel finden konnte oder amerikanische Begleitjäger Zeit zum Eingreifen hatten. Mindestens ein Flugzeug einer Kette sollte mit »R4M«-Raketen ausgerüstet sein, damit der Bomber auf die eine oder andere Art sicher abgeschossen würde.
Ende März 1945 war Gallands Einheit bereit für die Verlegung nach Süden zum Luftstützpunkt München-Riehm, von dem aus sie ihren kurzen Ruhmeszug antreten sollte. Ihren ersten Patrouillenflug absolvierte sie am 3. April, ohne auf Widerstand zu treffen. Ein einsames Aufklärungsflugzeug P-38 Lightning wurde am 4. April abgeschossen, für größere feindliche Bomberverbände gab es zu diesem Zeitpunkt über Süddeutschland noch keine Anzeichen.

Zwei Tage später erhielt der Galland-Zirkus Gelegenheit, zu beweisen, was in ihm steckte, als ein Verband von über 1000 alliierten Bombern und 600 Jägern sich Süddeutschland näherte. Fünf Me 262 unter der Führung von Steinhoff starteten, um sich mit der massiven Formation anzulegen. Es war eine hoffnungslose Aufgabe, aber trotzdem nahmen sie es mit den Bombern auf und schossen einen B-17 ab, bei einem Verlust von einer Me 262. Als die rückkehrenden Jets wieder auf dem Stützpunkt eintrafen, war dieser von alliierten Jägern unter Beschuss genommen worden, sodass eine sichere Landung kaum möglich war.

So ging es in den nächsten Monaten weiter. Die pausenlosen alliierten Luftangriffe auf den Stützpunkt des JV 44 erforderten eine Verteilung der Me 262 auf sichere Basen. Focke Wulf Fw 190-Jäger wurden zum Schutz der Jets abgestellt, die während des Starts und der Landung leicht angegriffen werden konnten.

Der Ruhm des JV 44 machte nun in der ganzen Luftwaffe die Runde, und in den höheren Rängen redete man jetzt immer mehr vom »Jagdverband Galland«. Das war wohl das höchste Kompliment für den berühmtesten Jagdflieger der Luftwaffe.

Tag für Tag erhoben sich die Flieger des JV 44 in die Luft, um immer größere Verbände alliierter Flugzeuge herauszufordern. Im Durchschnitt waren zwei Ketten mit sechs Flugzeugen des JV 44 oben, während die Alliierten über 1000 Flugzeuge täglich über Deutschland einsetzten. Am 10. April fiel eine Mustang der USAAF dem JV 44 zum Opfer.

Reichsmarschall Hermann Göring bei einer Formation der Legion Condor, Mai 1939. Göring, im Ersten Weltkrieg selbst ein Fliegerass, erlangte durch seine Erfolge in der NS-Parteipolitik im März 1935 den Befehl über die neue Luftwaffe. Seine Kompetenz wurde im Laufe des Krieges von vielen in Frage gestellt.

Diesen Jäger, so wagte es Adolf Galland 1940 Göring zu informieren, wollte er für seine Staffel haben: die Supermarine Spitfire. Hierbei handelt es sich um die Variante Mk V-B mit zwei Kanonen und vier MG.

Galland leistete seinen Beitrag in der Luft und erzielte am 16. April zwei Abschüsse, als er einen Verband von B-26 Marauders mit »R4M«-Raketen angriff. Die Amerikaner hielten den Druck auf den JV 44 aufrecht: Unmittelbar nachdem Galland und seine Männer zum Stützpunkt zurückkehrten, stießen elf Mustangs auf München-Riehm herab und zerstörten 25 deutsche Flugzeuge. Mitten in diesem Chaos hielt Galland seine Maschine bereit und setzte zum Start an, sobald ein verlockendes Ziel in seine Reichweite kam.

Am 17. April führte er seine Männer wieder ins Gefecht und schoss einen amerikanischen Jäger ab. Beim Start zu einem Einsatz am 18. April erlitt Steinhoff schwere Verbrennungen, als sich seine Me 262 beim Start überschlug. Am folgenden Tag stiegen drei deutsche Jets wieder in die Luft, um gegen 500 amerikanische Bomber anzutreten, und erzielten einen Abschuss.

Bessere Resultate wurden am 20. April erzielt, als Gallands Fliegerasse drei B-26 abschossen und sieben beschädigten. Sie wandten die bewährte Kettentaktik an, als sie einen großen Bomberverband über Bayern überraschten und entkamen, bevor die Begleitjäger eingreifen konnten.

Der ständige Vormarsch der alliierten Armeen führte dazu, dass fast alle noch verbliebenen Me 262-Einheiten ihre Maschinen in München-Riehm zusammenzogen, wo sie unter Gallands Kommando wirkungsvoll zum

Das war das Ziel des JV 44: Massenverbände von amerikanischen B-17 Flying Fortresses der US Army Eight Air Force, die »Präzisionsangriffe« bei Tage gegen Deutschland flogen.

Einsatz kamen. Die Zahl der verfügbaren Düsenjäger erhöhte sich auf über 40. Er konnte nun täglich mehr als ein Dutzend Flugzeuge in der Luft haben. Weitere 16 Me 262, darunter eines der Versuchsmodelle mit 5-cm-Kanone, flogen nach Süden, um sich Galland am 23. April anzuschließen. Noch ein Dutzend Jets traf am folgenden Tag ein.

Die Neuankömmlinge steigerten die Schlagkraft des JV 44, sodass dieser den Angriffen am 24. April beherzten Widerstand leisten konnte. Am Morgen überraschte er einen US-Bomberverband und schoss drei Flugzeuge ab. Weitere Jets gingen in Einsatz, aber diesmal waren amerikanische Jäger in der Nähe und vertrieben die Me 262. Lützows Jet wurde getroffen und explodierte, dabei wurde das berühmte Fliegerass getötet. Auf sein Konto gingen 108 Abschüsse.

Als Göring von der Einschließung Berlins erfuhr, versuchte er die Regierungsmacht an sich zu reißen. Hitler tobte vor Wut und befahl Görings Verhaftung. Und wie es das Schicksal so wollte, beauftragte Speer Galland mit der Festnahme seines früheren Vorgesetzten. Doch Galland war eher an der Verteidigung seines Landes als an politischen Spielchen interessiert und ignorierte diesen Befehl einfach.

Seine Piloten mussten nicht lange warten, bis sie wieder im Einsatz waren. Am 25. April versuchten sie, mit einem Bomberverband fertig zu werden und schossen zwei amerikanische Jäger im Nahkampf ab. Während dieses Luftgefechts versuchte der JV 44 zum ersten Mal, die Me 262 mit der 5-cm-Kanone einzusetzen. Sie hatte jedoch eine Ladehemmung und kein einziger alliierter Bomber wurde von der schweren Waffe »in Stücke gerissen«. Am folgenden Tag führte Galland selbst seine Männer in den Kampf gegen einen Verband von B-26 Marauders über Ulm. Schon nach kurzer Zeit schoss er mit seinen Kanonen zwei der Bomber ab, zwei weitere fielen den deutschen Raketen zum Opfer.

Dann stürzten sich P-47 Thunderbolt-Begleitjäger auf die deutschen Jets. Gallands Cockpit wurde durchsiebt und sein rechtes Bein von einem Schrapnell zertrümmert. Er brach das Gefecht ab und wendete zum Heimflug, doch gerade als er nach München-Riehm zurückkehrte, wurde er von

alliierten Jägern angegriffen. Er schaffte es gerade noch, seinen Jet zu landen, dann wurde er von der Landebahn gerissen und schlitterte zwischen dem Kanonenfeuer dahin. Das war das Ende seiner Fliegerkarriere bei der Luftwaffe, und Oberst Heinz Bar übernahm das Kommando des JV 44.
Am nächsten Tag ging es für den JV 44 ins Kampffinale gegen amerikanische Jäger aus dem Westen und sowjetische Flugzeuge aus dem Osten. Die Me 262 erzielten vier Abschüsse, darunter zwei von Oberst Bar.
Galland übernahm trotz Gipsbein wieder das Kommando über seine Männer, auch wenn er ans Krankenbett gefesselt war, als seine Einheit den Befehl zur Verlegung nach Norden nach Prag erhielt, um sich der Schlacht gegen die auf die tschechische Hauptstadt vorrückenden sowjetischen Truppen anzuschließen. Aus Angst, seine Männer würden in sowjetische Gefangenschaft wandern, wenn er den Befehlen Folge leistete, widersetzte sich Galland und wies Oberst Bar an, den JV 44 dort zu lassen, wo er war. Nachdem Galland seinen Einfluss an mehreren Stellen geltend gemacht hatte, wurden die Befehle geändert und die Einheit begann mit der Verlegung nach Salzburg.
Als die Nachricht von Hitlers Selbstmord durchkam, sandte Galland einen Emissär zu Verhandlungen mit den Amerikanern. Er schlug vor, der JV 44 solle für einen Einsatz gegen die Sowjets unversehrt bleiben. Die Amerikaner ignorierten seinen Annäherungsversuch. Das Oberkommando der Luftwaffe wollte den JV 44 immer noch nach Prag verlegen, aber Oberst Bar weigerte sich, sich von der Stelle zu rühren, und erklärte, er folge den Befehlen von Generalleutnant Galland. Am 4. Mai ergab sich der JV 44, nachdem US-Panzer seinen neuen Stützpunkt in Salzburg überrannten, aber erst nachdem die Piloten alle Flugzeuge zerstört hatten, indem sie Handgranaten ins Cockpit warfen.

AUF VERLORENEM POSTEN

Galland leugnete später, so etwas wie ein fanatischer Nationalsozialist gewesen zu sein, der den Krieg selbst noch verlängern wollte, als er wusste, dass Deutschlands Sache ohnehin verloren war. Er behauptete, seine Einheit hätte lediglich bis zum Ende ihre Pflicht erfüllt. Bis Kriegsende konnte er nicht beweisen, dass mit dem massierten Einsatz von Me 262 ein Sieg über die großen alliierten Bomberverbände errungen werden konnte. Mehr als ein Dutzend Düsenjäger konnte er nie gleichzeitig in der Luft haben, deshalb hatte die »Expertenstaffel« wohl kaum eine Chance. In seiner kurzen elfwöchigen Existenz gelang dem JV 44 der Abschuss von nur 24 alliierten Flugzeugen bei einem Verlust von drei Me 262 im Luftkampf. Dutzende Flugzeuge der Einheit wurden aber bei den unaufhörlichen Angriffen auf die Stützpunkte zerstört oder beschädigt.
Das Schicksal des JV 44 steht stellvertretend für den Beitrag der Spezialeinheiten zu Deutschlands Kriegsanstrengungen. Sie scheiterten bei aller Tollkühnheit. Galland und seine Männer haben zwar bis zum Ende gekämpft, waren letzten Endes aber nicht in der Lage, den Kriegsverlauf zu ändern. Hitlers strategisches Versagen und die zahlenmäßige Überlegenheit der Alliierten ließ sich nicht durch die Tapferkeit von ein paar Männern wettmachen, ganz gleich, wie gut ihre Führung und Ausrüstung waren.

KAPITEL 13

Die »Brandenburger«

Das »Regiment Brandenburg« bestand aus speziell ausgebildeten Kommandos der deutschen Abwehr. Erste Operationen in Polen, den Niederlanden und Belgien demonstrierten die Wirksamkeit solcher Spezialeinheiten in der modernen Kriegsführung. Die Männer wurden für den Kampf hinter den feindlichen Linien ausgebildet, sie trugen die Uniform des Gegners oder Zivil, und einige beherrschten mehrere Sprachen. Im Zweiten Weltkrieg führten sie in Europa viele Einsätze durch, die aber in der allgemeinen Militärgeschichte des Dritten Reichs größtenteils untergegangen sind.

Brandenburger bei der Überquerung eines Sees in Karelien (Finnland). Dieser unwegsame und weitgehend unbewohnte Kriegsschauplatz war ein ideales Betätigungsfeld für Partisanen und Sondereinheiten.

Die *Brandenburger* waren die wahren Vorläufer heutiger Sondereinheiten und wurden als Teil der Abteilung II der Abwehr (militärischer Nachrichtendienst) ins Leben gerufen. Nach General Canaris, dem Chef der Abwehrabteilung, bestand ihre Aufgabe darin, möglichst lange verdeckt zu operieren, selbstständig und autark zu sein und in kleinen Gruppen Aufgaben effizient auszuführen, deren Durchführung für größere Gruppen unmöglich gewesen wäre. In ihrer Anfangszeit vor dem Zweiten Weltkrieg rekrutierten die Brandenburger ihre Angehörigen meist über Mundpropaganda und persönliche Empfehlung. Und es schlossen sich ihnen sogar Männer jüdischer Abstammung an. Die für die Einheit ausgewählten Männer wurden auf einem Gut bei Brandenburg ausgebildet, von dem sich auch der Name des Verbandes ableitet.

Ihren ersten Einsatz hatten sie während der Invasion in Polen im September 1939. Die Brandenburger hatten die Aufgabe, durch die Grenze einzusickern und taktische Schlüsselziele, gewöhnlich Brücken, einzunehmen, um den Vormarsch der Wehrmacht zu unterstützen. Polen war nur der Anfang, ihren wirklichen Beitrag zu den deutschen militärischen Anstrengungen leisteten sie während des Westfeldzugs im Jahr 1940. Am 8. Mai 1940 überschritten die Brandenburger in niederländischer Uniform die Grenze zu den Niederlanden. Ihr Ziel war die Maasbrücke bei Gennep. Um 2.00 Uhr am Morgen des 10. Mai, gerade als deutsche Kräfte über die Grenze zu rollen begannen, startete Leutnant Wilhelm Walther von den Brandenburgern den Angriff. Er und seine Männer trugen die Tarnuniform der niederländischen Militärpolizei und eskortierten einige deutsche Gefangene. Die acht Brandenburger überraschten die Brückenverteidigung und schalteten zwei Wachposten aus. Drei Agenten wurden jedoch verwundet, und der Brückenkopf am anderen Flussufer war immer noch in feindlicher Hand. Als Walther in seiner niederländischen Uniform auf die Posten zuging, zögerten die Verteidiger, weil sie nicht auf einen von ihnen schießen wollten. Das war ein verhängnisvoller Fehler, der die Zerstörung des Brückenkopfs und die Sicherstellung der Sprengsätze zur Folge hatte. Kurz darauf trafen auch schon die ersten Panzer ein, um den Erfolg auszuweiten.

Admiral Wilhelm Canaris, Chef der Abwehrabteilung. Er erkannte zu einem frühen Zeitpunkt im Krieg den großen Nutzen von Kommandoeinheiten im Einsatz gegen strategische Ziele und unter der Führung des Nachrichtendiensts.

RUMÄNIEN

Im Mai 1941 schlossen Admiral Canaris und Morusow, Chef der *Siguranza* (des rumänischen Geheimdiensts), eine geheime Vereinbarung über den Schutz der wichtigen kommerziellen und militärischen Einrichtungen in Rumänien, insbesondere der Ölfelder von Ploesti und dem Handelsschiffsverkehr auf der Donau. Um den Rumänen bei der Sicherung zu helfen, verlegten die Deutschen das 2. Bataillon des Regiments »Brandenburg« von Österreich nach Ploesti.

Die Brandenburger waren mit Papieren und der Bekleidung von Bohrturmarbeitern, Bauern, Sportlern und Mitgliedern der Jugendbewegung ausgestattet und lebten in der Gegend in und um Ploesti. Angeblich hinderten sie Mitglieder des British Special Air Service (SAS) an der Zerstörung des Eisernen Tors, dem wichtigen Durchbruchstal der Donau. Die Brandenburger hinderten den SAS auch an der Zerstörung der wichtigen Brücke über dem Donaudelta bei Cernavoda.

Nach dem Fall Frankreichs im Juni 1940 richtete Hitler seine Aufmerksamkeit auf die Sowjetunion. Die Brandenburger, inzwischen zu einem Regiment ausgebaut, sollten am Unternehmen »Barbarossa« teilnehmen, der deutschen Invasion in Russland. Vor der Invasion wurden ukrainische Freiwillige für eine neue Abteilung innerhalb des Regiments »Brandenburg« angeworben. Die Abwehr-Sondereinheit »Nachtigall« wurde dem 1. Bataillon, Regiment »Brandenburg«, zugeteilt und war bei der Eroberung einer wichtigen Brücke über den San während der Invasion maßgeblich beteiligt. Der Patriotismus der Ukrainer war letztlich das Ende für den Zusammenhalt der Einheit, denn als sechs Tage danach im Juni 1941 die Einnahme eines Radiosenders in Lemberg (Lwow) gelang, riefen sie einen unabhängigen ukrainischen Staat aus. Danach betrachteten die Deutschen die Einheit mit Misstrauen und lösten sie Ende des Jahres auf, da sie für unzuverlässig erachtet wurde.

Im August 1942 gelangte eine aus 62 Balten und Sudetendeutschen zusammengestellte Brandenburger-Einheit unter dem Kommando von Baron Adrian von Fölkersam in Südrussland in feindliches Gebiet. Es handelte sich um einen klassischen Einsatz der Brandenburger. Ihr Ziel war die Einnahme der Ölfelder von Maikop. Mit Lastwagen der Roten Armee und Uniformen des NKWD, des sowjetischen Geheimdiensts, sickerte Fölkersams Einheit durch die sowjetischen Linien und bewegte sich in Richtung Ziel. Dann stieß sie auf eine große Einheit von Deserteuren der Roten Armee. Fölkersam beschloss, die Situation möglichst zu seinem Vorteil zu nutzen und überredete die Deserteure, sich wieder der sowjetischen Sache anzuschließen. Er konnte sich ihnen mit seinen Männern anschließen und nach Belieben die russischen Linien passieren. Das Ziel war Maikop, wo er sich mit dem Militärkommandanten der Stadt beriet. Fölkersam gab sich als NKWD-Major aus Stalingrad aus und überredete den russischen Kommandanten zu einer persönlichen Führung durch die Verteidigungsstellungen der Stadt. Mit den gewonnenen Informationen entwickelte Fölkersam einen Plan für die Einnahme von Maikop.

Am 8. August, als die deutsche Armee nur mehr 19 km entfernt war, setzten die Brandenburger zum Zug an. Mit Handgranaten simulierten

Die massiven Wälle des belgischen Forts Eben Emael. Der Fall des Forts und anderer Verteidigungseinrichtungen in den Niederlanden 1940 zeigte, was mit einer kleinen Gruppe hoch spezialisierter und bestausgebildeter Soldaten erreicht werden konnte.

sie einen Artillerieangriff und schalteten das Kommunikationszentrum der Stadt aus. Dann ging Fölkersam zu den russischen Offizieren der Garnison und teilte ihnen mit, dass ein Rückzug stattfände. Da sie Fölkersam mit ihrem Kommandanten gesehen hatten und sie keine Verbindung mehr zum Rest der Roten Armee hatten, glaubten die Sowjets die Geschichte. Die Russen zogen ab und die Wehrmacht zog am 9. August 1942 in einem unblutigen Sieg in Maikop ein.

Die Brandenburger waren auch im hohen Norden der Ostfront in einer wenig bekannten Operation gegen Murmansk aktiv. Gegen Ende 1941 wurde General Schörner, ein Brandenburger, in General Dietls Hauptquartier beordert. Dietl hatte zu dieser Zeit den Befehl über die Lappland-Armee und hatte Probleme bei der Einnahme des Hafens von Murmansk.

Schörner entwickelte einen Plan, bei dem ein speziell ausgebildeter Brandenburger-Kommandotrupp tief ins sowjetische Hinterland nach Zentral- oder Nordkarelien vorstoßen und dort den Bahnverkehr von Murmansk möglichst lahm legen sollte. Schörners Ziel war die größtmögliche Vernichtung der im Rahmen des US-Lend-Lease-Programms gelieferten Güter nach Murmansk. Anfänglich wollte er sich nur auf ein kleines Gebiet in Karelien konzentrieren, doch Dietls Vorgesetzte weiteten den Operationsplan aus, sodass dieser jetzt auch die Zerstörung zahlreicher Eisenbahnbrücken von Murmansk und der dortigen Kraftwerke mit einschloss.

Das XXXVI. Gebirgskorps war für alle Operationen östlich der Stadt Alakurti zuständig. Obwohl die den Deutschen gegenüberstehenden Sowjets zahlenmäßig weit überlegen waren, war keine der beiden Seiten in der Lage, einen Vorteil über die andere zu erringen. Hauptgründe dafür waren das unwegsame Gelände und die unregelmäßige Versorgung der

Die Briten wurden für ihre Kommandoeinheiten während des Kriegs berühmt, aber auch die deutschen Sondereinheiten erzielten beträchtliche Erfolge. Hier einige der Männer, die Eben Emael eingenommen haben. Der Mann in Zivil ist ein *Brandenburger.*

Fronteinheiten. Die Luftwaffe flog Einsätze gegen Murmansk selbst und die Eisenbahn, doch den Sowjets gelang es immer wieder, die Schäden in relativ kurzer Zeit zu beheben. Es dauerte nicht lange, bis die Deutschen erkannten, dass ihre beste Chance zur Unterbrechung der Bahnverbindungen bei Murmansk bei Kommandoeinheiten lag.

Die 15. Kompanie des Regiments »Brandenburg« wurde für diesen Einsatz ausgewählt. Zwei Drittel der Mannschaften waren Ukrainer, Weißrussen, Wolgadeutsche und Deutsche vom Balkan und aus Tirol in Österreich. Es wurden Skijäger gebraucht, deshalb rekrutierte man die besten Skifahrer der Wehrmacht, darunter einen Goldmedaillengewinner der Olympischen Spiele von 1936. Zudem stellte die Heereshundeschule 40 Hunde, die für Operationen in arktischen Regionen geeignet waren. Die Hunde erhielten noch eine Spezialausbildung, die darauf abzielte, dass sie auf Befehl nicht bellten und sich selbst unter Beschuss ruhig verhielten – es fragt sich nur, wie effektiv das im Kampf war.

Danach wurden den Brandenburgern weitere finnische und deutsche Spezialisten zugeteilt: zwei ranghöhere deutsche Pfadfinder, die mit den Wäldern in Finnland vertraut waren, Experten für die Wasserreinigung, Waffenmeister und ein Meteorologe. Sämtliche Vorbereitungen fanden im Oktober 1941 statt. Die Brandenburger stellten auch eine Einheit aus deutschen Wissenschaftlern und Fachleuten auf, die eine spezielle Rucksackausrüstung entwerfen und herstellen sollten. Zwei Monate später, Ende Dezember 1941, stand die Einheit bereit.

VERSUCH UND IRRTUM

General Dietl beschloss, die Einheit im April 1942 eine »Trockenübung« durchführen zu lassen, bei der sie den sowjetischen Bahnverkehr entlang der Murmansklinie zwischen den Dörfern Alakvetti und Liza unterbrechen sollte. Die Brandenburger brachen wie geplant auf, doch es fehlte ihnen an einem geeigneten Führer, um sich durch das dichte Waldgebiet bis zur Linie von Murmansk vorarbeiten zu können. Erschöpft und entmutigt beschlossen sie, ihren Einsatz abzubrechen. Als Nächstes wurde die Einheit nach Kiestinki abkommandiert, wo sie den sowjetischen Vormarsch aufhalten sollte. Die Brandenburger spielten aber nicht nur dabei eine Schlüsselrolle, sondern beteiligten sich auch bei der Verstärkung der finnischen und deutschen Verteidigungsstellungen im betreffenden Gebiet. Im Juni 1942 wurden sie dann aus der Front genommen und nach Rovaniemi zurückverlegt.

Die Brandenburger waren gewillt, es noch einmal gegen die Bahnlinie von Murmansk zu versuchen, aber erst wenn sie eine Reihe von Problemen gelöst hatten, die den ersten Einsatz vereitelt hatten. Erst einmal hatte es ihnen an Schlauchbooten gefehlt, die für die Überquerung der meisten karelischen Seen und Flüsse nötig waren. Zweitens brauchten sie ortskundige Führer, die nun vom finnischen Militär kamen. Es wurden sogar sowjetische Soldaten eingestellt, die zu den finnisch/deutschen Linien übergewechselt waren und sich freiwillig zum Dienst meldeten.

Am 25. Juli 1942 waren die Brandenburger für einen zweiten Versuch bereit. Begleitet von erfahrenen finnischen Führern, brachen die Brandenburger in einer Stärke von 127 Mann von Kuusamo auf und stießen entlang des Flusses Paanajärvi nach Zentralkarelien vor. Nach Meldungen der Abwehr hatten die Sowjets dort nicht allzu viele Truppen in ihrem rückwärtigen Gebiet. Damit hatte der Einsatz eine Chance auf Erfolg, obwohl den Männern in der Landschaft Nordkareliens ein Leben unter rauen Bedingungen bevorstand. Die Gegend war kaum besiedelt. Als Vorsichtsmaßnahme stellte die Luftwaffe ihre Aufklärungsflüge über dem Zielgebiet ein, um die Sowjets nicht zu alarmieren.

Die Uniformen der Brandenburger Kommandoeinheit waren für diesen Einsatz »desinfiziert« worden, das heißt, alle Orden, Abzeichen und anderen Erkennungszeichen des finnischen und deutschen Militärs wurden entfernt. Jeder Mann wurde mit Gummistiefeln ausgerüstet, einem finnischen Taschenmesser (die deutschen wurden zurückgelassen) und einer Patronentasche. Außerdem wurde an jeden Mann ein Moskitonetz (zur Abwehr der Myriaden von Mücken) ausgegeben. Aus Gründen des Gewichts wurde das 7,5-cm-Infanteriegeschütz nicht mitgenommen. Als Ersatz erhielt jeder Trupp einen Handgranatenwerfer mit Munition. Neben den Maschinenpistolen wurden auch drei leichte Maschinengewehre mit 2500 Schuss Munition pro MG ausgefasst.

Die Verpflegung stellte ebenfalls ein Problem für das Unternehmen dar. Die unweit des nördlichen Polarkreises gelegenen Wälder von Karelien boten nicht viel in Richtung Nahrung. Es gab zwar Wild, doch die Brandenburger wollten ihre Gewehre nicht für die Jagd auf die Tiere verwenden, um dadurch ihren Standort zu verraten. Deshalb musste genügend Verpflegung mitgenommen, rationiert und in zahlreichen Zwischenlagern deponiert werden. Schließlich wurden sieben Versorgungslager vom vorrückenden Trupp auf seinem Weg zur Murmansklinie eingerichtet. Jedes Versorgungslager wurde dann von je drei zugeteilten Soldaten bewacht.

ENDLICH EIN ERFOLG

Auf dem Marsch zur Bahnstrecke passierte nicht viel, und am 8. August erreichten die Männer die Murmansklinie. Sie brachten die Sprengladungen in größtmöglichem Abstand entlang der Eisenbahngleise an. Einige waren mit Zeitzündern ausgestattet, andere waren so eingestellt, dass jedes Mal, wenn ein Zug einen Schalter auslöste, die Ladung zum Detonieren gebracht wurde; ein paar Ladungen gingen nach dem Zufallsprinzip los. Die Brandenburger waren überrascht, entlang der Murmansklinie keine sowjetischen Wachen oder Sicherheitsvorkehrungen zu entdecken. Bei näherer Aufklärung zeigte sich jedoch, dass die Sowjets die Bahnlinie doch überwachten: Sie hatten entlang der Linie Lager eingerichtet, und sowjetische Wachposten gingen die Strecke von einem Lager zum nächsten ab. Nachdem die Brandenburger die feindlichen Sicherheitsvorkehrungen erkannt hatten, arbeiteten sie sich um sie herum und brachten ihre Sprenglandungen an.

Ein voll beladener sowjetischer Zug aus Murmansk löste die erste Sprengladung aus, die an einer Eisenbrücke angebracht war. Bei der folgenden Explosion wurde die Lokomotive zerstört und alle Wagen wurden

Deutsche Skijäger in der Arktis. Bei den wenigen Verkehrswegen – wie die Eisenbahn – und den großen Entfernungen waren die sowjetischen Linien auf dem arktischen Kriegsschauplatz leicht zu infiltrieren, und die Anschläge der Brandenburger wurden zu einer erfolgreichen Taktik.

zum Entgleisen gebracht. Der Zug und seine wertvolle Lend-Lease-Ladung waren verloren. Kurze Zeit später traf ein leerer Zug aus dem Süden ein, er fuhr über eine Ladung, doch die Ladung war nicht so eingestellt, dass sie bei Kontakt detonierte. Ein zweiter leerer Zug kam kurz danach, wieder von Süden. Was die Deutschen überraschte, war, dass die Sowjets nicht einmal daran interessiert zu sein schienen, die Ursache für das Unglück herauszufinden. Ihre einzige und erste Sorge galt der schnellstmöglichen Instandsetzung der Bahnstrecke und der Rettung möglichst vieler alliierter Militärgüter. Weitere sowjetische Kräfte trafen im Gebiet ein, und ihre Reparatur- und Bergungsarbeiten verwischten die Spuren der deutschen Sprengladungen.

Kurz danach brachte am selben Tag eine Sprengladung 9,6 km weiter oben einen weiteren Zug zum Entgleisen. Die Sowjets schickten daraufhin Tausende Soldaten des NKWD und anderer Einheiten in diesen Bereich. NKWD-Truppen exekutierten zahlreiche Zivilisten, die aus reiner Neugierde zum Schauplatz gekommen waren, weil sie diese als Saboteure verdächtigten. Selbst von einer Patrouille zurückkehrende Soldaten der Roten Armee wurden allein auf Verdacht hin erschossen. Nach dem dritten Tag gingen auf der ganzen Bahnstrecke Sprengladungen in die Luft, was zu weiteren willkürlichen Erschießungen unter der örtlichen Bevölkerung durch den NKWD führte.

Ein weiterer Brandenburger-Trupp operierte etwas weiter südlich. Die meisten Ladungen waren schon angebracht, nur ein paar fehlten noch. Einige Russisch sprechende Brandenburger verkleideten sich als sowjetische Bahnarbeiter und mischten sich unter die Menge. Während sie so taten, als ob sie die Gleise reparierten, brachten sie unbemerkt weitere Sprengladungen an. Es gelang ihnen sogar, den Tötungstrupps des NKWD zu entkommen, die wahllos auf Zivilisten schossen.
Nach Erledigung ihrer Aufträge machten sich die zwei kleinen Trupps auf den Heimweg nach Rovaniemi. General Dietl war nun vom Wert seiner »Partisaneneinheiten« überzeugt und zeichnete seine heimgekehrten Helden mit Orden aus.
Die Brandenburger waren aber auch auf anderen Kriegsschauplätzen aktiv, etwa in Nordafrika. Rommel, ein Kommandeur, der zu jedem Risiko bereit war, wenn es Erfolge brachte, ließ den Brandenburgern bei ihren Einsätzen freie Hand, verbot ihnen jedoch das Tragen feindlicher Uniformen. Im Oktober 1941 unternahmen die Brandenburger zwei Einsickerungsversuche nach Kairo, um Kontakt mit arabischen Nationalisten aufzunehmen und ihnen bei der Organisation eines Aufstands gegen die Briten zu helfen.
Ihr erster Einsickerungsversuch in Kairo erfolgte übers Meer. Dieser Versuch scheiterte und der Trupp kehrte zu seinen Stützpunkten in Libyen zurück. Beim zweiten Versuch sollte ein Trupp mit Fallschirmen bei Kairo abgesetzt werden. Auch dieser war ein Misserfolg. Ein weiterer Trupp der Brandenburger machte sich mit Lastwagen auf und überschritt die ägyptische Grenze bei Asyut, um sich mit arabischen Nationalisten zu treffen. An diesen deutsch-arabischen Gesprächen war auch Anwar As Sadat beteiligt, der später Ägyptens Staatspräsident wurde (1981 ermordet). Diese Treffen brachten jedoch nichts.
Kurz vor der Kapitulation aller deutschen und italienischen Truppen in Nordafrika im Mai 1943 wurden die überlebenden Brandenburger aus Afrika abgezogen und nach Deutschland zurückgebracht. Ihre nächsten Einsätze sollten sie auf den Balkan führen.

Diese Briten wurden während des Angriffs auf Leros im November 1943 gefangen genommen. Neben den Briten machten die Deutschen auch 5350 italienische Gefangene.

BALKANEINSÄTZE

Am 12. September 1943 nahmen britische Kräfte mehrere Inseln der südlichen Sporaden ein, darunter Samos, Kos und Leros. Die Besetzung dieser kleinen Inseln stellte eine direkte Bedrohung des Schiffsverkehrs zwischen der von Deutschen besetzten Insel Rhodos und dem griechischen Festland dar. Die britische Royal Air Force (RAF) begann sofort mit der Bombardierung feindlicher Ziele auf Rhodos, dem Sitz der Achsenmächte in den südlichen Sporaden. Sie führte auch Angriffe auf Kreta durch. Das deutsche Oberkommando befürchtete außerdem, dass diese Inseln von den Alliierten als vorgeschobener Stützpunkt für eine Invasion auf dem Balkan benutzt werden könnten.
Sofort wurden Pläne für die Rückeroberung dieser Inseln von den Briten entwickelt. Der erste in einer Reihe von Angriffen sollte am 5. Oktober 1943 auf die Insel Kos erfolgen (Unternehmen »Eisbär«). Kos wurde als erstes Ziel ausgewählt, weil es als einzige Insel ein Flugfeld besaß, das

in zukünftigen Operationen in den südlichen Sporaden als vorgeschobener Stützpunkt dienen konnte. Außerdem wurde auf diese Weise die RAF daran gehindert, die anderen Inseln aus der Luft zu decken, insbesondere Leros, die das nächste Ziel auf der deutschen Liste in diesem Gebiet war. Die Operation auf Kos wurde von der Fallschirmkompanie des Regiments »Brandenburg« erfolgreich ausgeführt, das mit Seglern auf der Insel landete. Weitere Kräfte kamen von der 22. Luftlandedivision.
Der Angriff auf Leros war die größte Operation ,in den südlichen Sporaden und die wichtigste wegen der Hafenanlagen der Insel. Die Insel wurde von den Briten als Marinestützpunkt und als Basis für eine Staffel von Seeflugzeugen genutzt, deshalb stellte sie eine ernste Bedrohung für die deutsche Schifffahrt dar. Die Operation wurde unter dem Decknamen »Leopard« durchgeführt und sollte aus einem kombinierten Luft- und Seeangriff bestehen.
Der Tag für den Beginn des Unternehmens »Leopard« war der 12. November 1943, und die Luftwaffe hatte in Vorbereitung des Angriffs die Verteidigung der Insel mehrere Tage lang aufgeweicht. Die Landungsfahrzeuge brachen von der griechischen Ostküste auf. In der Morgendämmerung des 12. November starteten von einem Flugfeld außerhalb von Athen Ju 52 zu ihrem einstündigen Flug nach Leros. Die Flugzeuge näherten sich der Insel und die Fallschirmjäger sprangen über den geplanten Landezonen ab, dem flachen, schmalen Gelände zwischen den Buchten. Bevor die Verteidiger darauf reagieren konnten, waren die Fallschirmjäger schon gelandet. Die Kompanien teilten sich zur Erreichung verschiedener Ziele auf: die Errichtung von Straßensperren, Aufklärung, die Bildung von Verteidigungsschirmen.

SIEG AUF LEROS

Am 13. November gelang es den Deutschen, die britischen Kräfte im Norden und Süden abzuschneiden, sodass deutsche Verstärkungen erfolgreich mit Fallschirmen landen konnten. In den nächsten paar Tagen setzten die Briten mehrfach zu erfolglosen Gegenangriffen auf die deutschen Stellungen an. Die Schlacht um die Insel war am 16. November beendet, es wurden 3200 Briten und 5350 Italiener gefangen genommen. Die deutschen Verluste waren minimal gewesen. Die Brandenburger hatten zahlenmäßig überlegene Kräfte, die von schwerer Artillerie und Küstengeschützen unterstützt wurden, in nur vier Tagen überwältigt und damit wieder einmal die Kontrolle in den südlichen Sporaden für Deutschland an sich gerissen.
Die Operation auf Leros war ein großer Erfolg, doch abgesehen von Leros führten die Brandenburger 1943 kaum mehr streng geheime Einsätze durch. Mit dem Ausbau des Regiments auf Divisionsstärke Ende 1942 führten diese Spezialeinheiten keine Geheimkommandos mehr durch, sondern wurden in einen konventionellen Verband umgewandelt. Die Division war häufig an der Ostfront im Einsatz, wo sie auf dem großen deutschen Rückzug als normale Fronteinheit weitgehend vernichtet wurde. Die weiteren Feldzüge der Division »Brandenburg« würden jedoch den Rahmen dieses Buches sprengen.

Das Scheitern einer Elite

Letztlich konnten die NS-Spezialeinheiten das Dritte Reich nicht vor seinem Untergang retten. Trotz der verschwenderischen Zuteilung von Ressourcen und der Führung durch die besten Kommandeure des Dritten Reichs konnte ihr Einsatz nichts wettmachen, weil ihre Zahl zu gering war. Der Oberbefehlshaber des Dritten Reichs schmälerte die Gesamtwirksamkeit seiner Eliteeinheiten und Spezialorganisationen durch ihren oft missbräuchlichen Einsatz. Adolf Hitler selbst trägt einen großen Teil der Schuld für ihr Scheitern und ihre Niederlage.

Hitlers Faszination von Spezialeinheiten, die er in extremem Maße mit »Wunderwaffen« ausrüstete, mag sogar dazu beigetragen haben, dass Deutschland den Krieg schließlich verlor. Die Konzentration der besten Führer, Männer und Waffen in ein paar Spezialeinheiten beraubte den Rest der Wehrmacht der Mittel für die Fortführung der Kämpfe. Am akutesten war das in der Panzertruppe, wo Hitlers Beharren darauf, die »Feuerwehreinheiten« wie die Divisionen »Leibstandarte« und »Großdeutschland« in voller Stärke zu halten, dazu führte, dass die an der Front stehenden Panzerdivisionen oft mit weniger als einem Dutzend Panzer ins Gefecht ziehen mussten. Daraus entwickelte sich ein Teufelskreis, denn die Panzerdivisionen in der Frontlinie waren nun nicht in der Lage, ihren Abschnitt zu halten und mussten eben diese »Feuerwehreinheiten« zu Hilfe rufen. Je öfter die regulären Einheiten versagten, desto mehr trieb Hitler den Ausbau der Waffen-SS-Verbände und Einheiten wie der Division »Großdeutschland« voran.

Trotz des ideologischen Antriebs der SS-Spezialeinheiten konnten diese das Dritte Reich angesichts der Qualität und Quantität der gegen sie eingesetzten gegnerischen Ressourcen nicht vor der militärischen Niederlage retten.

Ebenso katastrophal wirkte sich Hitlers Vorliebe für Wunderwaffen aus, mit denen er seine Spezialeinheiten ausrüsten wollte.

Kurt Students Fallschirmjäger wurden für die »Blitzkriege« der Jahre 1939/40 ausgebildet, verloren aber allmählich ihre Bedeutung als Luftlandetruppen – und ihren Elitestatus –, als die Deutschen nach 1942 immer mehr in die Defensive gedrängt wurden.

Die Mengen am ohnehin schon raren Rohmaterial und die menschlichen Ressourcen, die in das V-Waffen-Programm gesteckt wurden, der Bau der monströsen Tiger II, Me 262 und anderer Waffen entzog der Wehrmacht das weniger fortschrittliche, aber viel praktischere Kriegsgerät. Die Serienproduktion dieser Wunderwaffen wurde bereits angeordnet, bevor die Entwürfe ganz ausgereift oder ausreichend getestet waren. Hitlers Wahnvorstellungen im Bereich der Waffenproduktion zwang Deutschland im Winter 1942/43 fast in die Knie, als er die Produktion der Panzer IV zugunsten der Produktion von Panthern und Tigern einstellen ließ, obwohl diese Panzer weder die Serienreife erreicht hatten noch in den erforderlichen Mengen gebaut werden konnten.

Allein durch die Intervention von Albert Speer und General Heinz Guderian lief die Panzerproduktion wieder gleichmäßig weiter, damit die Wehrmacht für die Kämpfe in Russland im Jahr 1943 und für den Versuch, 1944 die Front in der Normandie zu halten, genügend Panzer hatte.

Die schnell wachsende Zahl so genannter Spezialeinheiten im Dritten Reich ging eher auf interne Streitereien und Rivalitäten in der NS-Hierarchie zurück als auf militärische Logik oder praktische Notwendigkeit. Das Aufblähen der Waffen-SS auf eine Stärke von 39 Divisionen war zum Beispiel eine Vergeudung von Menschen und Material. Als Experiment zur Schaffung

Viele deutsche Einheiten kämpften bis zum Tod – darunter die U-Boot-Fahrer, von denen nur 10.000 das Kriegsende erlebten.

einer »europäischen Armee« für das neue Dritte Reich war Himmlers Waffen-SS ein Reinfall. Aufgrund der nationalsozialistischen Rassenideologie wurde kein Versuch unternommen, Ausländer für Deutschlands Sache zu rekrutieren, und als man es tat, war es bereits zu spät. Die halbherzigen Versuche seitens Himmlers, aus Russen eine antisowjetische Armee zu bilden, waren typisch für die Einstellung der NS-Führung.

Nachdem sie drei Jahre lang die Osteuropäer als »Untermenschen« ausgebeutet, schikaniert oder systematisch ermordet hatte, mutet Himmlers Versuch, diese Menschen für die Waffen-SS anzuwerben, höchst merkwürdig an. Und jene, die sich anschlossen, taten es aus Verzweiflung, denn sie hatten meist nur die Wahl, sich der Waffen-SS anzuschließen oder in einem Konzentrationslager elend zugrunde zu gehen.

Das Gros dieser ausländischen Einheiten wurde in den letzten zwei Kriegsjahren in Osteuropa und auf dem Balkan aufgestellt und war von äußerst unterschiedlicher Qualität. Sie waren hervorragende Einheiten, wenn es um die Niederschlagung eines Aufstands oder um Kämpfe auf heimischem Boden ging. Es fehlte ihnen aber an Ausrüstung, Ausbildung und Motivation, um es mit den besten sowjetischen oder alliierten Truppen aufzunehmen.

Als sich in den letzten Kriegsmonaten Deutschlands Untergang deutlich abzeichnete, machten sich die Ausländer in der Waffen-SS Sorgen über

ihre Zukunft. Während viele ihre eigene Haut zu retten versuchten und vor ihren rachsüchtigen Landsleuten flüchteten, warfen sich Tausende mit neuer Kraft in den Kampf. Sie wussten, welches Schicksal ihnen blühte, wenn Deutschland den Krieg verlor, deshalb kämpften Einheiten wie die Division »Wiking« fanatisch gegen die Sowjets an der Ostfront.
Der verstärkte Ausbau dieser Einheiten war eine komplette Verschwendung von Ressourcen. Sie mag vielleicht für die NS-Führungsschicht Sinn gemacht haben, der es ja nur um den Ruhm und die Macht ging, trug aber kaum etwas zur militärischen Leistungsfähigkeit des Dritten Reichs bei. So kopierte Skorzenys Kommandoorganisation einfach das, was die Division »Brandenburg« der Abwehr ohnehin schon tat. Anstatt sich auf die von den Brandenburgern im Laufe der Jahre gewonnenen Erfahrungen zu stützen, rekrutierte Skorzeny seine eigenen »politisch zuverlässigen« Männer. Die auf Operationen im feindlichen Hinterland spezialisierten Kommandoeinheiten des Heeres endeten dafür als gewöhnliche Panzergrenadierdivision an der Ostfront.

RIVALITÄTEN UND POLITIK

Rivalitäten innerhalb der NS-Spitze waren schuld daran, dass Deutschlands Spezialeinheiten nie unter voller Ausnutzung ihres Potenzials zum Einsatz kamen. So führten Dönitz' U-Boote die Atlantikschlacht praktisch allein, weil der deutsche Befehlshaber der U-Boote nicht mit dem Oberbefehlshaber der Luftwaffe, Hermann Göring, redete.
Die NS-Spezialeinheiten und ihre Kommandeure wurden mit Orden, Propaganda und Ruhm überhäuft, um die Moral der kriegsmüden deutschen Öffentlichkeit zu heben. Sicher haben viele ihre Auszeichnung verdient, doch in den letzten Kriegsjahren erfolgten die Auszeichnungen in einer solchen Häufigkeit, dass sie an Wert verloren. Als ein Sieg immer unwahrscheinlicher wurde und die materiellen Ressourcen des Dritten Reichs offensichtlich erschöpft waren, erschien die großzügige Verleihung von Orden den kampferprobten Veteranen unbegründet.
Hitlers Bedürfnis nach propagandistisch verwertbaren Erfolgen, selbst als eine Niederlage nach der anderen folgte, war einer der Hauptgründe, weshalb er weiterhin neue Spezialeinheiten bildete. Sie befriedigten sein Verlangen nach dramatischen Einsätzen und herausragenden Persönlichkeiten. Für Skorzenys Leistungen wurde kräftig die Werbetrommel gerührt, und zwar auf Kosten der eigentlichen Kommandeure und Einheiten, die an seinen Einsätzen teilgenommen hatten.
Am Ende verlor Deutschland den Krieg. Der Führer und seine Soldaten wurden von einem Gegner besiegt, der neben Entschlossenheit und Tapferkeit über ein gigantisches militärisches Potenzial verfügte. Irgendwann erkannten die Sowjets und Westalliierten, wie sie Hitlers Kriegsmaschinerie besiegen konnten, und boten gewaltige wirtschaftliche Ressourcen auf, um das Dritte Reich niederzuwerfen. Jetzt hatte Hitler seinen Überlebenskrieg, und er verlor ihn. Ganz gleich wie viele Spezialeinheiten er bildete, sie konnten den Verlauf des Krieges nicht zu Deutschlands Gunsten ändern. Ihre Zahl war einfach zu gering und sie erschienen oft zu spät auf dem Schlachtfeld, um irgendeine anhaltende Wirkung auf den Kriegsverlauf zu haben.

Namenregister

F

G

H

I

J

K

L

M